À DÉCOUVRIR :

100 expressions en coréen (qu'on entend dans les films)

Découvrez, à travers des dialogues authentiques tirés de films coréens, certains aspects moins formels de la langue coréenne, des expressions du langage courant ou familier, parfois vulgaire, que l'on n'enseigne pas dans les livres scolaires.

Disponible en format broché ou Kindle sur Amazon.

LE CORÉEN

Élémentaire

KJH

Vous pouvez télécharger les fichiers audio en vous rendant sur :
kjhbooks.free.fr/coreen/

Les auteurs tiennent à remercier Ko Na-hyun et Jin Sang-tae
pour leur travail de relecture
ainsi que Sin Jun-ho et Lim Seung-mi
pour leur participation à l'enregistrement des dialogues.

Le Coréen Élémentaire
Copyright © 2020 Thierry LAPLANCHE, Ji-hyun KIM
Tous droits réservés.
ISBN : 978-1-484-90540-1

Préface 서문

Depuis deux décennies, la Corée du Sud s'affirme sur la scène internationale. Ses appareils de haute technologie, ses automobiles et ses navires s'exportent dans le monde entier. Plus récemment, la vague coréenne (*hallyu*) de deuxième génération, dynamisée par la K-pop, a contribué à faire connaître le pays et sa culture à un nouveau public, y compris francophone. Enfin, la cuisine coréenne, singulière et complexe, réputée saine, commence également à se faire un nom en dehors de sa péninsule d'origine.

Cette popularité grandissante a encouragé le développement de l'enseignement de la langue coréenne à travers le monde. Le nombre d'instituts privés proposant des cours de coréen est en rapide augmentation et, depuis 2011, le coréen est enseigné dans certains établissements secondaires français.

Ce manuel propose de remédier à un problème : le manque de méthode de langue coréenne complète en langue française. Il est destiné aux débutants et faux débutants, à tous ceux qui souhaitent apprendre le coréen pour le plaisir, pour les études ou pour des raisons professionnelles. Les nouveaux apprenants n'auront aucun mal à se lancer dans l'aventure grâce aux leçons de préparation qui présentent l'alphabet coréen et les règles grammaticales de base. Celles et ceux déjà familiers avec les bases de la langue pourront réorganiser leurs connaissances et en acquérir de nouvelles grâce aux 20 leçons de difficulté progressive, réparties en 5 chapitres thématiques.

Les thèmes abordés dans ce manuel se rapportent directement à des situations de la vie quotidienne. Les nombreux dialogues initient l'apprenant aux différents styles de phrases et aux multiples degrés de politesse de la langue coréenne.

Nous espérons que cet ouvrage vous permettra d'étudier avec plaisir tout en vous donnant envie de découvrir davantage la Corée du Sud et sa culture.

Octobre 2020,
Les auteurs.

Table des matières 차례

Préface 서문 5

Tableau des contenus 내용 구성표 8

Organisation de l'ouvrage 이 책의 구성 10

Présentation des personnages 등장인물 소개 11

Préparation 준비과정
- *Hangeul* : Alphabet coréen et prononciation 한글의 자모와 발음 13
- Organisation d'une syllabe 음절의 구조 19
- Organisation d'une phrase 문장의 구조 25
- Classe des mots 한국어의 품사 29

Chapitre 1   Se présenter 자기 소개하기
Leçon 1	Salutations 인사	33
Leçon 2	Nationalité et profession 국적과 직업	47
Leçon 3	Ville et langue 도시와 언어	59
Leçon 4	Intérêts et loisirs 관심과 취미	69
Pratique	Écrire son nom en coréen 한글로 이름 쓰기	78
Culture	Les noms et prénoms coréens 한국의 성과 이름	80

Chapitre 2   Se rencontrer 서로 만나기
Leçon 5	Temps et heure 때와 시간	81
Leçon 6	Chemin et directions 길과 방향	93
Leçon 7	Au téléphone 전화하기	103
Leçon 8	Dans les transports 이동하기	115
Pratique	Utiliser un clavier coréen 한국어 자판을 이용하기	128
Culture	Les transports publics en Corée du Sud 대한민국의 대중 교통	130

Chapitre 3   Discuter 토론하기
Leçon 9	La famille 가족	131
Leçon 10	Le quotidien 하루 생활	141
Leçon 11	Les voyages 여행	153
Leçon 12	Le temps et l'environnement 날씨와 환경	163
Pratique	S'informer sur la Corée 한국 관련 정보 얻기	172
Culture	La K-pop et la vague coréenne *K*팝과 한류	174

Chapitre 4   Sortir 외출하기

Leçon 13	Au restaurant 식당에서	175
Leçon 14	Au cinéma 영화관에서	185
Leçon 15	Au musée 박물관에서	195
Leçon 16	À un concert 콘서트에서	205
Pratique	Se divertir comme un Coréen 한국인처럼 즐기기	214
Culture	L'importance des relations sociales 인간관계의 중요성	216

Chapitre 5   Se débrouiller 혼자서도 잘 하기

Leçon 17	Au supermarché 슈퍼마켓에서	217
Leçon 18	À la banque et à la poste 은행과 우체국에서	227
Leçon 19	Dans une boutique 가게에서	237
Leçon 20	Chez le médecin 병원에서	245
Pratique	Goûter la cuisine coréenne 한국 음식 맛보기	254
Culture	La culture « *ppalli-ppalli* » 빨리빨리 문화	256

Exercices 연습 257

Corrigés 정답 331

Index 색인 347

Tableau des contenus 내용 구성표

CHAPITRE	LECON		DIALOGUES	GRAMMAIRE
1 Se présenter	1	Salutations	• Bonjour • Enchantée • Comment tu t'appelles ? • Au revoir • Salut, ça va ? • Moi, c'est Thomas	• –이/가 : particule de sujet • –은/는 : particule de thème • –이다 : le verbe être • Pronoms personnels • –도 : aussi, non plus, ni… ni… • 뭐 : que, quel, quoi
	2	Nationalité et profession	• Tu es Coréenne ? • Non, je ne suis pas Français • Si, Min-ji est Coréenne • Je suis étudiant • Êtes-vous professeure ?	• –이/가 아니다 : ne pas être • 어느 : quel, lequel • 네, 아니요 : questions fermées • –에 : particule de lieu • Le suffixe honorifique –(으)시
	3	Ville et langue	• Parles-tu français ? • Non, je ne parle pas coréen • Où habites-tu ? • J'habite à Paris • Il y a trop de monde à Séoul • À Séoul aussi, l'hiver est très froid	• –아요/어요 : style poli informel • –을/를 : particule d'objet • –(으)ㄹ 줄 알다 : savoir (faire) • –지 못하다 : ne pas pouvoir • 어디 : où • –만 : particule de restriction • 하지만, –지만 : mais
	4	Intérêts et loisirs	• Aimes-tu le sport ? • Quels sont tes loisirs ? • Je ne sais pas jouer du piano • Quel genre de film regardes-tu ? • Je préfère IU	• –에 : particule de temps • –하고 : particule de liaison • –지 않다, 안 : forme négative • 어떤 : quel, quel genre de • –(이)라면 : quant à • 누구 : qui
2 Se rencontrer	5	Temps et heure	• Quelle heure est-il ? • Le train part à 15h • Je n'ai pas de rendez-vous • Quel jour sommes-nous demain ? • À quelle heure l'avion arrive-t-il ? • J'ai rendez-vous avec un ami	• 몇 : combien de, quel nombre • Les nombres (1 à 100) • Notation de l'heure et de la date • 있다 / 없다 : il y a / il n'y a pas • –ㅂ니다/습니다 : style formel • 언제 : quand
	6	Chemin et directions	• Où est la bibliothèque ? • On se voit où ce soir ? • Suivez cette route pendant 5 minutes • Prenez à gauche à l'intersection • Y a-t-il un restaurant près d'ici ? • C'est très près de chez moi	• –에서 : particule de lieu • 어떻게 : comment • –(으)로 : particule de moyen • –고 : et • Verbes irréguliers en ㅂ
	7	Au téléphone	• Allô ? • Je rappellerai demain • Veuillez me passer Soo-yeong • Je rentre chez moi en bus • Veuillez patienter un instant	• –(으)ㄴ가요/–나요 : est-ce que … ? • –의 : particule d'appartenance • –겠– : marqueur d'intention (futur) • –아/어 주다 : faire qqch pour qqn • –는 : suffixe du présent • Termes honorifiques
	8	Dans les transports	• Quel est le bus qui va à Gangnam ? • Combien coûte un ticket ? • Je viens juste d'arriver • Déposez-moi ici, s'il vous plaît • Je me suis bien amusée aujourd'hui • Comment aller à Myeong-dong ?	• Classificateurs • 얼마(나) : combien • –에 : particule d'unité de valeur • Les nombres (100 à 100 milliards) • –았–/–었– : marqueur de passé • –(으)면 되다 : aller, suffire
3 Discuter	9	La famille	• Quel âge as-tu ? • Êtes-vous mariée ? • C'est l'anniversaire de ma sœur • D'où êtes-vous originaire ? • Ma grand-mère se porte bien	• Dénomination des liens de parenté • –와/과 : particule de liaison • –보다 : particule de comparaison • –들 : marqueur de pluriel • –께서 : particule de sujet (honorifique)
	10	Le quotidien	• Je me couche vers 11h • Je ne prends pas de petit déjeuner • J'ai cours de 14h à 17h • Je vais à l'académie après le travail • Qu'allez-vous faire après les cours ?	• –쯤 : environ, à peu près, vers • –ㄴ/은 : suffixe du passé ou du présent • 가장 / 제일 : adverbes superlatifs • –부터 … –까지 : de … à … • –(으)ㄹ 것이다/거다 : le futur • Verbes irréguliers en ㄷ

Le Coréen Élémentaire

Tableau des contenus 내용 구성표

CHAPITRE	LECON	DIALOGUES	GRAMMAIRE
	11 Les voyages	• Je vais à Daejeon ce week-end • Nous sommes allés skier la nuit dernière • J'ai grimpé le mont Halla • On a vraiment passé un bon moment • Je n'ai pas pu beaucoup voyager	• –(으)러 가다 / 오다 : aller / venir pour • –(을)ㄹ 수 있다/없다 : (ne pas) pouvoir • Verbes irréguliers en 르 • –아서/어서 : suffixe de cause • –(으)ㄴ 지 ... 되었다 : cela fait ... que • Verbes irréguliers en ㅡ
	12 Le temps et l'environnement	• Quel temps fait-il aujourd'hui ? • Il pleut sans arrêt depuis ce matin • Séoul est une ville vraiment bruyante • Cette fleur est vraiment belle • La saison où il pleut le plus est l'été	• –기에 + adj. : pour, à (but) • –고 있다 : être en train de • –네 : exclamation • 이, 그, 저 : pronoms démonstratifs
	13 Au restaurant	• Nous sommes quatre personnes • Et si on mangeait ensemble ce soir ? • Je vais régler par carte • Que prendrez-vous comme boisson ? • Tu connais une bonne pizzeria ?	• –겠– : marqueur d'atténuation • –(으)ㄹ게 : promesse, engagement • –(으)ㄹ까 : proposition, probabilité • –(으)ㄴ데/는데 : explication, contraste • –게 : suffixe adverbial • –(으)면 : suffixe conditionnel
4 Sortir	14 Au cinéma	• J'ai envie de voir un film d'horreur • À quelle heure est la séance ? • Mettez-moi deux sièges côte à côte • J'ai ri du début à la fin • J'aime tout sauf les films d'action	• –고 싶다 : avoir envie de • –는 것 : nominalisation du verbe • –마다 : chaque • –아/어 있다 : état accompli • –지 : évidence, questionnement
	15 Au musée	• Qu'y a-t-il au musée ces jours-ci ? • Y a-t-il un tarif étudiant ? • Regarde un peu cette photo • Ca vaut le coup d'y aller • Il fut inventé à l'époque de Goryeo • Il est interdit de prendre des photos	• –(으)ㄴ/는/ㄹ 것 같다 : sembler • –아/어 보다 : essayer, tenter • –(으)ㄹ 만하다 : valoir la peine de • –아지다/어지다 : devenir, se ... • –(으)ㄹ 때 : lorsque, au moment de • –기 위해(서) : dans le but de, pour
	16 À un concert	• Je vais réserver deux places • Veuillez présenter vos billets • Le concert se termine vers quelle heure ? • J'ai passé un bon moment • Le concert est complet	• –(으)ㄹ래 : proposition, intention • –(으)ㄴ데/는데 : étonnement, requête • Adverbes de conjonction • –번째 : -ième (fois) • –(으)면 안 되다 : interdiction • –밖에 + nég. : seulement, ne ... que
	17 Au supermarché	• Je n'ai rien à manger chez moi • Qu'est-ce qu'il te faut ? • Je vais en prendre 250 grammes • Y a-t-il des fraises en cette saison ? • Le maquereau a l'air frais	• –ㄹ/을 : suffixe du futur • –아야/어야 하다/되다 : il faut que • –(이)나 : ou • –아서/어서 : suffixe de continuité • –아/어 보이다 : sembler / avoir l'air
5 Se débrouiller	18 A la banque et à la poste	• J'ai reçu une lettre de mes parents • À qui vas-tu envoyer cette lettre ? • J'aimerais me rendre à la poste • Envoyez-la par courrier rapide • Veuillez remplir ce formulaire • Combien souhaitez-vous retirer ?	• –한테서 / –에게서 : de la part de • –한테 / –에게 / –께 : à, de • –(으)니까 : suffixe de cause, d'explication • –(으)려고 : suffixe d'intention • –(으)십시오 / (으)세요 : impératif
	19 Dans une boutique	• J'aimerais essayer ce pantalon • Auriez-vous ce T-shirt en rouge ? • Je cherche une chemise pour cet été • Est-ce que le costume me va bien ? • Puis-je payer par carte ?	• –아도/어도 되다 : permission • –아야/어야 : il faut ... pour • –아도/어도 : suffixe de concession
	20 Chez le médecin	• J'ai mal à la tête • Je crois que j'ai attrapé un rhume • Tu as pris des médicaments ? • Je tousse depuis ce matin • Avez-vous une ordonnance ? • N'hésite pas et appelle-moi	• Verbes irréguliers en ㅅ • –(으)ㄴ 후에 : après avoir • –기 전에 : avant de • –지 말다 : impératif (forme négative)

Organisation de l'ouvrage 이 책의 구성

Dialogues

Chaque leçon comprend cinq ou six dialogues correspondant à des situations de la vie courante. Les difficultés du dialogue, les caractéristiques de la langue et les spécificités culturelles sont expliquées dans un encart à la suite du dialogue. Les mots nouveaux sont regroupés en bas de page.

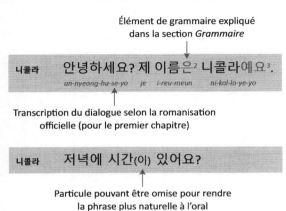

Grammaire

Cette section présente les éléments grammaticaux nouveaux introduits dans les dialogues précédents. Chaque point de grammaire est expliqué clairement et agrémenté de nombreux exemples pour faciliter la compréhension.

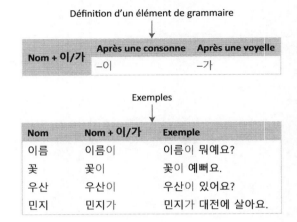

Vocabulaire

En fin de leçon, les mots et expressions nouveaux sont regroupés dans un tableau afin de faciliter l'apprentissage et le travail de mémorisation.

Pratique

En fin de chapitre, des informations pratiques et intéressantes vous permettent de mettre vos connaissances en application ou de poursuivre l'apprentissage de manière autonome.

Culture et société

Cette section conclut chaque chapitre en vous dévoilant quelques clés pour mieux connaître la société coréenne et sa culture.

Exercices

Testez vos connaissances sur chaque leçon en réalisant les exercices de vocabulaire, grammaire, lecture et écriture regroupés en fin d'ouvrage.

Présentation des personnages 등장인물 소개

| Min-ji 민지 | Nicolas 니콜라 | Thomas 토마 |

- Coréenne
- 17 ans
- Lycéenne
- Originaire de Daejeon

- Français
- 18 ans
- Lycéen
- Originaire de Paris

- Belge
- 22 ans
- Étudiant en master
- Originaire de Bruxelles

| Soo-yeong 수영 | Joon-soo Kim 김준수 | Marion 마리옹 |

- Coréenne
- 24 ans
- Étudiante en master
- Originaire de Séoul

- Coréen
- 31 ans
- Professeur de coréen
- Originaire de Busan

- Française
- 36 ans
- Professeure de français
- Originaire de Lyon

Gwanghwamun, Séoul

Hangeul :
Alphabet coréen et prononciation

한글의 자모와 발음

But de la leçon
Maîtriser la lecture et l'écriture des lettres composant l'alphabet coréen.

Contenu
- Lettres simples
- Lettres complexes
- Exemples de prononciation
- Tracé des lettres

Préparation 준비과정

L'alphabet coréen, appelé *hangeul*, est composé de **24 lettres simples**, dont 14 consonnes et 10 voyelles. À ces lettres simples il faut ajouter **16 lettres complexes**, dont 5 consonnes doubles et 11 voyelles composées.

Nous vous proposons de parcourir l'ensemble de ces 40 lettres, avec pour chacune :
- sa **romanisation** (en italique) : une transcription de la lettre en alphabet latin, selon le système de romanisation officiel (depuis l'année 2000) en Corée du Sud. C'est ainsi que sont transcrits la grande majorité des mots coréens (à l'exception de certains noms propres et prénoms),
- sa **prononciation** : une approximation de la prononciation de la lettre par comparaison avec la prononciation de la langue française.

1 Lettres simples

(1) Consonnes simples

	ㄱ	ㄴ	ㄷ	ㄹ	ㅁ	ㅂ	ㅅ
Romanisation	*g / k*	*n*	*d / t*	*r / l*	*m*	*b / p*	*s / t*
Prononciation	gu- / -k	n	d- / -t	l- / -l	m	b- / -p	s- / -t

	ㅇ	ㅈ	ㅊ	ㅋ	ㅌ	ㅍ	ㅎ
Romanisation	*- / ng*	*j / t*	*ch / t*	*k*	*t*	*p*	*h / t*
Prononciation	- / -ng	dj- / -t	tch- / -t	kh- / -k (k aspiré)	th- / -t (t aspiré)	ph- / -p (p aspiré)	h- / -t (h aspiré)

(2) Voyelles simples

	ㅏ	ㅑ	ㅓ	ㅕ	ㅗ	ㅛ	ㅜ
Romanisation	*a*	*ya*	*eo*	*yeo*	*o*	*yo*	*u*
Prononciation	a	ya	o (o ouvert)	yo (o ouvert)	ô	yô	ou

	ㅠ	ㅡ	ㅣ
Romanisation	*yu*	*eu*	*i*
Prononciation	you	eu	i

(3) Exemples de prononciation

Consonnes simples

	en position initiale		en position finale	
ㄱ	gu	g**â**teau	k	kaya**k**
ㄴ	n	**n**oix	n	abdome**n**
ㄷ	d	**d**ate	t	interne**t**
ㄹ	l	**l**ivre	l	so**l**
ㅁ	m	**m**aison	m	hamma**m**
ㅂ	b	**b**ouche	p	ca**p**
ㅅ	s [1]	**s**œur	t	interne**t**
ㅇ	-	consonne muette [2]	ng	parki**ng**
ㅈ	dj	**j**et-ski	t	interne**t**
ㅊ	tch	**Ch**e Guevara, **tch**èque	t	interne**t**
ㅋ	kh	**k**ing (en anglais)	k	kaya**k**
ㅌ	th	**t**ime (en anglais)	t	interne**t**
ㅍ	ph	**p**en (en anglais)	p	ca**p**
ㅎ	h	**h**appy (en anglais)	t	interne**t**

Voyelles simples

ㅏ	a	**ma**man
ㅑ	ya	**ya**ourt [3]
ㅓ	o	p**o**rt
ㅕ	yo	k**io**sque, **io**ta [3]
ㅗ	ô	p**ô**le
ㅛ	yô	**yo**-yo [3]
ㅜ	ou	**sou**
ㅠ	you	**you**goslave [3]
ㅡ	eu	**feu** [4]
ㅣ	i	pet**i**t

(1) La consonne ㅅ se prononce « sh » devant les voyelles ㅣ (시 : *shi*), ㅕ (셔 : *shyeo*), ㅑ (샤 : *shya*), ㅠ (슈 : *shyu*) et ㅗ (쇼 : *shyo*).

(2) La consonne ㅇ est muette lorsqu'elle est placée en position initiale au sein d'un bloc syllabique. Elle est utilisée pour les syllabes à initiale vocalique. Pour une explication détaillée des blocs syllabiques, veuillez vous référer au chapitre suivant : *Organisation d'une syllabe*.

(3) Les voyelles ㅑ (*ya*), ㅕ (*yeo*), ㅛ (*yo*), et ㅠ (*yu*) sont des diphtongues, c'est-à-dire des voyelles uniques qui changent de timbre en cours d'émission. Elles sont prononcées rapidement, comme les sons « oi » et « ui » dans « roi » et « huit » en français. Les diphtongues en coréen doivent donc être prononcées comme une seule et unique voyelle. Ainsi, la diphtongue ㅑ (*ya*) se rapproche davantage du « ya » de « yaourt » que du « ia » de « sangria », et la diphtongue ㅛ (*yo*) se rapproche davantage de « yo-yo » que de « bio ».

(4) ㅡ (*eu*) se prononce comme « feu » ou « bleu » (*e* fermé), mais en étirant les lèvres au lieu de les arrondir.

Préparation 준비과정

(4) Tracé des lettres

Les lettres coréennes s'écrivent de gauche à droite et de haut en bas.

Préparation 준비과정

2 Lettres complexes

(1) Consonnes doubles

	ㄲ	ㄸ	ㅃ	ㅆ	ㅉ
Romanisation	*kk*	*tt*	*pp*	*ss*	*jj*
Prononciation	k (k tendu)	t (t tendu)	p (p tendu)	s (s tendu)	tch (tch tendu)

(2) Voyelles composées

	ㅐ	ㅒ	ㅔ	ㅖ	ㅘ	ㅙ	ㅚ
Romanisation	*ae*	*yae*	*e*	*ye*	*wa*	*wae*	*oe*
Prononciation	é	yé	é	yé	wa	wè	wè

	ㅝ	ㅞ	ㅟ	ㅢ
Romanisation	*wo*	*we*	*wi*	*ui*
Prononciation	wo (o ouvert)	wè	wi	euil

Les voyelles composées sont formées par l'assemblage de deux voyelles simples, ou d'une voyelle composée et d'une voyelle simple, et ce afin de produire des sons plus complexes.

ㅏ + ㅣ → ㅐ	ㅓ + ㅣ → ㅔ	
a + *i* → *ae*	*eo* + *i* → *e*	
ㅐ + ㅣ → ㅒ	ㅔ + ㅣ → ㅖ	
ae + *i* → *yae*	*e* + *i* → *ye*	
ㅗ + ㅏ → ㅘ	ㅗ + ㅐ → ㅙ	ㅗ + ㅣ → ㅚ
o + *a* → *wa*	*o* + *ae* → *wae*	*o* + *i* → *oe*
ㅜ + ㅓ → ㅝ	ㅜ + ㅔ → ㅞ	ㅜ + ㅣ → ㅟ
u + *eo* → *wo*	*u* + *e* → *we*	*u* + *i* → *wi*
ㅡ + ㅣ → ㅢ		
eu + *i* → *ui*		

Hangeul : Alphabet coréen et prononciation 한글 자모와 발음

Préparation 준비과정

(3) Exemples de prononciation

Consonnes doubles [1]

	en position initiale		en position finale	
ㄲ	k	cap	k	kayak
ㄸ	t	table	-	
ㅃ	p	pain	-	
ㅆ	s	ça	t	internet
ㅉ	tch		-	

Voyelles composées [2]

ㅐ	é	bébé [3]
ㅒ	yé	pied
ㅔ	é	bébé [3]
ㅖ	yé	pied
ㅘ	wa	loi
ㅙ	wè	ouais [4]
ㅚ	wè	ouais [4]
ㅝ	wo	word (en anglais)
ㅞ	wè	ouais [4]
ㅟ	wi	oui
ㅢ	euil	feuille [5]

(1) Les consonnes doubles ont une prononciation plus « claquante » ou « tendue » que les consonnes simples. Pour prononcer une consonne double, on exerce une pression de la langue sur le palet (pour ㄸ, ㅉ, ㅆ), ou bien avec les lèvres (pour ㅃ), ou encore avec le haut de la gorge (pour ㄲ), pression que l'on relâche en faisant toutefois attention de ne pas dégager d'air, comme lorsque l'on mime une détonation sèche : « pan ! ». Si vous réussissez à éliminer le souffle d'air qui se dégage lorsque vous prononcez tout fort « **k**iwi », « **t**ata », « **p**apa », « **s**alon » et « **tch**èque », alors vous êtes très proches de la prononciation correcte de ces cinq lettres.

(2) Les voyelles composées sont toutes des diphtongues, on les prononce rapidement, comme des voyelles uniques.

(3) Les lettres ㅐ et ㅔ sont prononcées de la même manière (*é*) en coréen contemporain.

(4) Les lettres ㅙ, ㅚ et ㅞ sont prononcées de la même manière (*wè*) en coréen contemporain.

(5) ㅢ (*ui*) est comparable au son « euille » en français, mais il faut prononcer le son « eu » comme dans « feu » (*e* fermé) et non comme dans « feuille » (*e* ouvert), et sans arrondir les lèvres.

Organisation d'une syllabe
음절의 구조

But de la leçon
Savoir combiner des lettres pour former des syllabes et des mots.

Contenu
- Blocs syllabiques
- Agencement des lettres
- Règles de prononciation

Préparation 준비과정

Dans la langue coréenne, comme dans la langue française, un mot est composé d'une ou plusieurs syllabes. Nous avons vu que l'alphabet coréen comporte un nombre limité de consonnes et de voyelles. Toutefois, l'agencement de ces lettres pour former des syllabes suit une méthode totalement différente de la nôtre.

1. Blocs syllabiques

En coréen, au lieu de disposer les lettres les unes à la suite des autres, on construit une syllabe en agençant les lettres au sein d'un « carré virtuel », ou bloc syllabique.
Prenons la phrase suivante (qui signifie, comme nous le verrons plus tard : « Min-ji est coréenne ») :

La première syllabe, entourée d'un carré rouge, est composée de trois lettres :
- une consonne initiale : ㅁ (*m*),
- une voyelle : ㅣ (*i*),
- une consonne finale : ㄴ (*n*).

L'écriture de cette syllabe, que ce soit avec un stylo ou un clavier d'ordinateur, se fait selon un ordre prédéterminé. Décomposons l'écriture de cette syllabe en plusieurs étapes :

Les syllabes, de même que les lettres, s'écrivent donc de gauche à droite et de haut en bas. La lecture de cette syllabe se fait selon le même ordre : $m + i + n \rightarrow min$ (se prononce comme le mot « mine » en français).

Chaque syllabe, ou bloc syllabique, suit les règles suivantes :
- une syllabe est composée d'**au moins deux lettres**,
- une syllabe **commence toujours par une consonne**, suivie d'une voyelle,
- une syllabe ne comporte qu'**une seule voyelle**, simple ou composée,
- une syllabe peut comporter **jusqu'à trois consonnes** : la consonne initiale et éventuellement une ou deux consonnes finales.

2 Agencement des lettres

Les lettres de l'alphabet coréen ayant toutes des formes relativement différentes, il n'est pas évident de trouver le bon agencement qui permettra de former un bloc syllabique de forme plus ou moins carrée. Heureusement, il existe des règles qui permettent de ne pas à avoir à se poser trop de questions.

Cela ne vous aura sans doute pas échappé, les voyelles ressemblent à un assemblage de bâtons horizontaux et verticaux. Selon la forme de ces « bâtons », nous pouvons classer les voyelles en trois catégories :

(1) Voyelles verticales

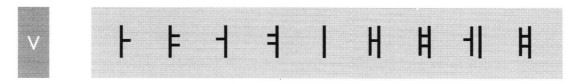

(2) Voyelles horizontales

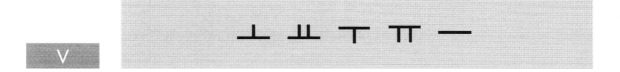

(3) Voyelles composées, à deux parties

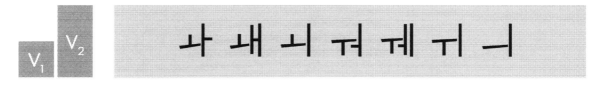

L'agencement des lettres au sein d'un bloc syllabique dépend essentiellement de l'unique voyelle (horizontale ou verticale) qui compose cette syllabe, ainsi que du nombre de consonnes présentes. Il existe huit agencements possibles, représentés sur la page suivante par ordre de complexité.

Préparation 준비과정

	voyelle		partie horizontale d'une voyelle composée
V	voyelle	V₁	partie horizontale d'une voyelle composée
C	consonne	V₂	partie verticale d'une voyelle composée

agencement   exemples

1. [C|V]   가 너 대 미

2. [C/V]   로 부 쇼 유

3. [C V₂ / V₁]   뒤 최 왜 뭐

4. [C|V / C]   강 약 뺨 친

5. [C / V / C]   옷 눈 꼭 홀

6. [C V₂ / V₁ / C]   관 흰 봤 꽝

7. [C|V / C|C]   값 삶 읽 닭

8. [C / V / C|C]   흙 굶 못 읊

3 Règles de prononciation

La prononciation d'une syllabe unique suit une règle très simple : elle correspond à la prononciation de chaque lettre composant le bloc syllabique en parcourant ce dernier de gauche à droite et de haut en bas. Dans beaucoup de cas, la prononciation de plusieurs syllabes consécutives n'est pas plus compliquée : il suffit de prononcer chaque syllabe l'une après l'autre.

Prenons pour exemple le mot 한국, qui signifie « Corée ». Si l'on se réfère à la partie *Hangeul : Alphabet coréen et prononciation*, on en déduit que la première syllabe de ce mot, 한, se prononce *han* (c'est-à-dire « hanne » avec un h aspiré, comme en anglais). La seconde syllabe, 국, se prononce *guk* (« gouk »). Le mot 한국 se prononce donc *hanguk,* selon la romanisation (ou « hanne-gouk » selon la prononciation française).

한국 hanguk

Dans certains cas, la prononciation de plusieurs syllabes consécutives suit une règle différente. Voici les principaux cas particuliers.

(1) Liaison

Le cas particulier le plus courant est celui de la liaison entre une consonne et une voyelle. Lorsqu'une syllabe se termine par une consonne, et que la syllabe suivante commence par un son vocalique (c'est-à-dire par la consonne muette ㅇ), la consonne finale de la première syllabe se prononce comme si elle se trouvait en position initiale dans la seconde syllabe (en lieu et place de la consonne muette ㅇ). Prenons pour exemple le mot 한국어 (« langue coréenne »), dont les deux dernières syllabes permettent d'illustrer la liaison :

한국어 se prononce 한구거 han-gu-geo

Toutefois, la consonne ㅎ placée en position finale est muette lorsqu'elle est suivie par un son vocalique.

좋아 se prononce 조아 jo-a

(2) Nasalisation

La langue coréenne comporte trois consonnes nasales : ㄴ (*n*), ㅁ (*m*), et ㅇ (*ng*, en position finale uniquement). Certaines consonnes non nasales placées en position finale dans une syllabe se prononcent comme une consonne nasale lorsque la syllabe suivante commence par ㄴ (*n*) ou ㅁ (*m*). Dans ce cas :
- les consonnes ㄷ, ㅅ, ㅈ, ㅊ, ㅌ, ㅎ, ㅆ se prononcent ㄴ,
- les consonnes ㅂ, ㅍ se prononcent ㅁ,
- les consonnes ㄱ, ㅋ, ㄲ se prononcent ㅇ.

(3) Aspiration

Les consonnes ㄱ (*g*), ㄷ (*d*), ㅂ (*b*) et ㅈ (*j*) se prononcent comme leur équivalent aspiré, respectivement ㅋ (*k*), ㅌ (*t*), ㅍ (*p*) et ㅊ (*ch*) lorsqu'elles sont précédées ou suivies par la consonne ㅎ (*h*).

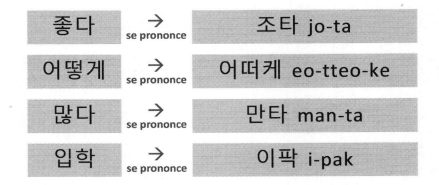

(4) Palatalisation

Les consonnes ㄷ (*d*) et ㅌ (*t*) placées en position finale dans une syllabe se prononcent respectivement ㅈ (*j*) et ㅊ (*ch*) lorsqu'elles sont suivies par le son vocalique 이 (*i*).

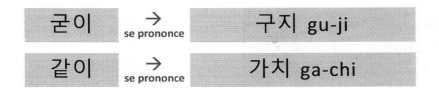

(5) Assimilation par ㄹ

La consonne ㄴ (*n*) placée en position finale dans une syllabe se prononce ㄹ (*l*) lorsqu'elle est suivie par la consonne ㄹ (*l*). De la même manière, la consonne ㄴ (*n*) placée en position initiale dans une syllabe se prononce ㄹ (*l*) lorsqu'elle est précédée par la consonne ㄹ (*l*).

Organisation d'une phrase
문장의 구조

But de la leçon
Savoir combiner des mots et des particules pour former des phrases.

Contenu
- (Sujet -) Objet - Verbe
- Des particules collantes
- Place de l'adjectif

Préparation 준비과정

1. (Sujet -) Objet - Verbe

À l'image des langues turque et japonaise, le coréen suit la typologie dite *SOV* (sujet – objet – verbe). En coréen, le verbe se place toujours en fin de phrase. Tous les autres éléments (noms, pronoms, déterminants, etc.) se positionnent avant le verbe.

Pour ce qui est du sujet et de l'objet, les règles sont plus flexibles : ils peuvent être placés à tout endroit dans la phrase (sauf à la fin). Le contexte et les particules attachées aux mots permettent de déterminer leur fonction grammaticale. L'élément placé juste devant le verbe est mis en valeur par rapport aux autres éléments de la phrase. En règle générale, on place le sujet en premier, sauf si l'on souhaite mettre le sujet en valeur.

Cette phrase signifie « Thomas étudie le coréen », ou plus précisément, comme nous le verrons plus tard, « C'est Thomas qui étudie le coréen ». Elle comprend, comme en français :
- un groupe sujet : 토마가 (*to-ma-ga* : Thomas),
- un complément d'objet direct, ou COD : 한국어를 (*han-gu-geo-reul* : le coréen),
- un verbe : 공부하다 (*gong-bu-ha-da* : étudier), conjugué au présent.

> Essayons d'inverser la place du groupe sujet et du complément d'objet direct. Nous obtenons ainsi :
>
> 한국어를 토마가 공부해요.
>
> La place du sujet et de l'objet étant libre, cette phrase est grammaticalement correcte. En revanche, tout Coréen vous dira qu'elle ne sonne pas juste, pas naturelle. Dans certains cas (et certains cas seulement), il est envisageable de placer l'objet avant le sujet. À notre niveau, il sera plus prudent de toujours mettre le sujet en premier, afin de ne pas heurter les oreilles de votre interlocuteur (ou les yeux de votre lecteur !).

Notons également que la présence du sujet dans une phrase n'est pas obligatoire, notamment si celui-ci est impliqué par le contexte (voir G1.4, partie grammaire de la leçon 1).

2 Des particules collantes

Le coréen est une langue dite « agglutinante ». Certains éléments grammaticaux, comme certaines prépositions et adverbes de temps, de lieu et de manière (« à ; après ; aussi ; avec ; dans ; de ; sous ; sur ; etc. »), s'attachent aux noms ou aux pronoms qui les précèdent. Et puisqu'ils se placent *après*, on ne nomme pas ces éléments des *pré*positions mais des *post*positions, ou plus couramment des *particules*.

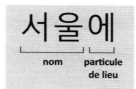

Cet ensemble de trois syllabes, qui signifie « à Séoul », est un groupe nominal à particule (groupe nominal prépositionnel pour la version française). Il est composé :
- d'un nom : 서울 (*seo-ul* : Séoul),
- de la particule de lieu 에 (*e*, voir G2.4), qui peut se traduire par « à ; vers ; dans » selon le contexte.

Les particules n'indiquent pas seulement des éléments de temps, de lieu ou de manière, mais également des éléments grammaticaux tels que le sujet, l'objet et le thème de la phrase. Reprenons la phrase précédente, « Thomas étudie le coréen » :

Afin d'indiquer la fonction des deux noms de la phrase (« Thomas » et « coréen »), et de préciser que c'est bien Thomas qui étudie le coréen (et non l'inverse !), nous avons attaché une particule après chaque nom :
- la particule de sujet 가 (*ga*, voir G1.1), après 토마 (*to-ma* : Thomas),
- la particule d'objet 를 (*reul*, voir G3.2), après 한국어 (*han-gu-geo* : coréen).

> À présent, essayons d'inverser les particules de sujet et d'objet, tout en conservant les noms à leur place d'origine:
>
> 토마를 한국어가 공부해요.
>
> En inversant les particules, nous avons également inversé la fonction des noms les précédant. Le sujet est devenu l'objet, l'objet le sujet. En français, cela donnerait « Le coréen étudie Thomas ». Attention au choix des particules !

3 Place de l'adjectif

Dans la langue française, la très grande majorité des adjectifs épithètes (= liés au nom) se placent après le nom avec lequel ils s'accordent : « une rose rouge », « un verre plein », « l'empire romain ». En coréen, ils sont exclusivement placés **avant** le nom.

Cette phrase signifie « Min-ji est une personne jolie ». Elle comprend :
- un nom, sujet : 민지 (*min-ji* : Min-ji),
- la particule de thème : 는 (*neun*, voir G1.2),
- un adjectif : 예쁜 (*ye-ppeun* : joli), décliné de la forme à l'infinitif 예쁘다 (*ye-ppeu-da* : être joli), et lié au nom suivant,
- un nom, attribut du sujet : 사람 (*sa-ram* : personne),
- le verbe « être » conjugué au présent : 이에요 (*i-e-yo* : est).

Dans cette phrase, l'adjectif 예쁜 (*ye-ppeun* : joli) est placé avant le nom auquel il se rapporte : 사람 (*sa-ram* : personne).

En coréen, les adjectifs peuvent être utilisés comme des verbes, c'est-à-dire conjugués et placés en fin de phrase. Dans ce cas, l'adjectif est comparable à l'adjectif qualificatif attribut de la langue française, placé également après le nom auquel il se rapporte : « Cette rose est rouge », « Le temps est humide ».

Cette phrase signifie « Min-ji est jolie ». L'adjectif 예뻐요 (*ye-ppeo-yo* : joli), employé ici comme un verbe, est placé après le nom 민지 (*min-ji* : Min-ji).

Notons également qu'en coréen les adjectifs, de même que les verbes, ne s'accordent pas avec le sujet. Leur terminaison varie uniquement en fonction du temps et du degré de politesse employé.

Classe des mots

한국어의 품사

But de la leçon
Connaître les catégories grammaticales de la langue coréenne et l'origine des mots.

Contenu
- Catégories grammaticales
- Origine des mots

Préparation 준비과정

1. Catégories grammaticales

Les mots qui composent la langue coréenne sont classés dans les catégories suivantes.

Nom	이름 nom	사람 personne	책 livre	식당 restaurant
Pronom	나 je	우리 nous	여기 ici	이것 ceci
Adjectif numéral	하나 un	둘 deux	첫째 premier(ère)	둘째 deuxième
Verbe	가다 aller	하다 faire	먹다 manger	자다 dormir
Adjectif **(verbe descriptif)**	좋다 être bien	크다 être grand(e)	작다 être petit(e)	비싸다 être cher(ère)
Déterminant	저 ce	새 nouveau	옛 ancien	여러 plusieurs
Adverbe	아주 très	잘 bien	빨리 vite	못 pas *(négation)*
Exclamatif	아이고 oh là là !	참 ça alors !	글쎄요 euh ; eh bien…	그래 oui ; vraiment ?
Particule	–에 à ; vers ; dans	–도 aussi	–(으)로 par ; en	–이/가 *particule de sujet*

Les catégories grammaticales de la langue coréenne et de la langue française présentent certaines similitudes. Toutefois, il est important d'exprimer certaines remarques :

- **Les noms ne possèdent ni genre ni nombre**. Il n'existe pas de pronom similaire à « le », « la » ou « les », et les verbes et adjectifs ne s'accordent ni en genre ni en nombre. Il existe bien un suffixe permettant de marquer le pluriel (들, voir G9.4), mais il est très peu utilisé et risque de rendre la tournure de phrase maladroite.

- **Les adjectifs se conjuguent comme des verbes.** On les désigne d'ailleurs parfois par le terme de « verbe descriptif », et ils prennent la même terminaison –다 que les verbes à l'infinitif. On les traduit généralement en français en ajoutant l'auxiliaire « être » devant l'adjectif correspondant.

- **Les particules s'attachent au mot qui les précède , sans ajouter d'espace.** Elles servent à indiquer la fonction de ce mot. Ces fonctions sont typiquement les mêmes qu'en français : sujet, objet, complément d'objet, complément circonstanciel (de lieu, de temps, de manière, de cause, etc.), avec toutefois une fonction peu employée en français : le thème (voir G1.2).

2 Origine des mots

Les mots composant le vocabulaire coréen peuvent être catégorisés selon leur origine :
- les mots d'origine chinoise (environ 57 %),
- les mots d'origine coréenne (environ 25 %),
- les mots d'origine étrangère (environ 6 %),
- les mots composés (environ 12 %).

(1) Mots d'origine chinoise (sino-coréens)

Plus de la moitié des mots coréens trouvent leur origine dans la langue chinoise. Bien que leur prononciation (et leur écriture, bien entendu) soit différente de leur équivalent chinois, ils en conservent les éléments sémantiques, c'est-à-dire les élément porteurs de sens. Tout mot d'origine chinoise peut ainsi être décomposé syllabe par syllabe, chaque syllabe conservant son sens qui lui est propre.
Par exemple, le nom 한국어 (*han-gu-geo* : langue coréenne) est un mot d'origine chinoise, et qui peut être décomposé comme suit :
- 한국 (*han-guk* : la Corée, la République de Corée),
- 어 (*eo* : langue).

Le nom 한국 peut être à son tour décomposé en deux morphèmes, ou unités porteuses de sens :
- 한 (*han* : Corée),
- 국 (*guk* : pays).

(2) Mots d'origine coréenne

Les mots d'origine coréenne ne sont pas transposables en caractères chinois. Ils sont généralement utilisés pour désigner des lieux, des actions de base, ou des choses courantes (nourriture, vêtements, habitat, parties du corps humain, etc.). Souvent, un mot d'origine coréenne possède son équivalent sémantique dans le lexique sino-coréen, mais l'usage que l'on fait de ces deux mots peut être très différent.
Par exemple, le nom 사람 (*sa-ram* : personne) est un mot d'origine coréenne. On ne peut pas le décomposer en sous-unités sémantiques : les syllabes 사 et 람, prises séparément, ne portent aucune signification. Il existe un équivalent sino-coréen à 사람 : 인 (*in* : personne), mais utilisé exclusivement comme suffixe d'autres mots.

(3) Mots d'origine étrangère

Comme toute langue, le coréen emprunte des termes venus d'autres langues. Ces mots, que l'on nomme 외래어 (*oe-rae-eo* : mot d'origine étrangère), se sont multipliés depuis la période de modernisation de la péninsule. Bien que la majorité de ces termes proviennent de l'anglais, certains trouvent leur origine dans la langue française. En voici quelques-uns :
- 레스토랑 (*re-seu-to-rang* : restaurant),
- 카페 (*ca-pe* : café),
- 살롱 (*sal-long* : salon).

(4) Mots composés

En coréen, il est courant de combiner des mots d'origine chinoise et des mots d'origine coréenne, ou encore des mots d'origine chinoise avec des mots d'origine étrangère pour former de nouveaux mots. Savoir décomposer un mot permet de faciliter sa compréhension et sa mémorisation. En voici quelques exemples :

- 생 (*saeng* : frais, cru) + 크림 (*keu-rim* : crème) → 생크림 (*saeng-keu-rim* : crème fraîche),
- 딸기 (*ttal-gi* : fraise) + 주스 (*ju-seu* : jus) → 딸기주스 (*ttal-gi-ju-seu* : jus de fraise),
- 공부 (*gong-bu* : étude) + 하다 (*ha-da* : faire) → 공부하다 (*gong-bu-ha-da* : étudier).

Leçon 1

Salutations
인사

But de la leçon
Savoir saluer, se présenter et demander son nom à un interlocuteur que l'on rencontre pour la première fois.

Grammaire
- −이/가 : particule de sujet
- −은/는 : particule de thème
- −이다 : le verbe être
- Pronoms personnels
- −도 : aussi, non plus, ni... ni...
- 뭐 : que, quel, quoi

Dialogues

D1.1 Bonjour

니콜라 안녕하세요?
an-nyeong-ha-se-yo

수영 안녕하세요?
an-nyeong-ha-se-yo

| **Nicolas** | Bonjour. |
| **Soo-yeong** | Bonjour. |

> En coréen, quelque soit l'heure de la journée, on salue son interlocuteur avec l'expression « 안녕하세요? ». Cette expression est composée du nom 안녕 (paix) et de la forme honorifique du verbe 하다 (faire) conjugué au présent. Votre interlocuteur vous répondra avec la même formule.

D1.2 Enchantée

민지 안녕하세요? 제 이름은[2] 민지예요[3].
an-nyeong-ha-se-yo je i-reu-meun min-ji-ye-yo

수영 안녕하세요? 저는[4] 수영이예요. 반가워요.
an-nyeong-ha-se-yo jeo-neun su-yeong-i-ye-yo ban-ga-wo-yo

민지 네, 반가워요.
ne ban-ga-wo-yo

Min-ji	Bonjour. Je m'appelle Min-ji.
Soo-yeong	Bonjour. Moi c'est Soo-yeong. Enchantée.
Min-ji	Oui, enchantée.

> La langue coréenne ne comporte pas moins de six degrés de politesse. Il convient de choisir le degré approprié en fonction du niveau social, de l'âge de l'interlocuteur et du degré d'intimité que l'on entretient avec lui. Heureusement, il n'est pas nécessaire pour un débutant de connaître ces six niveaux, ainsi nous nous focaliserons dans ce livre sur trois d'entre eux :
> - **le style familier** (해체) : terminaison en –아/어 (voir D3.4),
> - **le style poli informel** (해요체) : terminaison en –아요/어요 (voir G3.1),
> - **le style formel** (합쇼체) : terminaison en –ㅂ니다/습니다 (voir G5.5).
>
> Ce dialogue emploie le style poli informel, un style qui convient dans la majorité des situations, entre personnes d'âge similaire mais n'entretenant pas de relations très proches.

Leçon 1

D1.3 — Comment tu t'appelles ?

민지 안녕하세요? 이름이[1] 뭐예요[6]?
an-nyeong-ha-se-yo i-reu-mi mwo-ye-yo

토마 제 이름은 토마예요. 이름이 뭐예요?
je i-reu-meun to-ma-ye-yo i-reu-mi mwo-ye-yo

민지 저는 민지예요. 반가워요.
jeo-neun min-ji-ye-yo ban-ga-wo-yo

Min-ji	Bonjour. Comment tu t'appelles ?
Thomas	Je m'appelle Thomas. Comment tu t'appelles ?
Min-ji	Moi c'est Min-ji. Enchantée.

Il y a plusieurs façons de demander son nom à quelqu'un. « **이름이 뭐예요?** » est la forme la plus courante, utilisable avec la majorité des interlocuteurs. Elle signifie littéralement « Quel est votre nom ? ». Il existe une forme honorifique introduite dans le dialogue suivant. « 뭐 » est la forme contractée du pronom interrogatif « 무엇 » qui signifie « que ; quel ; quoi » (voir G1.6), et « 예요 » est la terminaison du verbe « être » conjugué au présent (voir G1.3).

D1.4 — Au revoir

준수 안녕하세요? 성함이 어떻게 되세요?
an-nyeong-ha-se-yo seong-ha-mi eo-tteo-ke doe-se-yo

마리옹 안녕하세요? 제 이름은 마리옹입니다[3]. 성함이 어떻게 되세요?
an-nyeong-ha-se-yo je ireu-meun ma-ri-ong-im-ni-da seong-ha-mi eo-tteo-ke doe-se-yo

준수 저는 준수입니다. 반갑습니다.
jeo-neun jun-su-im-ni-da ban-gap-sseum-ni-da

마리옹 네, 반갑습니다.
ne ban-gap-sseum-ni-da

준수 안녕히 가세요.
an-nyeong-hi ga-se-yo

마리옹 안녕히 계세요.
an-nyeong-hi gye-se-yo

1 안녕하세요	bonjour		**2** 제	mon (forme contractée de 저의)		**3** –이/가	particule de sujet
			이름	nom, prénom		뭐	que, quel, quoi (= 무엇)
			–은/는	particule de thème			
			–이다	être			
			저	je			
			반가워요	enchanté(e)			
			네	oui			

Salutations 인사

Dialogues

Joon-soo	Bonjour. Comment vous appelez-vous ?
Marion	Bonjour, je m'appelle Marion. Comment vous appelez-vous ?
Joon-soo	Moi c'est Joon-soo. Enchanté.
Marion	Oui, enchantée.
Joon-soo	Au revoir.
Marion	Au revoir.

> Voici un exemple de discours au style formel, entre personnes d'un certain âge ou statut social se rencontrant pour la première fois. Notez que les terminaisons de verbe sont différentes des dialogues précédents. Nous reviendrons sur les différentes terminaisons plus loin dans ce livre.
>
> Attardons-nous plutôt sur la façon dont les Coréens disent « au revoir ». Les deux dernières phrases du dialogue sont différentes en coréen, mais se traduisent toutes deux par « au revoir » en français. En fait, il y a deux façons de dire « au revoir » en coréen, selon si c'est vous qui partez, ou si c'est votre interlocuteur qui part.
>
> - si vous partez, vous souhaiterez à votre interlocuteur de « rester en paix » en lui lançant un « **안녕히 계세요** », expression composée de l'adverbe 안녕히 (*an-nyeong-hi* : en paix) et de la forme honorifique du verbe 있다 (*it-tta* : rester ; demeurer ; être) conjugué au présent
> - si c'est votre interlocuteur qui part, vous utiliserez « **안녕히 가세요** », qui débute par le même adverbe « en paix », mais est suivi de la forme honorifique du verbe 가다 (*ga-da* : aller) conjugué au présent. « Allez en paix ! »

D1.5 Salut, ça va ?

니콜라 안녕?
an-nyeong

민지 안녕? 반가워!
an-nyeong ban-ga-wo

니콜라 잘 지내?
jal ji-nae

민지 응, 잘 지내. 너는⁴?
eung jal ji-nae neo-neun

니콜라 나도⁵, 잘 지내.
na-do jal ji-nae

Nicolas	Salut !
Min-ji	Salut ! Contente de te voir !
Nicolas	Ca va ?
Min-ji	Oui, ça va. Et toi ?
Nicolas	Moi aussi, ça va.

Leçon 1

Ce dialogue introduit le **style familier**, ou 해체. Ce style s'utilise entre personnes d'âge similaire et se connaissant bien (des amis, par exemple), ou partageant un lien d'affection particulier (parents / enfants).

Le style familier se construit très facilement : dans la plupart des cas, il suffit de supprimer la particule de politesse –요 que l'on trouve à la fin des verbes ou des noms. Ainsi, « 반가워요 » du dialogue 1.2 est devenu ici « 반가워 ».

Notez que certains mots se transforment complètement lorsque l'on passe d'un style à l'autre :

- 안녕하세요 (bonjour) → 안녕 (salut)
- 네 (oui) → 응 (oui ; ouais)

D1.6 Moi, c'est Thomas

토마 이름이 뭐야?
i-reu-mi mwo-ya

민지 저는 민지라고 해요. 이름이 뭐예요?
jeo-neun min-ji-ra-go hae-yo i-reu-mi mwo-ye-yo

토마 나는 토마야.
na-neun to-ma-ya

민지 반가워요.
ban-ga-wo-yo

토마 응, 나도 반가워.
eung na-do ban-ga-wo

Thomas	Comment tu t'appelles ?
Min-ji	Je m'appelle Min-ji. Comment tu t'appelles ?
Thomas	Moi, c'est Thomas.
Min-ji	Enchantée.
Thomas	Oui, enchanté, moi aussi.

4
- 성함 — nom (forme honorifique de 이름)
- 어떻게 — comment
- 제 — mon (forme modeste de 내, forme contractée de 저의)
- 가다 — aller

5
- 안녕 — salut
- 잘 — bien
- 지내다 — passer, aller (bien)
- 응 — oui (familier)
- 너 — tu
- 나 — je
- –도 — aussi, non plus, ni... ni...

Salutations 인사

Dialogues

Ce dialogue mélange les styles familier et poli informel. Il fait intervenir deux jeunes personnes mais dont l'une, Thomas, est plus âgée et en classe supérieure à l'école.

Thomas, l'aîné de ce dialogue, s'autorise donc à employer le style familier, marqué dans ce dialogue par les terminaisons suivantes (voir G1.3 pour la liste des terminaisons du verbe être) :

- 뭐**야**
- 토마**야**
- 반가**워**

Min-ji, par respect et usage, s'en tient au style poli informel, marqué par la particule de politesse –요 :

- 해**요**
- 뭐예**요**
- 반가워**요**

Dans cette leçon, nous avons appris deux manières de se présenter (« Je m'appelle [ ] ») :

- 제 이름은 [ ]예요.
- 저는 [ ]라고 해요.

Dans le cas où on ne donne que son prénom, et que ce prénom se termine par une consonne, on insère habituellement le suffixe **이** entre le prénom et la terminaison verbale ou la particule qui suit :

- 제 이름은 수영**이**예요.
- 저는 수영**이**라고 해요.

Dans la première phrase, 수영이예요 est composé du prénom **수영**, du suffixe **이** (ajouté car le prénom se termine par une consonne) et de **예요**, la terminaison du verbe –이다 au style poli informel après une voyelle (voir G1.3).

En revanche, si l'on se présente avec son nom et son prénom, on n'ajoute pas de suffixe même lorsque le prénom se termine par une consonne :

- 제 이름은 김수영이에요.

Dans cette phrase, **김** est le nom de famille, **수영** le prénom et **이에요** la terminaison du verbe –이다 au style poli informel après une consonne.

Grammaire

Leçon 1

G1.1 −이/가 : particule de sujet

La particule de sujet −이/가 sert à désigner, comme son nom l'indique, le sujet d'une phrase. Comme toutes les particules que nous allons présenter dans ce livre, −이/가 s'attache directement au nom qui la précède, sans espace. Elle se place donc juste derrière le mot qui correspond au sujet dans la phrase.
−이 s'emploie après un nom se terminant par une consonne, et −가 après un nom se terminant par une voyelle.

Nom + 이/가	Après une consonne	Après une voyelle
	−이	−가

Nom	Nom + 이/가	Exemple	
이름	이름이	이름이 뭐예요?	Comment vous appelez-vous ?
꽃	꽃이	꽃이 예뻐요.	La fleur est belle.
우산	우산이	우산이 있어요?	Avez-vous un parapluie ?
민지	민지가	민지가 대전에 살아요.	Min-ji habite à Daejeon.

Comme la plupart des particules en coréen, la particule de sujet peut être omise si le contexte permet de reconnaître le sujet dans la phrase.

Particule de sujet présente	Particule de sujet omise	
이름이 뭐예요?	이름 뭐예요?	Comment vous appelez-vous ?
꽃이 예뻐요.	꽃 예뻐요.	La fleur est belle.
우산이 있어요?	우산 있어요?	Avez-vous un parapluie ?
민지가 대전에 살아요.	민지 대전에 살아요.	Min-ji habite à Daejeon.

La particule de sujet s'emploie généralement lorsque l'on introduit un élément nouveau dans le texte, que ce soit un nouveau personnage ou un objet que l'on n'a pas mentionné auparavant. Dans beaucoup d'autres cas, on emploiera la particule de thème, présentée ci-après.

> Ajoutons que la particule de sujet −이/가 tend à mettre en valeur le sujet par rapport au reste de la phrase. Reprenons la phrase introduite ci-dessus :
>
> 민지**가** 대전에 살아요.
>
> Cette phrase accentue le fait que c'est Min-ji qui habite à Daejeon, et pas une autre personne. Si l'on ne souhaite pas particulièrement mettre l'accent sur le sujet, on emploiera la particule de thème, plus neutre : −은/는 (voir G1.2).

Grammaire

G1.2 −은/는 : particule de thème

La particule −은/는 sert à indiquer le thème d'une phrase. Le thème ne doit pas être confondu avec le sujet de la phrase.

Le sujet est l'élément de la phrase qui s'accorde avec le verbe. Le sujet n'est pas nécessairement l'entité qui accomplit l'action liée au verbe, ni l'élément le plus important de la phrase.

Le thème est du domaine de la sémantique. Il se rapporte à ce dont il est question dans la phrase, en d'autres termes à l'élément que l'on veut mettre en valeur dans la phrase.

> Pour bien comprendre la différence entre sujet et thème, prenons un exemple dans la langue française.
> Dans la phrase « Sophie est mon amie », Sophie est à la fois sujet et thème de la phrase. Le nom « Sophie » s'accorde avec le verbe « être », et Sophie est bien la personne mise en valeur dans la phrase.
> Prenons maintenant la phrase suivante : « Sophie, je l'aime bien ». Le sujet de la phrase (l'élément qui s'accorde avec le verbe « aimer ») est « je ». En revanche, le thème de la phrase (ce dont il est question ici), est « Sophie ».

La particule −은/는 se place après l'élément qui marque le thème de la phrase. Cela peut-être le sujet, le complément d'objet, un verbe nominal ou même un simple adverbe. −은 s'emploie après un mot se terminant par une consonne, et −는 après un mot se terminant par une voyelle.

Nom + 은/는	Après une consonne	Après une voyelle
	−은	−는

Dans beaucoup de cas, le sujet et le thème de la phrase se confondent. Il est alors d'usage de préférer la particule de thème à la particule de sujet.

Nom	Nom + 은/는	Exemple	
저	저는	저는 프랑스 사람이에요.	Je suis Français.
프랑수아	프랑수아는	프랑수아는 남자예요.	François est un homme.
마리옹	마리옹은	마리옹은 여자예요.	Marion est une femme.
이름	이름은	제 이름은 니콜라예요.	Je m'appelle Nicolas.

Dans d'autres cas, le sujet et le thème sont deux éléments distincts. Comme en français, le verbe se rapporte toujours au sujet.

Nom	Nom + 은/는	Exemple	
그	그는	그는 우산이 있어요.	Il a un parapluie. *(litt. : Lui, il y a un parapluie.)*
토마	토마는	토마는 성격이 좋아요.	Thomas a un bon caractère. *(litt. : Thomas, son caractère est bon.)*

Quelle est la différence entre ces deux phrases, que l'on pourrait être tenté de traduire en français de la même manière ?

1. 민지**가** 한국 사람이에요.
2. 민지**는** 한국 사람이에요.

Comme nous l'avons vu dans la partie G1.1, la première phrase met l'accent sur le sujet : **« C'est Min-ji qui est Coréenne »**. Cette phrase implique que Min-ji fait partie d'un groupe de personnes que l'on est en train de présenter ou de décrire.
La seconde phrase, plus neutre, correspond davantage à ce que l'on dirait en français pour présenter quelqu'un : **« Min-ji est Coréenne »**. Ici, l'information nouvelle est bien le fait que Min-ji est Coréenne.

G1.3   –이다 : le verbe être

–이다 n'est pas à proprement parler un verbe. Pourtant, il en a tout l'air : sa terminaison 다 qui caractérise les verbes, sa conjugaison, et son sens qui correspond au verbe « être » en français. Mais –이다 se distingue des verbes en coréen par le fait qu'il s'attache au nom qui le précède, ce qui lui vaut de rentrer dans la catégorie des particules.

–이다 signifie « être », dans le sens « équivaloir à » comme dans les phrases « Je suis un homme » et « Cet objet est un livre ». –이다 ne s'emploie pas pour spécifier une localisation comme dans la phrase « Je suis en ville ».
La particule –이다, comme tous les verbes et adjectifs en coréen, ne s'accorde pas avec le sujet. Sa terminaison est identique quel que soit le pronom personnel utilisé, mais diffère selon le temps et le degré de politesse (style) employé. Le tableau suivant indique ses différentes terminaisons au présent.

Nom + 이다	Après une consonne	Après une voyelle
Style familier	–이야	–야
Style poli informel	–이에요	–예요
Style formel	–입니다	–입니다

Grammaire

이름이 뭐야?	Tu t'appelles comment ? *(litt. : Quel est ton nom ?)*
오늘은 토요일이야.	Aujourd'hui c'est samedi.
제 이름은 토마예요.	Je m'appelle Thomas. *(litt. : Mon nom est Thomas.)*
그것은 우산이에요.	Ceci est un parapluie.
그것은 자동차입니다.	Ceci est une voiture.

G1.4 Pronoms personnels

L'approche qu'a la langue coréenne des pronoms personnels est assez différente de celle du français. Alors que la langue française fait un usage systématique des pronoms personnels pour désigner toute personne et tout objet, vous serez peut-être étonnés de constater que, dans la langue coréenne :
- l'usage des pronoms personnels, et du sujet en général, n'est **pas obligatoire**,
- les pronoms personnels de la deuxième personne (« tu ; vous ») et de la troisième personne (« il(s) ; elle(s) ») sont **très peu employés**,
- il existe différents termes selon le degré de politesse et de modestie que l'on souhaite employer.

Pronom	Forme courante	Forme honorifique ou de modestie
Je	나	저
Tu	너	당신
Il	그 (personne) / 그것 (objet)	그분 (personne)
Elle	그녀 (personne) / 그것 (objet)	그분 (personne)
Nous	우리	저희
Vous	너희들	당신들
Ils	그들 / 그것들	그분들
Elles	그녀들 / 그것들	그분들

Règle d'usage n°1

Lorsque l'on désigne une personne à la deuxième (« tu ; vous ») ou à la troisième personne (« il(s) ; elle(s) »), il est d'usage d'utiliser le nom, prénom, ou titre de la personne en lieu et place du pronom personnel.

Emploi du pronom personnel	Emploi du nom ou titre	
당신은 한국 사람이에요?	마리는 한국 사람이에요?	Êtes-vous Coréenne ? *(en s'adressant à Marie)*
그분은 성함이 어떻게 되세요?	선생님은 성함이 어떻게 되세요?	Comment s'appelle-t-il ? *(en désignant le professeur)*

Règle d'usage n°2

Pour éviter les répétitions dues à la règle précédente, et qui peuvent alourdir le discours, il est d'usage de **supprimer le sujet** lorsque celui-ci est impliqué par le contexte.

Forme longue	Forme courte (d'usage)	
너는 이름이 뭐야?	이름이 뭐야?	Tu t'appelles comment ?
마리는 프랑스 사람이에요.	마리는 프랑스 사람이에요.	Marie est Française.
그녀는 파리에 살아요.	파리에 살아요.	Elle habite à Paris.

Règle d'usage n°3

Comme en français, il existe en coréen une distinction entre le « tu » familier et le « vous » de politesse. Mais le coréen pousse le concept plus loin, en distinguant le « je » courant du « je » de modestie, une manière de montrer son respect vis-à-vis de son interlocuteur tout en parlant de soi-même. De la même manière, il existe un « il ; elle » familier et un « il ; elle » honorifique, permettant de montrer son respect, non pas envers son interlocuteur, mais envers la personne dont on parle. Mais gardez toutefois à l'esprit la règle n°1 : les pronoms personnels de la deuxième et de la troisième personne sont peu employés.

Forme courante	Forme honorifique ou de modestie	
나는 민지라고 해요.	저는 민지라고 해요.	Je m'appelle Min-ji.
내 이름은 프랑수아예요.	제 이름은 프랑수아예요.	Mon nom est François.
그녀가 서울에 살아요.	그분이 서울에 살아요.	Elle habite à Séoul.

Les particules de sujet (–이/가) et de thème (–은/는) peuvent bien sûr s'attacher aux pronoms personnels. Les formes indiquées en gras dans le tableau ci-dessous sont irrégulières.

	Pronom + 이/가		Pronom + 은/는	
	Forme courante	Forme honorifique	Forme courante	Forme honorifique
Je	**내가**	**제가**	나는	저는
Tu	**네가**	당신이	너는	당신은
Il	그가 / 그것이	그분이	그는 / 그것은	그분은
Elle	그녀가 / 그것이	그분이	그녀는 / 그것은	그분은
Nous	우리가	저희가	우리는	저희는
Vous	너희들이	당신들이	너희들은	당신들은
Ils	그들이	그분들이	그들은	그분들은
Elles	그녀들이 / 그것들이	그분들이	그녀들은 / 그것들은	그분들은

Grammaire

G1.5 —도 : aussi, non plus, ni... ni...

La particule auxiliaire —도 indique une égalité ou une équivalence entre deux éléments. Elle correspond en français à l'adverbe « aussi » dans les phrases affirmatives, et à « non plus » ou « ni… ni… » dans les phrases négatives. La particule —도 peut se placer après un nom, un adverbe, une terminaison verbale ou une autre particule.

저도 학생이에요.	Moi aussi, je suis étudiant.
토마도 프랑스 사람이에요.	Thomas aussi est Français.
한국에도 겨울이 있어요.	En Corée aussi, il y a un hiver.
그는 요리도 잘 해요.	Il fait bien la cuisine, aussi.
저는 운동도 좋아하지 않아요.	Je n'aime pas le sport non plus.
그녀는 돈도 없고 친구도 없어요.	Elle n'a ni argent ni amis.

G1.6 뭐 : que, quel, quoi

뭐 est un pronom interrogatif qui signifie « que ; quel ; quoi ». 뭐 est la forme contractée de 무엇, une forme plus littéraire mais qui s'emploie de la même manière. L'expression 뭐예요? (quel est… ?) est composée du pronom 뭐 suivi de la terminaison au style poli informel de la particule —이다.

이름이 뭐예요?	Comment vous appelez-vous ? *(litt. : Quel est votre nom ?)*
이름이 뭐야?	Comment tu t'appelles ? *(litt. : Quel est ton nom ?)*

Vocabulaire

Leçon 1

Nom / 명사

겨울	hiver	우산	parapluie
꽃	fleur	운동	sport
남자	homme	이름	nom, prénom
돈	argent	자동차	voiture
사람	personne	친구	ami
서울	Séoul	토요일	samedi
성격	caractère, tempérament	파리	Paris
성함	nom (forme honorifique de 이름)	프랑스	France
여자	femme	학생	étudiant(e), élève
오늘	aujourd'hui	한국	Corée
요리	cuisine		

Pronom / 대명사

나	je	뭐, 무엇	que, quel, quoi
내	mon (forme contractée de 나의)	저	je (forme modeste de 나)
너	tu	제	mon (forme modeste de 내, forme contractée de 저의)

Particule / 조사

–도	aussi, non plus, ni... ni...	–이/가	particule de sujet
–은/는	particule de thème	–이다	être

Adjectif (verbe descriptif) / 형용사

반갑다	être enchanté(e)	있다	il y a, avoir, être (lieu)
예쁘다	être beau, belle, joli(e)	좋다	être bon(ne), bien, plaire

Exclamatif / 감탄사

네	oui	응	oui (familier)
안녕	salut		

Verbe / 동사

가다	aller	좋아하다	aimer (bien), affectionner
되다	devenir, être	지내다	passer, aller (bien)
살다	vivre, habiter		

Adverbe / 부사

어떻게	comment	잘	bien

Expression / 표현

반가워(요)	enchanté(e)	안녕하세요	bonjour, bonsoir

Euljiro, Séoul

Leçon 2
Nationalité et profession
국적과 직업

But de la leçon
Savoir se présenter de manière succincte, et questionner son interlocuteur sur sa nationalité et sa profession.

Grammaire
- −이/가 아니다 : ne pas être
- 어느 : quel, lequel
- 네, 아니요 : questions fermées
- −에 : particule de lieu
- Le suffixe honorifique −(으)시

Dialogues

D2.1 Tu es Coréenne ?

니콜라 너는 한국 사람이야?
neo-neun han-guk sa-ra-mi-ya

민지 응³, 한국 사람이야. 너는 프랑스 사람이야?
eung han-guk sa-ra-mi-ya neo-neun peu-rang-seu sa-ra-mi-ya

니콜라 응, 프랑스 사람이야.
eung peu-rang-seu sa-ra-mi-ya

Nicolas	Tu es Coréenne ?
Min-ji	Oui, je suis Coréenne. Tu es Français ?
Nicolas	Oui, je suis Français.

Pour exprimer la nationalité, il suffit de placer le nom du pays suivi du mot 사람 (*sa-ram* : personne).

Belgique	벨기에	Belge	벨기에 사람
Canada	캐나다	Canadien(ne)	캐나다 사람
Chine	중국	Chinois(e)	중국 사람
Corée du Nord	북한	Nord-Coréen(e)	북한 사람
Corée du Sud	대한민국, 한국	Sud-Coréen(e)	한국 사람
Espagne	스페인	Espagnol(e)	스페인 사람
États-Unis	미국	Américain(e)	미국 사람
France	프랑스	Français(e)	프랑스 사람
Italie	이탈리아	Italien(ne)	이탈리아 사람
Japon	일본	Japonais(e)	일본 사람
Royaume-Uni	영국	Britannique	영국 사람
Suisse	스위스	Suisse	스위스 사람

D2.2 Non, je ne suis pas Français

수영 당신은 프랑스 사람이에요?
dang-shi-neun peu-rang-seu sa-ra-mi-e-yo

토마 아니요³. 저는 프랑스 사람이 아니에요[1].
a-ni-yo jeo-neun peu-rang-seu sa-ra-mi a-ni-e-yo

수영 그러면 어느[2] 나라 사람이에요?
geu-reo-myeon eo-neu na-ra sa-ra-mi-e-yo

토마 벨기에 사람이에요.
bel-gi-e sa-ra-mi-e-yo

Leçon 2

Soo-yeong	Es-tu Français ?
Thomas	Non, je ne suis pas Français.
Soo-yeong	Alors de quel pays es-tu ?
Thomas	Je suis Belge.

Ce dialogue introduit la forme négative du verbe « être » : **아니다** (*a-ni-da* : ne pas être). Si le verbe « être », 이다, se comporte comme une particule et donc s'attache au nom qui le précède, sa négation 아니다 rentre dans la catégorie des adjectifs et se détache donc du nom qui la précède (voir G2.1).

D2.3 — Si, Min-ji est Coréenne

마리옹   수영이는 한국 사람이에요?
su-yeong-i-neun han-guk sa-ra-mi-e-yo

준수   네³, 한국 사람이에요.
ne han-guk sa-ra-mi-e-yo

마리옹   토마는 프랑스 사람이에요?
to-ma-neun peu-rang-seu sa-ra-mi-e-yo

준수   아니요, 프랑스 사람이 아니에요. 벨기에 사람이에요.
a-ni-yo peu-rang-seu sa-ra-mi a-ni-e-yo bel-gi-e sa-ra-mi-e-yo

마리옹   민지는 한국 사람이 아니에요?
min-ji-neun han-guk sa-ra-mi a-ni-e-yo

준수   아니요, 민지는 한국 사람이에요.
a-ni-yo min-ji-neun han-guk sa-ra-mi-e-yo

Marion	Est-ce que Soo-yeong est Coréenne ?
Joon-soo	Oui, elle est Coréenne.
Marion	Est-ce que Thomas est Français ?
Joon-soo	Non, il n'est pas Français. Il est Belge.
Marion	Min-ji n'est-elle pas Coréenne ?
Joon-soo	Si, Min-ji est Coréenne.

Lorsqu'un prénom se terminant par une consonne est suivi d'une particule (de sujet, de thème, etc.), il est d'usage d'ajouter la syllabe **이** entre le prénom et la particule :

- 수영 + particule de sujet (이/가) → **수영이** + 가 → **수영이가**,
- 수영 + particule de thème (은/는) → **수영이** + 는 → **수영이는**.

2   아니요   non
    그러면   alors, dans ce cas
    어느   quel, lequel
    나라   pays
    벨기에   Belgique

3   예   oui (= 네)

Nationalité et profession 국적과 직업

Dialogues

En français, il existe trois façons de répondre à une question de type « est-ce que… ? » :
- « oui », pour approuver une question à la forme affirmative,
- « non », pour nier une question à la forme affirmative ou approuver une question à la forme négative,
- « si », pour nier une question à la forme négative.

En coréen, il n'existe que deux termes (voir G2.3) :
- 네 (ou 예), pour approuver une question (à la forme affirmative ou négative),
- 아니요 pour nier une question (à la forme affirmative ou négative).

D2.4   Je suis étudiant

토마   민지는 학생이야?
min-ji-neun hak-ssaeng-i-ya

민지   네, 학생이에요. 토마는 학생이에요?
ne hak-ssaeng-i-e-yo to-ma-neun hak-ssaeng-i-e-yo

토마   응, 나도 학생이야. 대학교에[4] 다녀.
eung na-do hak-ssaeng-i-ya dae-hak-kkyo-e da-nyeo

민지   저는 고등학생이에요.
jeo-neun go-deung-hak-ssaeng-i-e-yo

Thomas	Min-ji, tu es étudiante ?
Min-ji	Oui, je suis étudiante. Et toi Thomas, tu es étudiant ?
Thomas	Oui, moi aussi, je suis étudiant. Je vais à l'université.
Min-ji	Moi, je suis lycéenne.

Beaucoup de mots liés aux études, tels que « élève », « étudiant », « collège » et « université » ont une syllabe en commun : 학 (*hak*). Cette syllabe trouve son origine dans un caractère chinois qui signifie « savoir ; école ; étudier ». En coréen, cette syllabe ne s'emploie jamais seule, mais toujours accolée à une autre syllabe, comme dans les mots suivants : 학교 (*hak-kkyo* : école), 학생 (*hak-ssaeng* : élève ; étudiant).
De ces deux mots dérivent d'autres termes utiles :

école élémentaire	초등학교	écolier(ère)	초등학생
collège	중학교	collégien(ne)	중학생
lycée	고등학교	lycéen(ne)	고등학생
université	대학교	étudiant(e)	대학생

D2.5 — Êtes-vous professeure ?

마리옹   당신은 선생님입니까?
dang-shin-eun seon-saeng-ni-mim-ni-kka

수영   아니요, 저는 학생입니다. 선생님이세요[5]?
a-ni-yo   jeo-neun hak-ssaeng-im-ni-da   seon-saeng-ni-mi-se-yo

마리옹   예[3], 선생님이에요.
ye   seon-saeng-ni-mi-e-yo

수영   처음 뵙겠습니다.
cheo-eum boeb-ke-sseum-ni-da

Marion	Êtes-vous professeure ?
Soo-yeong	Non, je suis étudiante. Êtes-vous professeure ?
Marion	Oui, je suis professeure.
Soo-yeong	Enchantée de faire votre connaissance.

Dans la leçon précédente, nous avons abordé la terminaison du verbe « 이다 » en fonction du degré de politesse employé : le style familier (–이야, –야), le style poli informel (–이에요, –예요), et le style formel (–입니다) (voir G1.3).

Nous avons également mentionné l'existence de termes honorifiques permettant de montrer son respect vis-à-vis de son interlocuteur ou de la personne dont on parle (voir G1.4). Il existe une autre façon d'exprimer ce respect : le suffixe honorifique 시 (*shi*) (voir G2.5).

Dans ce dialogue, deux interlocuteurs adultes se rencontrent pour la première fois, sans connaître la fonction qu'occupe chacun d'eux. Leur premier échange fait usage du degré maximum de politesse et de déférence :

- le style formel : « 선생님**입니까** », « 학생**입니다** »,
- les termes honorifiques et de modestie : « **당신**은 », « **저**는 »,
- le suffixe honorifique : « 선생님이**세요** ».

Une fois les présentations faites, le « rapport de force » se réorganise selon la fonction de chacun :

- le professeur abaisse le degré de politesse d'un niveau, il emploie le style poli informel : « 선생님**이에요** »,
- l'étudiant montre son respect pour la personne (et la profession) en maintenant le style formel : « 뵙겠**습니다** ».

Bien entendu, rien n'empêche le professeur, s'il le souhaite, de maintenir un discours formel avec l'étudiant. Le respect marche dans les deux sens.

4
대학교	université
–에	à, dans, vers (particule de lieu)
다니다	fréquenter, aller (à l'école)
고등학생	lycéen(ne)

5
당신	vous (de politesse)
선생님	professeur(e)
처음 뵙겠습니다	enchanté(e) de faire votre connaissance

Grammaire

G2.1 —이/가 아니다 : ne pas être

La forme négative de la particule –이다 (voir G1.3) est un adjectif : 아니다.
아니다 se place après un nom suivi de la particule sujet –이/가, et sa conjugaison est irrégulière.

	Nom + 이/가 아니다	Rappel : Nom + 이다
Style familier	–이/가 아니야	–이야, –야
Style poli informel	–이/가 아니에요	–이에요, –예요
Style formel	–이/가 아닙니다	–입니다, –입니다

Forme affirmative	Forme négative
토마는 프랑스 사람입니다.	토마는 프랑스 사람이 아닙니다.
Thomas est Français.	Thomas n'est pas Français.
저는 고등학생이에요.	저는 고등학생이 아니에요.
Je suis lycéen.	Je ne suis pas lycéen.
그것은 자동차야.	그것은 자동차가 아니야.
C'est une voiture.	Ce n'est pas une voiture.

G2.2 어느 : quel, lequel

어느 est un déterminant interrogatif qui signifie « quel ; quelle ; quels ; quelles » ou « lequel ; laquelle ; lesquels ; lesquelles ».

Il est utilisé pour interroger son interlocuteur sur son choix parmi un nombre limité d'éléments, qu'ils aient été explicitement mentionnés auparavant (choisir entre deux chemises, par exemple), ou bien qu'ils soient implicites (demander à quelqu'un de quel pays il vient, ou encore quelle heure lui convient le mieux pour un rendez-vous).

어느 se place toujours devant un nom.

어느 나라 사람이에요?	De quel pays êtes-vous ?
어느 셔츠가 좋아요?	Quelle chemise vous plaît ?
어느 시간이 편해요?	Quelle heure vous convient (le mieux) ?

G2.3 네, 아니요 : questions fermées

Répondre à une question fermée (c'est-à-dire une question qui attend une réponse « oui », « non » ou « si ») est très simple en coréen. La réponse dépend de l'affirmation contenue dans la question (c'est-à-dire en omettant le point d'interrogation) :

- si le contenu de la question est juste, on répond par l'affirmative : 네 (ou 예),
- si le contenu de la question est faux, on répond par la négative : 아니요.

Pour chacun de ces termes, il existe un équivalent dans le registre familier.

	Oui *(question affirmative)* **Non** *(question négative)*	**Non** *(question affirmative)* **Si** *(question négative)*
Style familier	응	아니, 아니야
Style poli informel	네, 예	아니요
Style formel	네, 예	아니요

Illustrons cette règle de quelques exemples, en considérant que nous sommes un jeudi (목요일 en coréen) :

Question	Réponse
오늘은 목요일이에요? Aujourd'hui, c'est jeudi ?	네, 오늘은 목요일이에요. Oui, aujourd'hui c'est jeudi.
La question comporte l'affirmation juste : « Aujourd'hui c'est jeudi » → on répond par 네	
오늘은 수요일이에요? Aujourd'hui, c'est mercredi ?	아니요, 오늘은 수요일이 아니에요. 목요일이에요. Non, aujourd'hui ce n'est pas mercredi. C'est jeudi.
La question comporte l'affirmation fausse : « Aujourd'hui c'est mercredi. » → on répond par 아니요	
오늘은 수요일이 아니에요? Aujourd'hui, ce n'est pas mercredi ?	네, 오늘은 수요일이 아니에요. 목요일이에요. Non, aujourd'hui ce n'est pas mercredi. C'est jeudi.
La question comporte l'affirmation juste : « Aujourd'hui ce n'est pas mercredi. » → on répond par 네	
오늘은 목요일이 아니에요? Aujourd'hui, ce n'est pas jeudi ?	아니요, 오늘은 목요일이에요. Si, aujourd'hui c'est jeudi.
La question comporte l'affirmation fausse : « Aujourd'hui ce n'est pas jeudi » → on répond par 아니요	

G2.4 –에 : particule de lieu

La particule de lieu –에 se place après un nom et assume deux fonctions principales :

- employée avec un verbe d'état ou statique (« être ; vivre ; rester ; etc. »), elle indique l'endroit, le lieu présent : « à ; dans »,
- employée avec un verbe d'action ou de mouvement (« aller ; arriver ; envoyer ; etc. »), elle indique la direction, la destination : « à ; vers ».

Grammaire

Nom	Nom + 에	Exemple	
파리	파리에	저는 파리에 살아요.	Je vis à Paris.
학교	학교에	하루 종일 학교에 있어요.	Je suis à l'école toute la journée.
서울	서울에	수영이는 서울에 가요.	Soo-yeong va à Séoul.
집	집에	12시에 집에 도착해요.	J'arrive à la maison à 12h.

> La particule –에 ne s'emploie généralement pas pour désigner le lieu où se déroule une action. Pour cela, il existe une autre particule (–에서, voir G6.1) qui s'emploie avec des verbes exprimant une action ou un processus se déroulant dans un lieu présent (« rencontrer qqn à ; travailler à ; acheter qqch à ; faire qqch à ; attendre qqn à ; etc. »).

G2.5 Le suffixe honorifique –(으)시

Le suffixe –(으)시 permet d'exprimer son respect envers la personne dont on parle (cette personne peut être la personne à qui l'on parle, ou bien une tierce personne). Il s'attache toujours au radical du verbe qui le précède. On obtient le radical d'un verbe en supprimant le suffixe –다 qui est la terminaison à l'infinitif de tous les verbes.

L'emploi ou non du suffixe –(으)시 dépend de la relation entre le locuteur et la personne qui est au centre de la discussion. De la même manière que l'on choisit le degré de politesse en fonction de la personne à qui l'on parle, on choisit ou non d' « honorer » la personne dont on parle en fonction de son niveau social, de son âge, et du degré d'intimité que l'on entretient avec elle.

Le verbe auquel on a rajouté le suffixe –(으)시 se conjugue normalement selon le temps et le degré de politesse employé.

Radical du verbe + (으)시	Après une consonne	Après une voyelle
	–으시	–시

> Il est tout à fait possible de combiner l'emploi du suffixe honorifique avec un niveau de politesse familier. En effet, le suffixe honorifique exprime le respect envers la personne dont on parle, alors que le degré de politesse exprime le respect envers la personne à qui l'on parle.
> Ainsi, la phrase suivante qui emploie le verbe honorifique 계시다 au style familier peut être employée par deux amis discutant de leur professeur :
>
> 선생님은 학교에 **계셔**.   Le professeur est à l'école.

Voyons quelques exemples avec des verbes abordés auparavant :

Verbe	Radical + (으)시	Style familier	Style poli informel	Style formel	
		–(으)시+어	–(으)시+어요	–(으)시+입니다	
이다	이시–	–(이)셔*	–(이)세요*	–(이)십니다*	être (équivalence)
아니다	아니시–	아니셔	아니세요	아니십니다	ne pas être
가다	가시–	가셔	가세요	가십니다	aller
살다	**사시–**	**사셔**	**사세요**	**사십니다**	vivre, habiter
좋다	좋으시–	좋으셔	좋으세요	좋으십니다	être bien, être bon(ne)
있다	있으시–	있으셔	있으세요	있으십니다	être (lieu)
계시다	–	계셔	계세요	계십니다	être (lieu)

* Le verbe 이다 perd sa syllabe 이 après une voyelle (voir G1.3)

Remarque n°1

Comme vous pouvez le constater dans le tableau ci-dessus, la voyelle finale ㅣ du suffixe –(으)시 et la voyelle initiale de la terminaison de politesse fusionnent en une seule voyelle :

> –(으)시 + 어 → –셔
> –(으)시 + 어요 → –세요 (–셔요 est également admis mais moins répandu)
> –(으)시 + 입니다 → –십니다

Remarque n°2

Les verbes dont la consonne finale est ㄹ sont irréguliers. Lorsqu'on leur attache une terminaison ou un suffixe débutant par la consonne ㄴ, ㅂ ou ㅅ (ce qui est le cas du suffixe honorifique 시), la consonne finale ㄹ du verbe disparaît.
Ainsi, le verbe 살다 représenté en gras ci-dessus perd son ㄹ final lorsqu'il est suivi du suffixe honorifique.

Remarque n°3

Dans la partie G1.4, nous avons mentionné l'existence de pronoms personnels honorifiques permettant de montrer son respect vis-à-vis de son interlocuteur ou de la personne dont on parle. Au-delà des pronoms personnels, il existe certains noms, verbes, et même particules ayant un équivalent honorifique dont la structure est totalement différente de leur forme d'origine.
Le verbe 계시다 représenté en gras ci-dessus est la forme honorifique du verbe 있다. Notez que ce verbe possède déjà le suffixe honorifique dans son radical, il n'est donc pas nécessaire de le rajouter.

Grammaire

Bien que les verbes 있으시다 et 계시다 correspondent tous deux à la forme honorifique du verbe 있다, il existe une différence majeure dans l'usage que l'on fait de chacun.

계시다 s'utilise lorsque le sujet de la phrase est la personne à qui l'on souhaite exprimer le respect (sujet = thème de la phrase).

선생님은 학교에 **계세요**.	Le professeur est à l'école.
사장님은 회사에 **계세요**.	Le patron est à l'entreprise.

있으시다 s'utilise lorsque le sujet de la phrase n'est pas la personne elle-même, mais un élément (matériel ou immatériel) lié à cette personne (sujet ≠ thème de la phrase).

선생님은 수업이 **있으세요**.	Le professeur a un cours. *(littéralement : Pour le professeur, il y a un cours.)*
사장님은 돈이 **있으세요**.	Le patron a de l'argent. *(littéralement : Pour le patron, il y a de l'argent.)*

Vocabulaire

Leçon 2

Nom / 명사

고등학교	lycée	스위스	Suisse
고등학생	lycéen(ne)	스페인	Espagne
나라	pays	시간	heure, temps
대학교	université	영국	Royaume-Uni
대학생	étudiant(e)	이탈리아	Italie
대한민국	République de Corée, Corée du Sud	일본	Japon
목요일	jeudi	중국	Chine
미국	États-Unis	중학교	collège
벨기에	Belgique	중학생	collégien(ne)
북한	Corée du Nord	집	maison
사장님	patron, directeur	초등학교	école élémentaire
선생님	professeur(e)	초등학생	écolier(ère)
셔츠	chemise	캐나다	Canada
수업	cours, classe	학교	école
수요일	mercredi	회사	entreprise, compagnie

Déterminant / 관형사

어느	quel(le), quel(le)s, lequel, laquelle, lesquel(le)s

Particule / 조사

–에	à, dans, vers (particule de lieu)

Adjectif (verbe descriptif) / 형용사

아니다	ne pas être	편하다	être confortable, pratique

Exclamatif / 감탄사

아니요	non	예	oui (= 네)

Verbe / 동사

계시다	être (lieu, forme honorifique du verbe 있다)	도착하다	arriver (à un lieu)
다니다	fréquenter, aller (à l'école)		

Adverbe / 부사

그러면	alors, dans ce cas

Expression / 표현

처음 뵙겠습니다	enchanté(e) de faire votre connaissance	하루 종일	toute la journée

Nationalité et profession 국적과 직업

Temple Beomeosa, Busan

Leçon 3

Ville et langue
도시와 언어

But de la leçon

Savoir présenter la ville où l'on habite, questionner quelqu'un sur ses connaissances linguistiques.

Grammaire

- −아요/어요 : style poli informel
- −을/를 : particule d'objet
- −(으)ㄹ 줄 알다 : savoir (faire)
- −지 못하다 : ne pas pouvoir
- 어디 : où
- −만 : particule de restriction
- 하지만, −지만 : mais

Dialogues

D3.1 Parles-tu français ?

수영 니콜라, 당신은 프랑스어를[1] 할 줄 알아요[2]?
ni-kol-la   dang-shi-neun peu-rang-seu-eo-reul hal   jul   a-la-yo

니콜라 네, 할 줄 알아요[3]. 당신은 한국어를 할 줄 알아요?
ne   hal   jul   a-la-yo   dang-shi-neun han-gu-geo-reul hal jul   a-la-yo

수영 네, 할 줄 알아요.
ne   hal   jul   a-la-yo

Soo-yeong	Nicolas, sais-tu parler français ?
Nicolas	Oui, je sais parler (français). Et toi, sais-tu parler coréen ?
Soo-yeong	Oui, je sais parler (coréen).

Pour exprimer la langue d'un pays, on place en général le nom du pays suivi du suffixe –어 (*eo*, langue). L'anglais est une exception : 영국어 → 영어.

Chine	중국	le chinois	중국어
Corée du Sud	한국	le coréen	한국어
Espagne	스페인	l'espagnol	스페인어
France	프랑스	le français	프랑스어, 불어
Italie	이탈리아	l'italien	이탈리아어
Japon	일본	le japonais	일본어
Royaume-Uni	영국	l'anglais	영어

Il existe deux termes pour la langue française : 프랑스어 (*peu-rang-seu-eo*) qui a pour origine le nom officiel du pays, et 불어 (*bu-leo*) qui vient de l'ancienne transcription phonétique du mot « France » (불란서 : *bul-lan-seo*), dont on a gardé la première syllabe.

D3.2 Non, je ne parle pas coréen

토마 수영, 당신은 프랑스어를 할 줄 알아요?
su-yeong dang-shi-neun peu-rang-seu-eo-reul hal   jul   a-la-yo

수영 네, 할 줄 알아요. 당신은 한국어를 할 줄 알아요?
ne   hal   jul   a-la-yo   dang-shi-neun han-gu-geo-reul hal jul   a-la-yo

토마 아니요, 한국어를 하지 못해요[4].
a-ni-yo   han-gu-geo-reul ha-ji   mo-tae-yo

Thomas	Soo-yeong, sais-tu parler français ?
Soo-yeong	Oui, je sais parler (français). Et toi, sais-tu parler coréen ?
Thomas	Non, je ne parle pas coréen.

Leçon 3

Ce dialogue introduit la forme : –지 못하다 (*ji mo-ta-da* : ne pas pouvoir ; ne pas savoir faire qqch). Il existe une autre manière d'exprimer l'incapacité : l'adverbe 못 (*mot*) (voir D3.3).

D3.3   Où habites-tu ?

니콜라   수영이는 어디에⁵ 살아요?
          su-yeong-i-neun   eo-di-e   sa-ra-yo

수영   서울에 살아요. 니콜라는요?
          seo-u-le   sa-ra-yo   ni-kol-la-neu-nyo

니콜라   저는 파리에 살아요. 불어를 할 줄 알아요?
          jeo-neun   pa-ri-e   sa-ra-yo   bu-leo-reul hal   jul   a-la-yo

수영   아니요, 불어를 못 해요⁴.
          a-ni-yo   bu-leo-reul   mo-tae-yo

Nicolas	Soo-yeong, où habites-tu ?
Soo-yeong	J'habite à Séoul. Et toi, Nicolas ?
Nicolas	J'habite à Paris. Sais-tu parler français ?
Soo-yeong	Non, je ne parle pas français.

Voici la transcription de grandes villes (en coréen, 도시 : *do-shi*) sud-coréennes et françaises, ou largement francophones.

Bordeaux	보르도	Alger	알제
Lille	릴	Bruxelles	브뤼셀
Lyon	리옹	Montréal	몽레알
Marseille	마르세유	Rabat	라바트
Montpellier	몽펠리에	Tunis	튀니스
Nantes	낭트	Busan	부산
Nice	니스	Daegu	대구
Paris	파리	Daejeon	대전
Reims	랭스	Gwangju	광주
Rennes	렌	Incheon	인천
Strasbourg	스트라스부르	Séoul	서울
Toulouse	툴루즈	Ulsan	울산

1	프랑스어	le français		3	어디	où
	한국어	le coréen			불어	le français
	하다	faire, effectuer, parler (une langue)			못	adverbe de négation

Ville et langue 도시와 언어 **61**

Dialogues

D3.4 — J'habite à Paris

니콜라 안녕? 너는 한국 사람이야?
an-nyeong neo-neun han-guk sa-ra-mi-ya

민지 응, 한국 사람이야. 대전에 살아. 니콜라는?
eung han-guk sa-ra-mi-ya dae-jeo-ne sa-ra ni-kol-la-neun

니콜라 나는 파리에 살아. 불어를 할 줄 알아?
na-neun pa-ri-e sa-ra bu-leo-reul hal jul a-la

민지 아니, 불어는 못 해. 한국어만[6] 할 줄 알아.
a-ni bu-leo-neun mo-tae han-gu-geo-man hal jul a-la

Nicolas	Salut! Tu es coréenne?
Min-ji	Oui, je suis coréenne. J'habite à Daejeon. Et toi, Nicolas?
Nicolas	Moi, j'habite à Paris. Tu parles français?
Min-ji	Non, je ne parle pas français. Je ne parle que coréen.

> Ce dialogue emploie le style familier, ou 해체. On obtient le style familier à partir du style poli informel **en supprimant la particule –요**. À la différence de la copule 이다 (« être ») et de l'adjectif 아니다 (« ne pas être »), irréguliers, l'ensemble des verbes et adjectifs de la langue coréenne suivent cette simple règle.
>
> - 살아요 → 살아
> - 해요 → 해

D3.5 — Il y a trop de monde à Séoul

수영 파리는 어때요?
pa-ri-neun eo-ttae-yo

니콜라 저는 파리가 좋아요. 하지만[7] 사람이 많아요.
jeo-neun pa-ri-ga jo-a-yo ha-ji-man sa-ra-mi ma-na-yo

수영 그래요? 서울에도 사람이 너무 많아요.
geu-rae-yo seo-u-le-do sa-ra-mi neo-mu ma-na-yo

Soo-yeong	C'est comment, Paris ?
Nicolas	J'aime bien Paris. Mais il y a beaucoup de monde.
Soo-yeong	Ah oui ? A Séoul aussi, il y a trop de monde.

La consonne ㅎ est muette lorsqu'elle est placée en position finale dans une syllabe et que la syllabe suivante commence par la consonne muette ㅇ, c'est-à-dire par un son vocalique. Ainsi 좋아요 se prononce 조아요 (*jo-a-yo*) et 많아요, avec la liaison, se prononce 마나요 (*ma-na-yo*).

D3.6 À Séoul aussi, l'hiver est très froid

수영 토마 씨, 어디에 살아요?
  to-ma ssi eo-di-e sa-ra-yo

토마 저는 브뤼셀에 살아요. 수영 씨는 어디에 살아요?
  jeo-neun beu-rwi-se-le sa-ra-yo su-yeong ssi-neun eo-di-e sa-ra-yo

수영 저는 서울에 살아요. 브뤼셀은 어때요?
  jeo-neun seo-u-le sa-ra-yo beu-rwi-se-leun eo-ttae-yo

토마 브뤼셀이 좋지만7 겨울에는 날씨가 너무 추워요.
  beu-rwi-se-li jo-chi-man gyeo-u-le-neun nal-ssi-ga neo-mu chu-wo-yo

수영 그래요? 서울도 겨울이 매우 추워요.
  geu-rae-yo seo-ul-do gyeo-u-li mae-u chu-wo-yo

Soo-yeong	Thomas, où habites-tu ?
Thomas	J'habite à Bruxelles. Soo-yeong, où habites-tu ?
Soo-yeong	J'habite à Séoul. C'est comment, Bruxelles ?
Thomas	J'aime bien Bruxelles, mais il fait trop froid en hiver.
Soo-yeong	Ah oui ? À Séoul aussi, l'hiver est très froid.

Le terme 씨, placé après le prénom ou le nom de son interlocuteur ou de la personne dont on parle, exprime un certain degré de déférence envers cette personne. S'il peut se traduire en français par « monsieur », « madame » ou « mademoiselle », il n'atteint toutefois pas le niveau de politesse de ces termes, et n'est donc en général pas traduit.

Le terme 씨 peut s'employer dans les conversations suivantes :

- un enseignant à son élève,
- deux connaissances entretenant un degré d'intimité assez faible,
- deux collègues de niveau hiérarchique et âge similaires.

En revanche, il ne s'emploie pas dans les situations suivantes :
- un commerçant à son client,
- un employé à son supérieur.

4 -만	seulement, ne... que (particule de restriction)	**5** 어때요?	comment est-ce ?	**6** 씨	monsieur, madame, mademoiselle
		하지만	mais	날씨	temps (climat)
		많다	être nombreux, avoir beaucoup de	(날씨가) 춥다	faire froid
		너무	trop	매우	très

Ville et langue 도시와 언어

Grammaire

G3.1 −아요/어요 : style poli informel

La terminaison −아요/어요 correspond à la forme au présent des verbes, déclinée au style poli informel. Elle s'ajoute après le radical du verbe, que l'on obtient en supprimant le suffixe 다 qui est la terminaison à l'infinitif de tous les verbes. −아요 s'emploie avec les verbes dont la voyelle finale (la voyelle de la dernière syllabe du radical) est ㅏ ou ㅗ. Tous les autres verbes prennent la terminaison −어요.

Radical en ㅏ/ㅗ	−아요
Autres cas	−어요

Verbe	Radical	Voyelle finale	Forme affirmative au présent
살다	살	ㅏ	살 + 아요 → 살아요
좋다	좋	ㅗ	좋 + 아요 → 좋아요
있다	있	ㅣ	있 + 어요 → 있어요

Cas particuliers : contraction de voyelles

Lorsque le radical du verbe se termine par la voyelle ㅏ, on évite de répéter cette voyelle en omettant la syllabe 아 de la terminaison −아요. Il suffit donc de rajouter −요 au radical du verbe pour le mettre à la forme affirmative au présent.

Verbe	Radical	Voyelle finale	Forme affirmative au présent
가다	가	ㅏ	가 + 아요 → 가요
비싸다	비싸	ㅏ	비싸 + 아요 → 비싸요

Lorsque le radical du verbe se termine par la voyelle ㅐ, on omet la syllabe 어 de la terminaison −어요. Il suffit donc de rajouter −요 au radical du verbe pour le mettre à la forme affirmative au présent.

Verbe	Radical	Voyelle finale	Forme affirmative au présent
지내다	지내	ㅐ	지내 + 요 → 지내요

Cas particuliers : fusion de voyelles

Lorsque le radical du verbe se termine par la voyelle ㅣ, cette voyelle fusionne avec la voyelle ㅓ de la terminaison −어요 pour devenir ㅕ.

Verbe	Radical	Voyelle finale	Forme affirmative au présent
마시다	마시	ㅣ	마시 + 어요 → 마셔요
계시다	계시	ㅣ	계시 + 어요 → 계셔요 (La forme 계세요 est plus courante)

Lorsque le radical du verbe se termine par la voyelle ㅗ, cette voyelle fusionne avec la voyelle ㅏ de la terminaison －아요 pour devenir ㅘ.

Verbe	Radical	Voyelle finale	Forme affirmative au présent
보다	보	ㅗ	보 + 아요 → 봐요

Lorsque le radical du verbe se termine par la voyelle ㅜ, cette voyelle fusionne avec la voyelle ㅓ de la terminaison －어요 pour devenir ㅝ.

Verbe	Radical	Voyelle finale	Forme affirmative au présent
주다	주	ㅜ	주 + 어요 → 줘요

Cas particulier : le verbe 하다

Le verbe 하다 est irrégulier. Il prend la terminaison －여요, c'est-à-dire 하여요 qui se contracte en 해요. Tous les verbes dérivés de 하다 suivent cette règle.

Verbe	Radical	Voyelle finale	Forme affirmative au présent
하다	하	ㅏ	하 + 여요 → 하여요 → 해요
편하다	편하	ㅏ	편하 + 여요 → 편하여요 → 편해요
도착하다	도착하	ㅏ	도착하 + 여요 → 도착하여요 → 도착해요

Il existe d'autres cas particuliers qui seront abordés plus loin dans ce livre.

G3.2 －을/를 : particule d'objet

La particule d'objet －을/를 marque le complément d'objet direct d'une phrase. －을 s'emploie après un nom se terminant par une consonne, et －를 après un nom se terminant par une voyelle. Comme la plupart des particules en coréen, la particule d'objet peut être omise si le contexte permet de reconnaître le complément d'objet direct dans la phrase.

Nom + 을/를	Après une consonne	Après une voyelle
	－을	－를

Nom	Nom + 을/를	Exemple	
프랑스어	프랑스어를	저는 프랑스어를 할 줄 알아요.	Je parle le français.
물	물을	그는 물을 마셔요.	Il boit de l'eau.
스페인어	스페인어를	스페인어를 공부해요.	J'étudie l'espagnol.

Grammaire

G3.3 —(으)ㄹ 줄 알다 : savoir (faire qqch)

La forme −(으)ㄹ 줄 알다 exprime la capacité à exécuter une action : « savoir (faire qqch) ». Elle se place après le radical d'un verbe d'action. 줄 est un nom dépendant exprimant la méthode, et 알다 est un verbe qui signifie « savoir, connaître ».
−을 줄 알다 s'emploie après un verbe dont le radical se termine par une consonne, et −ㄹ 줄 알다 après un verbe dont le radical se termine par une voyelle.

저는 한국어를 할 줄 알아요.	Je sais parler coréen. / Je parle coréen.
민지는 노래를 부를 줄 알아요.	Min-ji sait chanter.

G3.4 —지 못하다 : ne pas pouvoir

−지 못하다 se place devant un verbe pour marquer l'impossibilité ou l'incapacité de l'idée exprimée par ce verbe : « ne pas pouvoir ; être dans l'impossibilité de ; ne pas savoir (faire) ».
−지 못하다 se compose du suffixe 지 qui exprime la contradiction ou le contraste, et du verbe auxiliaire de négation 못하다. 못하다 est la forme infinitive du verbe, il se conjugue comme le verbe 하다, et selon le degré de politesse et le temps employé dans la phrase.

저는 피아노를 치지 못해요.	Je ne sais pas jouer du piano.
오늘은 학교에 가지 못해요.	Je ne peux pas aller à l'école aujourd'hui.
수영이는 수영을 하지 못해요.	Soo-yeong ne sait pas nager.
레미는 중국어를 하지 못해요.	Rémi ne sait pas parler le chinois. / Rémi ne parle pas le chinois.

La forme contractée et très utilisée dans le langage parlé est 못 + *Verbe*. 못 est un adverbe de négation marquant l'impossibilité ou l'incapacité de l'idée exprimée par le verbe qui le suit.

저는 피아노를 못 쳐요.	Je ne sais pas jouer du piano.
오늘은 학교에 못 가요.	Je ne peux pas aller à l'école aujourd'hui.
수영이는 수영을 못 해요.	Soo-yeong ne sait pas nager.
레미는 중국어를 못 해요.	Rémi ne sait pas parler le chinois. / Rémi ne parle pas le chinois.

G3.5   어디 : où

어디 est un pronom interrogatif de lieu qui signifie « où ». Il s'emploie généralement avec les particules de lieu –에 (voir G2.4) et –에서 (voir G6.1). Il s'attache à la copule –이다 pour signifier « où est ; où se situe ».

어디에 살아요?	Où habitez-vous ?
한국어를 어디에서 공부해요?	Où étudiez-vous le coréen ?
은행이 어디예요?	Où se situe la banque ?

G3.6   –만 : particule de restriction

La particule auxiliaire –만 exprime l'exclusivité ou la restriction. Elle correspond en français à « seulement ; ne… que ». Elle s'emploie après un pronom, un nom, un adverbe, une terminaison ou une autre particule. Lorsque la particule –만 s'attache à un pronom ou à un nom qui a valeur de sujet ou d'objet dans la phrase, la particule de sujet (–이/가) ou d'objet (–을/를) est omise.

저는 프랑스어만 할 줄 알아요.	Je ne sais parler que le français.
저만 프랑스어를 할 줄 알아요.	Moi seul sais parler français.
그는 요리만 잘 해요.	Il ne fait bien que la cuisine.
한국에만 친구가 있어요.	Je n'ai des amis qu'en Corée.

G3.7   하지만, –지만 : mais

L'adverbe de conjonction 하지만 et le suffixe de conjonction –지만 marquent un contraste ou une opposition entre deux propositions. En français, ils correspondent à « mais ; toutefois ; pourtant ».
하지만 s'emploie lorsque les deux propositions sont séparées par un point. L'adverbe se place au début de la seconde phrase.
–지만 s'emploie pour relier deux propositions au sein d'une même phrase. Le suffixe se place après le radical du verbe de la première proposition.

P1. P2.	P1. 하지만 P2.	P1 + 지만 + P2.
파리가 좋아요. 사람이 너무 많아요.	파리가 좋아요. 하지만 사람이 너무 많아요.	파리가 좋지만 사람이 너무 많아요. Paris me plaît mais il y a trop de monde.
저는 한국에 살아요. 한국어를 못 해요.	저는 한국에 살아요. 하지만 한국어를 못 해요.	저는 한국에 살지만 한국어를 못 해요. J'habite en Corée mais je ne parle pas le coréen.

Vocabulaire

Nom / 명사

날씨	temps (climat)	영어	l'anglais
노래	chanson	은행	banque
도시	ville	이탈리아어	l'italien
물	eau	일본어	le japonais
불어	le français	중국어	le chinois
수영	natation	프랑스어	le français
스페인어	l'espagnol	피아노	piano
씨	monsieur, madame, mademoiselle	한국어	le coréen

Pronom / 대명사

어디	où

Particule / 조사

–만	seulement, ne... que (particule de restriction)

Adjectif (verbe descriptif) / 형용사

많다	être nombreux, avoir beaucoup de	(날씨가) 춥다	faire froid
비싸다	être cher, chère		

Verbe / 동사

공부하다	étudier (= 공부를 하다)	수영하다	nager (= 수영을 하다)
마시다	boire	주다	donner, offrir, faire qqch pour qqn
보다	voir, regarder	치다	frapper, jouer (d'un instrument de musique)
(노래를) 부르다	chanter (une chanson)	하다	faire, effectuer, parler (une langue)

Adverbe / 부사

너무	trop	하지만	mais
매우	très		

Expression / 표현

어때요?	comment est-ce ?

Leçon 4

Intérêts et loisirs
관심과 취미

But de la leçon
Savoir parler de ses loisirs, de ce que l'on aime faire, regarder ou écouter.

Grammaire
- -에 : particule de temps
- -하고 : particule de liaison
- -지 않다, 안 : forme négative
- 어떤 : quel, quel genre de
- -(이)라면 : quant à
- 누구 : qui

Dialogues

D4.1 — Aimes-tu le sport ?

수영 운동을 좋아해요?
un-dong-eul   jo-a-hae-yo

니콜라 네, 운동을 좋아해요. 특히 축구를 좋아해요.
ne   un-dong-eul   jo-a-hae-yo   teu-ki   chuk-kku-reul   jo-a-hae-yo

수영 축구를 자주 해요?
chuk-kku-reul   ja-ju   hae-yo

니콜라 네, 매주 토요일에¹ 해요.
ne   mae-ju   to-yo-i-le   hae-yo

Soo-yeong	Aimes-tu le sport ?
Nicolas	Oui, j'aime le sport. Surtout le football.
Soo-yeong	Tu joues souvent au football ?
Nicolas	Oui, j'y joue tous les samedis.

Les jours de la semaine en coréen sont tous construits de la même manière : une syllabe différente pour chaque jour suivie du mot 요일 (*yo-il* : jour de la semaine).

lundi	월요일	vendredi	금요일
mardi	화요일	samedi	토요일
mercredi	수요일	dimanche	일요일
jeudi	목요일		

D4.2 — Quels sont tes loisirs ?

수영 취미가 뭐예요?
chwi-mi-ga   mwo-ye-yo

니콜라 음악하고² 영화를 좋아해요. 수영 씨는 취미가 뭐예요?
eu-ma-ka-go   yeong-hwa-reul jo-a-hae-yo   su-yeong ssi-neun   chwi-mi-ga   mwo-ye-yo

수영 저는 테니스하고 등산을 좋아해요.
jeo-neun   te-ni-se-ha-go   deung-sa-neul   jo-a-hae-yo

Soo-yeong	Quels sont tes loisirs ?
Nicolas	J'aime la musique et le cinéma. Quels sont tes loisirs, Soo-yeong ?
Soo-yeong	Moi, j'aime le tennis et la randonnée en montagne.

Voici quelques sports et loisirs courants.

baseball	야구	pêche	낚시
basket-ball	농구	photographie	사진
cinéma	영화	randonnée en montagne	등산
football	축구	rugby	럭비
golf	골프	ski	스키
handball	핸드볼	sport	운동
jeux vidéo	비디오 게임	taekwondo	태권도
lecture	독서	tennis	테니스
musique	음악	tennis de table	탁구
natation	수영	voyage	여행

D4.3 Je ne sais pas jouer du piano

마리옹 피아노를 잘 치세요?
pi-a-no-reul   jal   chi-se-yo

준수 네, 피아노를 잘 쳐요. 당신은요?
ne   pi-a-no-reul   jal   chyeo-yo   dang-shi-neu-nyo

마리옹 아니요, 피아노를 치지 못해요.
a-ni-yo   pi-a-no-reul   chi-ji   mo-tae-yo

준수 수영을 좋아하세요?
su-yeong-eul   jo-a-ha-se-yo

마리옹 네, 수영을 좋아해요. 당신은요?
ne   su-yeong-eul   jo-a-hae-yo   dang-shi-neu-nyo

준수 아니요, 수영을 좋아하지 않아요³. 수영을 못 해요.
a-ni-yo   su-yeong-eul   jo-a-ha-ji   a-na-yo   su-yeong-eul   mo-tae-yo

Marion	Vous jouez bien du piano ?
Joon-soo	Oui, je joue bien du piano. Et vous ?
Marion	Non, je ne sais pas jouer du piano.
Joon-soo	Vous aimez la natation ?
Marion	Oui, j'aime la natation. Et vous ?
Joon-soo	Non, je n'aime pas la natation. Je ne sais pas nager.

1	특히	particulièrement	**2**	취미	loisir, hobby	**3**	잘	bien
	축구	football		음악	musique			
	자주	souvent		–하고	et, avec (particule de liaison)			
	매주	chaque semaine		영화	cinéma, film			
	토요일	samedi		테니스	tennis			
	–에	à, dans, en, pendant (particule de temps)		등산	randonnée en montagne			

Dialogues

Le verbe 하다 (*ha-da* : faire, exercer) peut s'utiliser avec la plupart des sports.

| 수영을 하다 | nager | 축구를 하다 | jouer au football |

En revanche, on utilise le verbe 치다 (*chi-da* : frapper) pour les sports de raquette et pour les instruments de musique à cordes et à percussion tels que le piano, la guitare, la batterie et le tambour.

| 테니스를 치다 | jouer au tennis | 피아노를 치다 | jouer du piano |
| 배드민턴을 치다 | jouer au badminton | 기타를 치다 | jouer de la guitare |

Ce dialogue introduit la forme négative des verbes : —지 않다 (*ji an-ta* : ne pas). Cette forme est courante, mais il existe une autre façon plus courte et familière d'exprimer la négation : l'adverbe 안 (*an* : ne pas) (voir D4.5).

D4.4 Quel genre de film regardes-tu ?

민지   취미가 뭐예요?
chwi-mi-ga mwo-ye-yo

토마   영화를 좋아해.
yeong-hwa-reul jo-a-hae

민지   어떤⁴ 영화를 봐요?
eo-tteon yeong-hwa-reul bwa-yo

토마   영화라면⁵ 다 봐. 액션 영화를 특히 좋아해. 민지도 영화를 좋아해?
yeong-hwa-ra-myeon da bwa aek-syeon yeong-hwa-reul teu-ki jo-a-hae min-ji-do yeong-hwa-reul jo-a-hae

민지   아니요, 영화는 좋아하지 않아요. 하지만 음악을 좋아해요.
a-ni-yo yeong-hwa-neun jo-a-ha-ji a-na-yo ha-ji-man eu-ma-geul jo-a-hae-yo

토마   그래? 어떤 음악을 좋아해?
geu-rae eo-tteon eu-ma-geul jo-a-hae

민지   팝송을 좋아해요. 특히 한국 노래를 좋아해요.
pap-song-eul jo-a-hae-yo teu-ki han-guk no-rae-reul jo-a-hae-yo

Min-ji	Quels sont tes loisirs ?
Thomas	J'aime le cinéma.
Min-ji	Quel genre de films regardes-tu ?
Thomas	Je regarde toute sorte de films. J'aime particulièrement les films d'action. Min-ji, est-ce que tu aimes le cinéma aussi ?
Min-ji	Non, je n'aime pas le cinéma. Mais j'aime la musique.
Thomas	Ah oui ? Tu aimes quel genre de musique ?
Min-ji	J'aime la musique pop. J'aime particulièrement les chansons coréennes.

Comme dans la langue française, la langue coréenne comporte de nombreux mots empruntés aux langues étrangères, et notamment à l'anglais. Les anglicismes sont courants dans les domaines de la culture, de la finance ou encore de la technologie.

Par exemple, l'expression 액션 영화 (*aek-shyeon yeong-hwa* : film d'action) comporte le mot d'origine anglaise 액션 (action). La langue coréenne possède pourtant plusieurs mots pour désigner la notion d'action, mais seul l'anglicisme est utilisé dans ce contexte.

팝송 (*pap-song* : chansons pop), 밴드 (*baen-deu* : groupe de musique) et 콘서트 (*kon-seo-teu* : concert) sont d'autres exemples d'anglicismes dans le domaine culturel.

D4.5 Je préfère IU

니콜라 가장 좋아하는 가수가 누구야⁶?
ga-jang jo-a-ha-neun ga-su-ga nu-gu-ya

민지 나는 지드래곤을 가장 좋아해.
na-neun ji-deu-rae-go-neul ga-jang jo-ha-hae

니콜라 그래? 나는 지드래곤을 별로 안³ 좋아해. 아이유를 더 좋아해.
geu-rae na-neun ji-deu-rae-go-neul byeol-lo an jo-a-hae a-i-yu-reul deo jo-a-hae

민지 나도 아이유를 좋아해.
na-do a-i-yu-reul jo-a-hae

Nicolas	Quel est ton chanteur préféré ?
Min-ji	G-Dragon est mon chanteur préféré.
Nicolas	Ah oui ? Moi, je n'aime pas tellement G-Dragon. Je préfère IU.
Min-ji	Moi aussi, j'aime bien IU.

Ce dialogue présente deux manières d'exprimer la préférence : 가장 et 더.
- 가장 (*ga-jang*) : cet adverbe superlatif signifie « le plus ; la plus ; les plus ». Utilisé devant le verbe 좋아하다, l'expression signifie « préférer ; aimer le plus »,
- 더 (*deo*) : cet adverbe comparatif signifie « plus ; davantage ». Utilisé devant le verbe 좋아하다, l'expression signifie « préférer ; aimer mieux ».

Nous reviendrons sur le comparatif (voir G9.3) et le superlatif (voir G10.3) plus loin dans ce livre.

4	어떤	quel, quel genre de	5	가장	le plus, la plus, les plus
	다	tout(e), tou(te)s, complètement		가수	chanteur, chanteuse
	액션 영화	film d'action		누구	qui
	팝송	musique pop		별로 + nég.	pas très, pas tellement
				더	plus, davantage

Intérêts et loisirs 관심과 취미

Grammaire

G4.1 −에 : particule de temps

La particule de temps −에 se place après un nom indiquant le temps : un jour de la semaine, une heure, un moment de la journée ou encore une saison. Elle se traduit en français par « à ; dans ; en ; pendant ».

Nom	Nom + 에	Exemple	
토요일	토요일에	토요일에 축구를 해요.	Je joue au football le samedi.
저녁	저녁에	저녁에 한국어를 공부해요.	J'étudie le coréen le soir.
겨울	겨울에	겨울에 서울에 가요.	Je vais à Séoul en hiver.
시	시에	9시에 학교에 도착해요.	J'arrive à l'école à 9h.

> Attention à ne pas confondre la particule de temps et la particule de lieu (voir G2.4). Placée après un nom indiquant un lieu, la particule −에 exprime le lieu présent ou la direction. Placée après un nom temporel, elle indique un moment dans le temps. Les deux derniers exemples dans le tableau ci-dessus montre l'utilisation de la particule de temps et de lieu au sein d'une même phrase.

G4.2 −하고 : particule de liaison

La particule −하고 a deux fonctions :

- en tant que particule de liaison, elle permet de relier deux noms dans une phrase et correspond à la conjonction de coordination « et » en français. Elle se place après le premier nom.

농구하고 수영을 좋아해요.	J'aime le basket-ball et la natation.
자동차하고 자전거가 있어요.	J'ai une voiture et un vélo.

- en tant que particule d'accompagnement ou de comparaison signifiant « avec », elle se place après le deuxième élément pour indiquer la personne ou l'objet qui accompagne le premier élément. Le premier élément est le sujet de la phrase, et peut être omis s'il est impliqué par le contexte.

(저는) 민지하고 고등학교에 가요.	Je vais au lycée avec Min-ji.
(저는) 친구하고 영화를 봐요.	Je regarde un film avec un ami.

G4.3 –지 않다, 안 : forme négative

–지 않다 se place après le radical d'un verbe ou adjectif pour le transformer à la forme négative.

–지 않다 est composé du suffixe 지 qui exprime la contradiction ou le contraste, et du verbe auxiliaire de négation 않다.

않다 est la forme infinitive du verbe, il se conjugue comme les autres verbes, c'est-à-dire selon le degré de politesse et le temps employé dans la phrase.

Forme affirmative	Forme négative
저는 학교에 가요. Je vais à l'école.	저는 학교에 가지 않아요. Je ne vais pas à l'école.
민지는 파리에 살아요. Min-ji habite à Paris.	민지는 파리에 살지 않아요. Min-ji n'habite pas à Paris.
토마는 한국어를 공부해요. Thomas étudie le coréen.	토마는 한국어를 공부하지 않아요. Thomas n'étudie pas le coréen.

L'adverbe 안 permet également de transformer un verbe à la forme négative. Il s'emploie notamment à l'oral et avec des verbes dont le radical est relativement court.

Forme affirmative	Forme négative
저는 학교에 가요. Je vais à l'école.	저는 학교에 안 가요. Je ne vais pas à l'école.
민지는 파리에 살아요. Min-ji habite à Paris.	민지는 파리에 안 살아요. Min-ji n'habite pas à Paris.
토마는 한국어를 공부해요. Thomas étudie le coréen.	토마는 한국어 공부를 안 해요. Thomas n'étudie pas le coréen.

> Le verbe 공부하다 (*gong-bu-ha-da* : étudier) peut se décomposer en deux parties : le nom 공부 (*gong-bu* : étude) et le verbe 하다 (*ha-da* : faire ; effectuer).
>
> Le verbe 공부하다 est équivalent à la forme « 공부를 하다 », où le nom 공부 est suivi de la particule d'objet. La majorité des verbes se terminant par 하다 suivent cette règle (attention, le verbe 좋아하다 abordé en leçon 1 ne rentre pas dans cette catégorie).
>
> Pour tous ces verbes, l'adverbe de négation 안 se place directement devant le verbe 하다.

Grammaire

G4.4 어떤 : quel, quel genre de

어떤 est un adjectif interrogatif exprimant l'interrogation sur l'aspect, le caractère et la nature d'une personne ou d'un objet. Il se place devant un nom et se traduit en français par « quel ; quel genre de ».

어떤 음악을 좋아해요?	Quel genre de **musique** aimez-vous ?
그는 어떤 사람이에요?	Quel genre de **personne** est-il ?
어떤 음식을 먹어요?	Quel genre de **nourriture** mangez-vous ?
어떤 노래를 가장 잘 해요?	Quel genre de **chanson** chantez-vous le mieux ?

G4.5 –(이)라면 : quant à

–(이)라면 est un suffixe de conjonction permettant de préciser le thème de la phrase, ce dont il est question, d'une manière plus prononcée que la particule de thème –은/는 (voir G1.2) : « s'agissant de ; pour ce qui est de ; quant à ».

–(이)라면 permet aussi de supposer que l'idée ou la condition exprimée par le mot qui le précède est vraie : « si c'est ; s'il s'agit de ». Sa négation emploie la forme négative du verbe « être » –이/가 아니다 (voir G2.1) pour donner –이/가 아니라면 : « si ce n'est pas ; s'il ne s'agit pas de » (voir G13.6 pour plus de détails sur le suffixe conditionnel).

–라면 s'utilise après une voyelle, et –이라면 après une consonne.

음악이라면 다 좋아해요.	J'aime toute sorte de musique. / S'agissant de **musique**, j'aime tout.
영화라면 스릴러를 좋아해요.	S'agissant de **cinéma**, j'aime les thrillers.
그가 아니라면 누구예요?	Si ce n'est pas **lui**, qui est-ce ?

G4.6 누구 : qui

누구 est un pronom interrogatif servant à désigner une ou des personnes. Il correspond au pronom interrogatif « qui » en français. Lorsqu'il est utilisé comme sujet, il fusionne avec la particule de sujet : 누구 + –가 → 누가.

이분은 누구세요?	Qui est cette personne ? *(litt. : Cette personne, qui est-ce ?)*
(너는) 누구를 가장 좋아해?	Qui aimes-tu le plus ?
누가 대학생이에요?	Qui est étudiant ?

Vocabulaire — Leçon 4

Nom / 명사

가수	chanteur, chanteuse	야구	baseball
골프	golf	여행	voyage
금요일	vendredi	영화	cinéma, film
기타	guitare	월요일	lundi
낚시	pêche	음식	nourriture, plat
노래	chanson	음악	musique
농구	basket-ball	일요일	dimanche
독서	lecture	자전거	vélo
등산	randonnée en montagne	저녁	soir
럭비	rugby	축구	football
배드민턴	badminton	취미	loisir, hobby
비디오 게임	jeux vidéo	탁구	tennis de table
사진	photographie	태권도	taekwondo
스릴러	thriller	테니스	tennis
스키	ski	팝송	musique pop
시	heure	핸드볼	handball
액션 영화	film d'action	화요일	mardi

Déterminant / 관형사

어떤	quel, quel genre de

Pronom / 대명사

누구	qui

Particule / 조사

–에	à, dans, en, pendant (particule de temps)	–하고	et, avec (particule de liaison)

Verbe / 동사

먹다	manger

Adverbe / 부사

가장	le plus, la plus, les plus	별로 + nég.	pas très, pas tellement
다	tout(e), tou(te)s, complètement	자주	souvent
더	plus, davantage	특히	particulièrement
매주	chaque semaine		

Pratique

Dans le chapitre de préparation, nous avons présenté la transcription des lettres coréennes en lettres latines, un processus appelé « romanisation ». Pour écrire votre nom en *hangeul*, il faut effectuer l'opération inverse : la transcription du français vers le coréen. Pour cela, il faut se baser sur les syllabes qui composent votre prénom plutôt que sur les lettres individuelles, et sur la prononciation de ces syllabes plutôt que sur leur orthographe.

La plupart des syllabes de la langue française peuvent être transcrites très facilement en coréen en se référant aux tableaux de la leçon d'introduction à l'alphabet coréen.
Prenons un exemple avec un prénom simple : « Léa ». Ce prénom est composé de deux syllabes : « Lé » et « a ». Comme nous l'avons vu dans la partie *Organisation d'une syllabe*, une syllabe coréenne doit impérativement commencer par une consonne. Nous allons donc faire débuter la seconde syllabe par la consonne muette ㅇ :

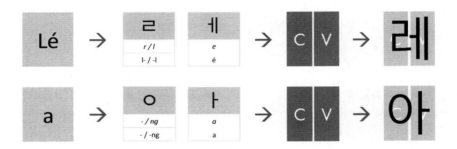

Nous pouvons suivre le même procédé pour chaque prénom. Certain sons très courants en français n'ont toutefois pas d'équivalent en coréen. Il faut alors trouver la syllabe la plus proche phonétiquement. Voici quelques exemples utiles :

- « an », « en » comme dans « **An**toine » se transcrit en 앙,
- « on » comme dans « Mari**on** » se transcrit en 옹,
- « in », « ain » comme dans Rom**ain** se transcrit en 앵,
- « ille » comme dans « Cam**ille** » est généralement transcrit en 이유,
- « r » comme dans « **R**émi » se situe entre les sons ㄹ et ㅎ, il est généralement transcrit en ㄹ,
- « u » comme dans « H**u**go » est généralement transcrit en 위,
- « f » et « v » sont respectivement transcrits en ㅍ et ㅂ,
- les phonèmes « k » (« **C**lément »), « t » (« **T**homas ») et « p » (« **P**ierre ») se rapprochent respectivement des consonnes doubles ㄲ, ㄸ, ㅃ mais sont transcrites en consonnes aspirées ㅋ, ㅌ, ㅍ,
- les sons composés de consonnes successives (« **St**éphane », « **Chr**istophe ») se décomposent souvent en deux syllabes avec la voyelle ㅡ (*eu*) fermant la première syllabe (« **Seu-té**-phane » → « 스-테-판 », « **Keu-ri-seu-to**-phe » → « 크-리-스-토-프 »),
- le phonème « l » placé en milieu de mot (« O**l**ivier », « F**l**orent ») est transcrit en doublant son équivalent phonétique ㄹ : une occurrence en fin de syllabe précédente et une occurrence en début de syllabe suivante (« O**l**-li-vi-er » : « 올리비에 », « Feu**l**-lo-rent » : « 플로랑 »), et ce afin de le distinguer du phonème « r » qui lui n'est transcrit qu'en une seule occurrence de ㄹ (« Arnaud » → « A-**r**eu-no » → « 아르노 »).

Ecrire son nom en coréen

Transcription de prénoms courants

Adrien	아드리앵	Alexandra	알렉상드라
Alexandre	알렉상드르	Amandine	아망딘
Alexis	알렉시	Anaïs	아나이스
Anthony	앙토니	Anne	안느
Antoine	앙투안	Audrey	오드레
Arnaud	아르노	Aurélie	오렐리
Aurélien	오렐리앵	Camille	카미유
Benjamin	뱅자맹	Caroline	칼로린
Benoit	브누아	Cécile	세실
Cédric	세드릭	Céline	셀린
Christophe	크리스토프	Charlotte	샤롯
Clément	클레망	Christelle	크리스텔
Damien	다미앵	Cindy	신디
David	다비드	Claire	클레르
Emmanuel	엠마뉘엘	Delphine	델핀
Fabien	파비앵	Elodie	엘로디
Florent	플로랑	Emilie	에밀리
Florian	플로리앙	Emmanuelle	엠마뉘엘
Fréderic	프레데릭	Fanny	파니
Grégory	그레고리	Hélène	엘렌
Guillaume	기욤	Isabelle	이자벨
Hugo	위고	Jennifer	제니퍼
Jean	장	Jessica	제시카
Jeremy	제레미	Julie	줄리
Jérôme	제롬	Laetitia	레티시아
Jonathan	조나탕	Laura	로라
Julien	줄리앵	Léa	레아
Kévin	케빈	Lucie	뤼시
Laurent	로랑	Magali	마갈리
Loïc	로익	Marie	마리
Lucas	뤼카	Marine	마린
Ludovic	뤼도빅	Marion	마리옹
Mathieu	마티유	Mathilde	마틸드
Maxime	막심	Mélanie	멜라니
Michaël	미카엘	Melissa	멜리사
Nicolas	니콜라	Morgane	모르간
Olivier	올리비에	Nathalie	나탈리
Pierre	피에르	Pauline	폴린
Quentin	컹탱	Sabrina	사브리나
Romain	로맹	Sandra	상드라
Sébastien	세바스티앵	Sandrine	상드린
Stéphane	스테판	Sarah	사라
Sylvain	실뱅	Sophie	소피
Theo	테오	Stéphanie	스테파니
Thomas	토마	Vanessa	바네사
Vincent	뱅상	Virginie	비르지니

Culture et société — Les noms et prénoms coréens

« Bonjour. Je recherche un certain Monsieur Kim, le connaissez-vous ? ». Cette phrase anodine risque de déclencher un rire chez votre interlocuteur coréen. Des « Monsieur Kim », il y en a des dizaines dans son entourage. Il y a même de fortes chances pour que votre interlocuteur lui-même soit un « Kim ».

En Corée du Sud, près de la moitié de la population possède le patronyme Kim, Lee ou Park. Le reste de la population est inégalement réparti entre quelque 250 noms de famille.

Chaque patronyme a sa propre histoire et ses « clans », ou ligne héréditaire. Ainsi, le patronyme Kim serait associé à plus de 200 clans, à l'origine de chacun se trouvant un ancêtre paternel unique.

Répartition des noms de famille en Corée du Sud

Source : KNSO, 2000

Jusqu'en 2005, il était légalement interdit à deux personnes faisant partie du même clan de se marier. Cette interdiction posait de sérieux problèmes : certains clans englobant plusieurs millions de personnes, il est fréquent pour un Coréen de rencontrer, par hasard, une personne de sa « famille », que leur racine commune remonte à quelques générations ou à plusieurs siècles.
Cette interdiction a été levée temporairement à plusieurs reprises au cours du 20ème siècle, puis définitivement abrogée en 2005.

Les prénoms coréens sont bien plus variés que les noms. La grande majorité des prénoms coréens sont composés de deux syllabes trouvant chacune leur origine dans les caractères chinois. La Cour suprême de Corée autorise plus de 5 000 sinogrammes dans la composition des prénoms, soit un très grand nombre de combinaisons possibles.

Une tendance récente montre que de plus en plus de parents choisissent le prénom de leur enfant d'après un mot d'origine purement coréenne. Une autre tendance est de donner à son enfant un prénom mixte, facile à porter et sans connotation masculine ou féminine forte. Les parents tendent également à privilégier les prénoms faciles à prononcer par des non-coréanophones, et ce sans doute afin de faciliter l'intégration de leurs enfants lorsqu'ils feront leurs armes à l'étranger.

Prénoms les plus donnés en Corée du Sud en 2019

	Bébés garçons			Bébés filles	
1	서준	Seo-joon	1	지안	Ji-an
2	하준	Ha-joon	2	하윤	Ha-yoon
3	도윤	Do-yoon	3	서아	Seo-a
4	시우	Shi-woo	4	하은	Ha-eun
5	은우	Eun-woo	5	서윤	Seo-yoon

Source : Cour suprême de Corée

Leçon 5
Temps et heure
때와 시간

But de la leçon
Savoir demander et dire la date du jour et l'heure d'un rendez-vous.

Grammaire
- 몇 : combien de, quel nombre
- Les nombres (1 à 100)
- Notation de l'heure et de la date
- 있다 / 없다 : il y a / il n'y a pas
- -ㅂ니다/습니다 : style formel
- 언제 : quand

Dialogues

D5.1 — Quelle heure est-il ?

토마   몇[1] 시예요?

수영   9시[2] 20분이에요[2].

Thomas	Quelle heure est-il ?
Soo-yeong	Il est 9 heures 20.

> L'expression « **몇 시예요?** » permet de demander l'heure. 몇 (*myeot*) est un déterminant interrogatif qui signifie « combien de ; quel nombre » (voir G5.1), et 시 (*shi*) est un nom signifiant « heure ». On répond à cette question en utilisant le mot 시 pour les heures et 분 (*bun*) pour les minutes.
>
> Une des particularités (et des difficultés) de la langue coréenne est l'utilisation de deux systèmes numéraux totalement différents : les nombres sino-coréens (d'origine chinoise) et les nombres coréens (voir G5.2). Pour annoncer l'heure en coréen, on utilise les deux systèmes numéraux :
>
> - les nombres coréens pour les heures,
> - les nombres sino-coréens pour les minutes.
>
> Ainsi, « 9시 20분 » se lit de la façon suivante :
>
> **아홉 시 이십 분** (*a-hop shi i-ship ppun*)

D5.2 — Le train part à 15h

민지   죄송하지만 몇 시예요?

행인   지금은 오후 2시 45분이에요[3].

민지   기차(가) 몇 시에 출발해요?

행인   기차(가) 오후 3시에 출발해요.

Min-ji	Excusez-moi, quelle heure est-il ?
Passante	Maintenant, il est 14h45.
Min-ji	À quelle heure part le train ?
Passante	Le train part à 15h.

> L'expression **죄송하지만** permet d'interpeller une personne pour lui demander un renseignement. Elle se compose du verbe 죄송하다 (« s'excuser ») et du suffixe de conjonction –지만 (« mais », voir G3.7), et peut se traduire par « excusez-moi, mais... ».

Il y a plusieurs manières d'exprimer la notion de « rendez-vous » en coréen, selon s'il s'agit d'un rendez-vous galant, d'un rendez-vous d'affaires ou d'un rendez-vous chez le médecin.

- **약속** (*yak-ssok*) est le terme le plus général et désigne un rendez-vous entre plusieurs personnes, parfois un rancard. Ce terme désigne également une promesse, un engagement.
- **예약** (*ye-yak*) est utilisé pour un rendez-vous qui nécessite une réservation : un rendez-vous chez le médecin, chez le coiffeur, etc.
- **미팅** (*mi-ting*), de l'anglais « meeting », s'utilise dans deux cas de figure : comme en anglais pour les rendez-vous d'affaires, ou pour une rencontre arrangée entre un groupe de garçons et de filles, souvent étudiants, dans le but de créer des liens, voire de trouver l'âme sœur.
- **데이트** (*de-i-teu*), de l'anglais « date », désigne un rendez-vous amoureux entre jeunes couples.
- **랑데부** (*rang-de-bu*), du français « rendez-vous », désigne un rendez-vous galant, souvent tenu secret. Ce terme est toutefois guère utilisé, on lui préférera l'anglicisme 데이트.

Comme nous l'avons vu auparavant, la plupart des particules peuvent être omises lorsque la fonction du mot auquel la particule est rattachée est impliquée par le contexte. À partir de cette leçon, les particules indiquées entre parenthèses peuvent être omises afin de rendre la phrase plus naturelle à l'oral.

D5.3 Je n'ai pas de rendez-vous

니콜라   오늘 약속(이) 있어⁴?

민지   아니, 약속(이) 없어⁴.

니콜라   지금 뭐 해?

민지   집에 있어. 너는 뭐 해?

니콜라   나는 운동(을) 해.

Nicolas	Tu as un rendez-vous aujourd'hui ?
Min-ji	Non, je n'ai pas de rendez-vous.
Nicolas	Tu fais quoi maintenant ?
Min-ji	Je suis à la maison. Et toi, tu fais quoi ?
Nicolas	Je fais du sport.

1 몇 — combien de, quel nombre
분 — minute

2 죄송하다 — être désolé(e), s'excuser
지금 — maintenant
오후 — après-midi
기차 — train
출발하다 — partir, se mettre en route

3 약속 — rendez-vous, engagement
없다 — il n'y a pas, ne pas avoir

Dialogues

D5.4 Quel jour sommes-nous demain ?

토마   오늘(은) 며칠이에요?

수영   5월 10일이에요[3].

토마   내일은 무슨 요일이에요?

수영   내일(은) 금요일이에요.

Thomas	Quelle date est-ce aujourd'hui ?
Soo-yeong	Nous sommes le 10 mai.
Thomas	Quel jour sommes-nous demain ?
Soo-yeong	Demain, nous sommes vendredi.

L'expression 며칠 (*myeo-chil* : quel jour ; quelle date) se rapporte au jour du mois, tandis que 무슨 요일 (*mu-seun yo-il* : quel jour) se rapporte au jour de la semaine.

D5.5 A quelle heure l'avion arrive-t-il ?

마리옹   죄송하지만 몇 시입니까?

행인   12시 10분입니다.

마리옹   비행기(는) 몇 시에 도착합니까[5]?

행인   12시 반에 도착합니다[5].

마리옹   고맙습니다[5].

Marion	Excusez-moi, avez-vous l'heure ?
Passant	Il est 12h10.
Marion	À quelle heure l'avion arrive-t-il ?
Passant	Il arrive à midi et demi.
Marion	Merci.

Ce dialogue introduit le style formel, ou 합쇼체, pour les verbes et adjectifs (voir G5.5). Nous avons déjà abordé ce style avec la copule « être » : —이다 (voir G1.3).

Leçon 5

D5.6 J'ai rendez-vous avec un ami

니콜라 저녁에 시간(이) 있어요?

수영 아니요, 약속(이) 있어요.

니콜라 약속이요? 누구하고 약속(이) 있어요?

수영 친구하고 약속이 있어요.

니콜라 약속이 언제예요[6]?

수영 저녁[3] 8시에 있어요.

Nicolas	Tu as du temps ce soir ?
Soo-yeong	Non, j'ai un rendez-vous.
Nicolas	Un rendez-vous ? Avec qui as-tu rendez-vous ?
Soo-yeong	J'ai rendez-vous avez un ami.
Nicolas	Quand est ton rendez-vous ?
Soo-yeong	À 20h.

On trouve souvent la particule de politesse −요 après un verbe, mais il est tout à fait correct de placer cette particule après un nom ou une autre particule. Ainsi, les deux phrases suivantes sont équivalentes et grammaticalement correctes :

토마는 12시에 학교에서 약속이 있어**요**.
토마는**요** 12시에**요** 학교에서**요** 약속이 있어**요**.

Bien entendu, la répétition de cette même particule alourdit la phrase et la rend peu naturelle, mais ces deux phrases ont exactement le même sens. Il est courant de placer la particule −요 après un nom ou une autre particule lorsque la phrase ne comporte pas de verbe.

4	며칠	quel jour, quelle date	5	비행기	avion	6	언제	quand
	월	mois		도착하다	arriver			
	일	jour		반	moitié, demi(e)			
	내일	demain		고맙다	être reconnaissant(e)			
	무슨	quel, quelle		고맙습니다	merci (formel)			
	요일	jour (de la semaine)						

Grammaire

G5.1 몇 : combien de, quel nombre

몇 est un déterminant interrogatif exprimant l'interrogation sur la quantité ou le nombre. Il est suivi d'un nom et se traduit en français par « combien de ; quel (nombre) ».

몇 시입니까?	Quelle heure est-il ?
몇 살이야?	Quel âge as-tu ?

G5.2 Les nombres (1 à 100)

La langue coréenne comporte deux systèmes numéraux.
- les nombres sino-coréens, utilisés pour compter les minutes, les secondes, l'argent, les numéros de téléphone,
- les nombres coréens, utilisés pour compter les heures, les personnes, les animaux, l'âge et la plupart des objets.

Tout ce qui est dénombrable se compte en utilisant l'un des deux systèmes, mais pas les deux. Nous verrons par la suite qu'il existe des petits mots, dits *classificateurs*, qui accompagnent les nombres et qui sont nécessaires pour compter les objets, les personnes et les animaux (voir G8.1).
Notez qu'à partir du nombre 100, seuls les nombres sino-coréens sont utilisés.

	1	2	3	4	5	6	7	8	9	10
Nombre sino-coréen	일	이	삼	사	오	육	칠	팔	구	십
Nombre coréen	하나	둘	셋	넷	다섯	여섯	일곱	여덟	아홉	열

	11	12	13	14	15	16	17	18	19	20
Nombre sino-coréen	십일	십이	십삼	십사	십오	십육	십칠	십팔	십구	이십
Nombre coréen	열하나	열둘	열셋	열넷	열다섯	열여섯	열일곱	열여덟	열아홉	스물

	21	22	23	24	25	26	27	28
Nombre sino-coréen	이십일	이십이	이십삼	이십사	이십오	이십육	이십칠	이십팔
Nombre coréen	스물하나	스물둘	스물셋	스물넷	스물다섯	스물여섯	스물일곱	스물여덟

	29	30	31	32	33	34	35	36
Nombre sino-coréen	이십구	삼십	삼십일	삼십이	삼십삼	삼십사	삼십오	삼십육
Nombre coréen	스물아홉	서른	서른하나	서른둘	서른셋	서른넷	서른다섯	서른여섯

	40	50	60	70	80	90	100	101
Nombre sino-coréen	사십	오십	육십	칠십	팔십	구십	백	백일
Nombre coréen	마흔	쉰	예순	일흔	여든	아흔	-	-

> Les nombres coréens 1, 2, 3, 4 et 20 perdent leur lettre finale devant un classificateur afin de faciliter leur prononciation (voir G8.1) :
> - 하나 (*ha-na*) → 한 (*han*),
> - 둘 (*dul*) → 두 (*du*),
> - 셋 (*set*) → 세 (*se*),
> - 넷 (*net*) → 네 (*ne*),
> - 스물 (*seu-mul*) → 스무 (*seu-mu*).

10시 15분입니다. (열 시 십오 분입니다.)	Il est 10h15.
5분 후에 약속이 있어요. (오 분 후에 약속이 있어요.)	J'ai un rendez-vous dans 5 minutes.
11월 7일 금요일입니다. (십일 월 칠 일 금요일입니다.)	Nous sommes le vendredi 7 novembre.
저는 32살이에요. (저는 서른두 살이에요.)	J'ai 32 ans.

G5.3 Notation de l'heure et de la date

L'heure s'écrit de manière très simple en coréen, les nombres qui correspondent aux heures et aux minutes sont chacun suivis d'un nom indiquant la fonction du nombre :
- 시 : heure,
- 분 : minute.

10시 15분	10h15 (10 heures et 15 minutes)
지금은 3시 반이에요.	Maintenant, il est 3 heures et demie.

Grammaire

La Corée du Sud utilise principalement le système horaire sur 12 heures (0 à 12 heures), comme aux États-Unis. On retrouve parfois le système sur 24 heures dans des textes formalisés, comme les horaires de train ou les programmes de télévision.

Pour différencier la période allant de minuit à midi et la période allant de midi à minuit, on place un terme avant l'heure :

- 오전 : période allant de minuit à midi (*du matin*),
- 오후 : période allant de midi à minuit (*de l'après-midi*, *du soir*).

D'autres mots peuvent être utilisés pour apporter plus de précision sur le moment de la journée :

- 새벽 : matin, aube (de minuit jusqu'à l'aube),
- 아침 : matin (de l'aube jusqu'à midi),
- 저녁 : soir (à la tombée de la nuit),
- 밤 : soir, nuit (après le coucher du soleil).

기차가 새벽 4시 20분에 출발해요.	Le train part à 4h20 du matin.
아침 8시에 운동을 해요.	Je fais du sport à 8 heures du matin.
오전 9시에 학교에 가요.	Je vais à l'école à 9 heures du matin.
비행기가 오후 2시 반에 도착해요.	L'avion arrive à 2 heures et demie de l'après-midi.
저녁 8시에 약속이 있어요.	J'ai un rendez-vous à 20h. (8 heures du soir)
밤 11시에 자요.	Je me couche à 11 heures du soir.

En coréen, la date s'écrit sous la forme *année, mois, jour*. On désigne le mois par un numéro allant de 1 à 12, 1 pour janvier et 12 pour décembre. Les nombres correspondant à l'année, au mois et au jour précèdent chacun un nom indiquant la fonction du nombre :

- 년 : année,
- 월 : mois,
- 일 : jour.

2013년 1월 10일	10 janvier 2013
오늘은 10월 15일 월요일입니다.	Aujourd'hui, nous sommes le lundi 15 octobre.

> Les mois de juin (6월) et d'octobre (10월) s'écrivent de manière irrégulière :
> - 육월 → 유월 (*yu-wol*),
> - 십월 → 시월 (*shi-wol*).

G5.4 있다 / 없다 : il y a / il n'y a pas

Le verbe 있다 exprime l'existence, le lieu et la possession.
Lorsqu'il exprime l'existence, il se traduit en français par « il y a ». Attention, le nom associé prend toujours la marque du sujet.

문제가 있어요.	Il y a un problème.
이 집에는 정원이 있어요.	Il y a un jardin dans cette maison.

Lorsqu'il exprime le lieu, il signifie « être » ou « se trouver ». Le nom associé est suivi de la particule de lieu –에 (voir G2.4).

저는 학교에 있어요.	Je suis à l'école. (Je me trouve à l'école.)
자동차는 어디에 있어요?	Où est la voiture? (Où se trouve la voiture ?)

Lorsqu'il exprime la possession, il se traduit par « avoir ; posséder ». Attention, le nom associé prend toujours la marque du sujet.

저는 자동차가 있어요.	J'ai une voiture. (Je possède une voiture.)
이 집은 정원이 있어요.	Cette maison a un jardin.

Le verbe 없다 est l'antonyme de 있다, il a le même sens que la forme négative de 있다 : 있지 않다 (voir G4.3 pour la construction d'une forme négative).

문제가 없어요.	Il n'y a pas de problème.
저는 자동차가 없어요.	Je n'ai pas de voiture.
이 집은 정원이 없어요.	Cette maison n'a pas de jardin.

G5.5 –ㅂ니다/습니다 : style formel

La terminaison –ㅂ니다/습니다 correspond à la forme affirmative au présent des verbes, déclinée au style formel. Ce style s'emploie lors de conversations formelles, entre personnes d'un certain âge ou statut social, se rencontrant pour la première fois, ou bien lors de discours en public. La forme interrogative correspondante est –ㅂ니까/습니까.
Le style formel peut se combiner avec le suffixe honorifique –(으)시 (voir G2.5) pour amplifier le respect et la déférence accordés envers son interlocuteur.

Grammaire

La terminaison s'ajoute après le radical du verbe que l'on obtient en supprimant la terminaison des verbes à l'infinitif 다. -ㅂ니다 et -ㅂ니까 se placent après un verbe se terminant par une voyelle, -습니다 et -습니까 après un verbe dont le radical se termine par une consonne.

Style formel	Après une voyelle	Après une consonne
Forme affirmative	-ㅂ니다	-습니다
Forme interrogative	-ㅂ니까	-습니까

Verbe	Radical	Forme affirmative au présent	Forme interrogative au présent
가다	가	가 + ㅂ니다 → 갑니다	가 + ㅂ니까 → 갑니까
하다	하	하 + ㅂ니다 → 합니다	하 + ㅂ니까 → 합니까
마시다	마시	마시 + ㅂ니다 → 마십니다	마시 + ㅂ니까 → 마십니까
좋다	좋	좋 + 습니다 → 좋습니다	좋 + 습니까 → 좋습니까
있다	있	있 + 습니다 → 있습니다	있 + 습니까 → 있습니까
없다	없	없 + 습니다 → 없습니다	없 + 습니까 → 없습니까

Cas particuliers : verbes se terminant en ㄹ

Les verbes dont le radical se termine par la consonne ㄹ perdent cette consonne et se combinent donc avec la terminaison -ㅂ니다.

Verbe	Radical	Forme affirmative	Forme interrogative
살다	살	사 + ㅂ니다 → 삽니다	사 + ㅂ니까 → 삽니까

G5.6 언제 : quand

언제 est un adverbe interrogatif qui signifie « quand ».

언제 시간이 있어요?	Quand avez-vous du temps ?
기차가 언제 출발해요?	Quand le train part-il ?
회의가 언제예요?	Quand est la réunion ?

Vocabulaire — Leçon 5

Nom / 명사

기차	train	아침	matin, matinée
년	année (classificateur)	약속	rendez-vous, engagement
며칠	quel jour, quelle date	오전	matin, matinée
문제	problème	오후	après-midi
반	moitié, demi(e)	요일	jour (de la semaine)
밤	nuit	월	mois
분	minute	일	jour
비행기	avion	정원	jardin
살	an (âge) (classificateur)	회의	réunion
새벽	matin, aube	후	dans (durée), après (nom temporel)

Déterminant / 광형사

몇	combien de, quel nombre	이	ce, cet(te), ces
무슨	quel, quelle		

Adjectif numéral / 수사

구	neuf	육	six
백	cent	이	deux
사	quatre	일	un
삼	trois	칠	sept
십	dix	팔	huit
오	cinq		

Adjectif (verbe descriptif) / 형용사

고맙다	être reconnaissant(e)	죄송하다	être désolé(e), s'excuser
없다	il n'y a pas, ne pas avoir		

Verbe / 동사

출발하다	partir, se mettre en route

Adverbe / 부사

내일	demain	지금	maintenant
언제	quand		

Expression / 표현

고맙습니다	merci (formel)	죄송하지만	excusez-moi, mais…

Korea University, Séoul

Leçon 6

Chemin et directions
길과 방향

But de la leçon
Savoir demander son chemin, convenir du lieu d'un rendez-vous.

Grammaire
- –에서 : particule de lieu
- 어떻게 : comment
- –(으)로 : particule de moyen
- –고 : et
- Verbes irréguliers en ㅂ

Dialogues

D6.1   Où est la bibliothèque ?

토마   어디(에) 가?

민지   도서관(에) 가요.

토마   도서관(이) 어디(에) 있어?

민지   학교 옆에 있어요.

Thomas	Où vas-tu ?
Min-ji	Je vais à la bibliothèque.
Thomas	Où est la bibliothèque ?
Min-ji	Elle est à côté de l'école.

Voici quelques mots permettant de situer quelque chose dans l'espace :
- 앞에 : devant,
- 뒤에 : derrière,
- 옆에 : à côté (de),
- 위에 : sur, au-dessus (de),
- 아래에 : sous, en dessous (de).

Attention, le mot se place toujours après le nom auquel il se rapporte :

도서관이   학교   옆에   있어요.   La bibliothèque est à côté de l'école.
bibliothèque   école   à côté de   est

D6.2   On se voit où ce soir ?

민지   저녁에 어디에서[1] 만나요?

수영   시청은 어때요?

민지   시청이 어디예요?

수영   서울 시내에 있어요.

Min-ji	On se voit où ce soir ?
Soo-yeong	Que dis-tu de l'hôtel de ville ?
Min-ji	Où est l'hôtel de ville ?
Soo-yeong	Au centre de Séoul.

L'expression « 어때요? », que nous avons déjà abordée dans le dialogue D3.5, est la forme au présent et au style poli informel de l'adjectif 어떻다 qui signifie « être comment ». Elle s'emploie notamment dans deux situations :

- pour demander l'avis de son interlocuteur sur quelqu'un ou quelque chose : « c'est comment ; que penses-tu de … ? »

    파리는 **어때요?**   C'est comment, Paris ? / Que penses-tu de Paris ?

- pour demander l'avis de son interlocuteur sur une proposition : « que dis-tu de … ; est-ce que ça te va ? »

    내일 7시는 **어때요?**   Que dis-tu de demain à 7h ? / Demain à 7h, ça te va ?

La forme au style familier est « 어때? », et la forme au style formel est « 어떻습니까? ».

D6.3 Suivez cette route pendant 5 minutes

니콜라 이 근처에 영화관(이) 있어요?
행인 네, 광화문에 영화관(이) 있어요.
니콜라 광화문에 어떻게² 가요?
행인 이 길로³ 5분 동안 걸어가세요.

Nicolas	Y a-t-il un cinéma près d'ici ?
Passante	Oui, il y a un cinéma à Gwanghwamun.
Nicolas	Comment aller à Gwanghwamun ?
Passante	Suivez cette route pendant 5 minutes.

Nous avons déjà abordé l'expression 어떻게 dans le dialogue D1.4 pour demander à quelqu'un son nom : « 성함이 어떻게 되세요? ».

Tout comme 어때요 (voir la remarque précédente), 어떻게 vient de l'adjectif 어떻다 qui signifie « être comment ». Le suffixe –게 permet de transformer un adjectif en adverbe (voir G13.5). Ainsi, 어떻게 correspond en français à l'adverbe interrogatif « comment ? ».

1	도서관	bibliothèque	**2**	–에서	à, dans, de, depuis (particule de lieu)	**3**	근처	alentours, environs
	옆에	à côté (de)					영화관	cinéma
				만나다	rencontrer, (se) voir		–(으)로	en, avec, par (particule de moyen)
				시청	mairie, hôtel de ville		동안	pendant, durant
				시내	centre-ville		걸어가다	aller à pied, marcher

Dialogues

D6.4 Prenez à gauche à l'intersection

토마 실례지만 시장이 여기에서[1] 멀어요?
행인 아니요, 멀지 않아요.
토마 시장에 어떻게 가요?
행인 다음 사거리에서 왼쪽으로[3] 가세요.
토마 고맙습니다.

Thomas	Excusez-moi, le marché est-il loin d'ici ?
Passante	Non, il n'est pas loin.
Thomas	Comment aller au marché ?
Passante	Prenez à gauche à la prochaine intersection.
Thomas	Merci.

Voici quelques mots permettant d'indiquer une direction (voir G6.3 pour l'emploi de la particule –(으)로) :

- 왼쪽 : (côté) gauche → 왼쪽으로 : à gauche, par la gauche,
- 오른 : (côté) droite → 오른쪽으로 : à droite, par la droite,
- 이쪽 : ce côté-ci, ici → 이쪽으로 : par ici,
- 저쪽 : ce côté-là, là-bas → 저쪽으로 : par là-bas,
- 직진 : tout droit.

D6.5 Y a-t-il un restaurant près d'ici ?

민지 이 근처에 식당이 있어요?
수영 서점 근처에 한국 식당도 있고[4] 피자집도 있어요.
민지 여기에서 서점까지[1] 멀어요?
수영 여기에서 1킬로미터 거리예요.
민지 너무 멀어요.

Min-ji	Y a-t-il un restaurant près d'ici ?
Soo-yeong	Il y a un restaurant coréen et une pizzeria près de la librairie.
Min-ji	La librairie est-elle loin d'ici ?
Soo-yeong	Elle est à 1 kilomètre d'ici.
Min-ji	C'est trop loin.

Leçon 6

Le mot 거리 (*geo-ri* : distance) suivi du verbe être 이다 permet d'exprimer une distance géographique : « c'est à (une distance de) … », mais pas une distance temporelle. On le précède de la distance exprimée avec son unité de longueur. Voici quelques unités de longueur utiles (vous remarquerez qu'il s'agit de termes empruntés à l'anglais) :

- 밀리미터 (forme abrégée : 밀리) : millimètre,
- 센티미터 (forme abrégée : 센티) : centimètre,
- 미터 : mètre,
- 킬로미터 (forme abrégée : 킬로) : kilomètre.

D6.6   C'est très près de chez moi

니콜라   오늘 저녁에 수영 씨하고 약속이 있어.
민지   그래? 어디에서 만나?
니콜라   강남역에서 만나.
민지   강남역? 너무 멀지 않아?
니콜라   아니, 집에서 아주 가까워⁵.
민지   그래? 어떻게 가? 지하철로?
니콜라   아니, 버스로 가.
민지   집 근처에 버스 정류장(이) 있어?
니콜라   응, 집 앞에 있어.

Nicolas	J'ai rendez-vous avec Soo-yeong ce soir.
Min-ji	Ah oui ? Tu la rencontres où ?
Nicolas	On se voit à la station Gangnam.
Min-ji	La station Gangnam ? Ce n'est pas trop loin ?
Nicolas	Non, c'est très près de chez moi.
Min-ji	Ah oui ? Comment tu y vas ? En métro ?
Nicolas	Non, j'y vais en bus.
Min-ji	Y a-t-il un arrêt de bus près de chez toi ?
Nicolas	Oui, il y en a un devant chez moi.

4
실례지만	excusez-moi, mais…
시장	marché
여기	ici
멀다	être loin, éloigné
다음	suivant, prochain
사거리	carrefour, intersection
왼쪽	(côté) gauche

5
식당	restaurant
서점	librairie
피자집	pizzeria
—까지	à, jusque (destination)
거리	distance
킬로미터	kilomètre

6
역	station (de métro), gare (ferroviaire)
가깝다	être près, proche
아주	très, vraiment
지하철	métro
버스	bus
정류장	arrêt (de bus), station (de taxis)
앞에	devant, en face (de)

Grammaire

G6.1 —에서 : particule de lieu

La particule de lieu –에서 se place après un nom et s'utilise dans deux principaux cas :
- employée avec un verbe d'action (« travailler ; acheter ; attendre ; etc. »), elle indique l'endroit où se déroule cette action : « à ; dans »,
- employée avec un verbe de mouvement (« venir ; partir ; envoyer ; etc. »), elle indique le point de départ du mouvement, ou la provenance : « de ; depuis ».

Nom	Nom + 에서	Exemple	
파리	파리에서	저는 파리에서 일을 해요.	Je travaille à Paris.
앞	앞에서	집 앞에서 테니스를 쳐요.	Je joue au tennis devant chez moi.
영화관	영화관에서	영화관에서 영화를 봐요.	Je regarde un film au cinéma.
서울	서울에서	제 친구가 서울에서 와요.	Mon ami vient de Séoul.
기차	기차에서	곧 기차에서 내려요.	Je descends du train bientôt.
학교	학교에서	몇 시에 학교에서 돌아와?	A quelle heure rentres-tu de l'école ?

Emploi de –에서 avec la particule –까지 : de... à...

La particule de lieu –까지 se place après un nom pour indiquer le point d'arrivée, la destination : « à ; jusque ». Elle peut s'employer avec la particule de lieu –에서 dans la même phrase pour marquer une borne spatiale : « de... à... ».

Nom	Nom + 에서 / 까지	Exemple
여기 / 시청	여기에서 / 시청까지	여기에서 시청까지 어떻게 가요? Comment aller d'ici jusqu'à l'hôtel de ville ?
서울 / 부산	서울에서 / 부산까지	이 버스는 서울에서 부산까지 가요. Ce bus va de Séoul à Busan.

G6.2 어떻게 : comment

어떻게 est un adverbe interrogatif qui signifie « comment ; de quelle manière ». Il est toujours suivi d'un verbe.

성함이 어떻게 되세요?	Comment vous appelez-vous ?
도서관에 어떻게 가요?	Comment aller à la bibliothèque ?
어떻게 지내?	Comment ça va ?

G6.3 −(으)로 : particule de moyen

La particule −(으)로 se place après un nom et est utilisée dans deux principaux cas :
- pour indiquer le moyen ou la méthode par laquelle une action est exécutée : « au moyen de ; en ; avec »,
- employée avec un verbe d'action ou de mouvement (« aller ; arriver ; envoyer ; etc. »), elle indique la direction, la destination : « à ; vers ; par ».

−로 se place après un nom se terminant par une voyelle ou par la consonne ㄹ, −으로 après un nom se terminant par toute autre consonne.

Nom	Nom + (으)로	Exemple	
자전거	자전거로	부산에 자전거로 가요.	Je vais à Busan en vélo.
젓가락	젓가락으로	한국 음식은 젓가락으로 먹어요.	La nourriture coréenne se mange avec des baguettes.
한국어	한국어로	유미 씨는 한국어로 말해요.	Yoo-mi parle en coréen.
책	책으로	소영 씨는 불어를 책으로 공부해요.	So-yeong étudie le français avec un livre.
서울	서울로	이 비행기는 서울로 가요.	Cet avion va à Séoul.
어디	어디로	어디로 가세요?	Où allez-vous?
이쪽	이쪽으로	이쪽으로 가서 왼쪽으로 가세요.	Allez par ici puis prenez à gauche.

G6.4 −고 : et

Le suffixe conjonctif −고 permet de relier plusieurs propositions. Il correspond à la conjonction de coordination « et » en français. Contrairement à la particule de liaison −하고 qui sert à énumérer des noms, le suffixe −고 se place après le radical d'un verbe ou adjectif pour énumérer des faits ou des actions.

Lorsque les propositions reliées par le suffixe −고 sont des actions ayant pour sujet la même personne, ces actions se déroulent dans l'ordre chronologique. Pour exprimer deux actions qui s'enchaînent selon un ordre logique, on utilisera le suffixe de continuité −아서/어서 (voir G17.4).

Verbe	Radical + 고	Exemple	
이다	이고	저는 수영이고 그는 토마예요.	Je suis Soo-yeong et lui c'est Thomas.
살다	살고	니콜라는 파리에 살고 준수는 부산에 살아요.	Nicolas habite à Paris et Joon-soo habite à Busan.
치다	치고	마리는 테니스를 치고 레오는 영화를 봐요.	Marie joue au tennis et Léo regarde un film.
하다	하고	학교에서 운동을 하고 집에 가요.	Je fais du sport à l'école et je rentre à la maison.

Grammaire

G6.5 Verbes irréguliers en ㅂ

Les verbes dont le radical se termine par la consonne ㅂ sont irréguliers lorsque la terminaison qui suit commence par une voyelle, ce qui est le cas pour la terminaison des styles familier (–아/어) et poli informel (–아요/어요).

La consonne finale ㅂ se transforme en la voyelle ㅜ, qui fusionne avec la terminaison –어 pour devenir –워.

	Verbes réguliers	Verbes irréguliers en ㅂ
Style familier	–아/어	–워
Style poli informel	–아요/어요	–워요
Style formel	–ㅂ니다/습니다	

Verbe	Radical	Style poli informel
가깝다	가깝	가까우 + 어요 → 가까워요
고맙다	고맙	고마우 + 어요 → 고마워요
춥다	춥	추우 + 어요 → 추워요
덥다	덥	더우 + 어요 → 더워요

Cas particulier : radicaux à une syllabe et à voyelle ㅗ

Lorsque le radical du verbe n'est composé que d'une seule syllabe dont la voyelle est ㅗ, la consonne ㅂ se transforme en la voyelle ㅗ, qui fusionne avec la terminaison –아 pour devenir –와.

Verbe	Radical	Style poli informel
돕다	돕	도오 + 아요 → 도와요
곱다	곱	고오 + 아요 → 고와요

> Quelques verbes dont le radical se termine par ㅂ ne sont pas irréguliers, c'est le cas des deux verbes suivants :
> - 입다 (*ip-tta* : mettre, porter un vêtement) → 입어요,
> - 잡다 (*jap-tta* : saisir, prendre) → 잡아요.

Vocabulaire — Leçon 6

Nom / 명사

거리	distance	앞 / 앞에	l'avant, le devant / devant, en face (de)
근처	alentours, environs	역	station (de métro), gare (ferroviaire)
다음	suivant, prochain	영화관	cinéma
도서관	bibliothèque	옆 / 옆에	le côté / à côté (de)
동안	pendant, durant	오른쪽	(côté) droit
뒤 / 뒤에	l'arrière, le derrière / derrière	왼쪽	(côté) gauche
미터	mètre	위 / 위에	le dessus / sur, au-dessus (de)
밀리(미터)	millimètre	이쪽	ce côté-ci, ici
버스	bus	저쪽	ce côté-là, là-bas
사거리	carrefour, intersection	젓가락	(une paire de) baguettes
서점	librairie	정류장	arrêt (de bus), station (de taxis)
센티(미터)	centimètre	지하철	métro
시내	centre-ville	직진	tout droit
시장	marché	책	livre
시청	mairie, hôtel de ville	킬로(미터)	kilomètre
식당	restaurant	피자집	pizzeria
아래 / 아래에	le dessous / sous, en dessous (de)		

Pronom / 대명사

여기	ici

Particule / 조사

–까지	à, jusque (destination)	–(으)로	en, avec, par (particule de moyen)
–에서	à, dans, de, depuis (particule de lieu)		

Adjectif (verbe descriptif) / 형용사

가깝다	être près, proche	(날씨가) 덥다	faire chaud
곱다	être beau, belle, raffiné(e)	멀다	être loin, éloigné(e)

Verbe / 동사

걸어가다	aller à pied, marcher	오다	venir, arriver
돕다	aider, sauver	입다	mettre, porter (un vêtement)
만나다	rencontrer, (se) voir	잡다	saisir, prendre
말하다	parler (= 말을 하다)		

Adverbe / 부사

곧	tout de suite, à l'instant, bientôt	아주	très, vraiment

Expression / 표현

실례지만	excusez-moi, mais...

Dongdaemun Design Plaza, Séoul

Leçon 7

Au téléphone
전화하기

But de la leçon
Savoir se présenter et tenir une conversation simple au téléphone.

Grammaire
- −(으)ㄴ가요/−나요 : est-ce que … ?
- −의 : particule d'appartenance
- −겠− : marqueur d'intention (futur)
- −아/어 주다 : faire qqch pour qqn
- −는 : participe présent
- Termes honorifiques

Dialogues

D7.1 — Allô ?

수영의 어머니 여보세요?

토마 여보세요? 수영 씨 집인가요[1]?

수영의 어머니 네. 누구세요?

토마 저는 수영 씨의[2] 학교 친구 토마예요.

Mère de Soo-yeong	Allô ?
Thomas	Allô ? Suis-je bien chez Soo-yeong ?
Mère de Soo-yeong	Oui, qui est-ce ?
Thomas	Je suis Thomas, un camarade d'école de Soo-yeong.

L'expression « 여보세요? » est utilisée pour répondre à un appel téléphonique. C'est la forme honorifique de « 여봐요! », une interjection archaïque permettant d'interpeller une personne proche.

L'expression « 누구세요? » est composée du pronom interrogatif 누구 et de la forme honorifique du verbe être —이다 au présent (« —세요 », voir G2.5).

D7.2 — Je rappellerai demain

민지의 아버지 여보세요?

수영 안녕하세요? 수영입니다. 민지 씨 있나요[1]?

민지의 아버지 아니요, 학교에 있어요.

수영 그러면 내일 다시 전화하겠습니다[3].

Père de Min-ji	Allô ?
Soo-yeong	Bonjour, c'est Soo-yeong. Min-ji est-elle là ?
Père de Min-ji	Non, elle est à l'école.
Soo-yeong	Dans ce cas, je rappellerai demain.

« 전화하겠습니다 » est la forme future au style formel du verbe 전화하다 (*jeon-hwa-ha-da* : appeler ; téléphoner). Utilisée à la première personne, cette forme future exprime une volonté forte du locuteur, et se retrouve principalement dans un contexte formel (voir G7.3). Pour retrouver cette nuance en français, on pourrait traduire l'expression par : « je tâcherai d'appeler … ; je ferai en sorte d'appeler … ».

D7.3 — Veuillez me passer Soo-yeong

수영의 어머니	여보세요?
민지	네, 안녕하세요? 민지예요. 수영 씨 좀 바꿔 주세요⁴.
수영의 어머니	잠깐만요.
수영	여보세요?
민지	안녕하세요? 민지예요.
수영	아, 민지 씨, 잘 지내요?

Mère de Soo-yeong	Allô ?
Min-ji	Oui, bonjour. C'est Min-ji. Veuillez me passer Soo-yeong, s'il vous plaît.
Mère de Soo-yeong	Un instant.
Soo-yeong	Allô ?
Min-ji	Bonjour, c'est Min-ji.
Soo-yeong	Ah, Min-ji, tu vas bien ?

L'expression « 좀 바꿔 주세요 » comporte plusieurs marqueurs de politesse :

- l'expression « ... 주세요 » (*ju-se-yo*), forme honorifique du verbe 주다 (*ju-da* : donner ; offrir) permet de formuler une demande poliment : « veuillez me donner ..., veuillez faire cela pour moi » (voir G7.4),
- l'adverbe 좀 (*jom*), contraction de 조금 (*jo-geum* : un peu), permet d'adoucir le ton lorsque l'on sollicite un service ou que l'on demande l'accord de quelqu'un : « s'il vous plaît ; s'il te plaît ». Il s'utilise indistinctement avec tout type d'interlocuteur et de registre de langage, et peut se combiner avec « ... 주세요 » pour amplifier le degré de politesse.

L'expression « 잠깐만요 » permet de faire patienter quelqu'un : « une minute ! ; juste un instant ! ». Elle est composée du nom 잠깐 (*jam-kkan* : un moment ; un instant) et de la particule de restriction –만 qui signifie « seulement ; juste » (voir G3.6). Une expression équivalente est « 잠시만요 ».

Pour appeler ou interpeller un ou une ami(e), ou quelqu'un de bien plus jeune que soi, on place le suffixe 야 ou 아 après son prénom. 야 s'emploie lorsque le prénom se termine par une voyelle, et 아 lorsqu'il se termine par une consonne.

민지야, 빨리 와.	Min-ji, viens vite !
수영아, 어디 가?	Soo-yeong, tu vas où ?

---

1 여보세요? — allô ?
–의 — de (particule d'appartenance)

2 다시 전화하다 — encore (une fois), à nouveau, rappeler (au téléphone), téléphoner

3 좀 — s'il vous plaît, s'il te plaît
바꾸다 — changer, remplacer, échanger, passer qn (au téléphone)
잠깐 — un instant, une seconde

Dialogues

D7.4 — Je rentre chez moi en bus

니콜라	여보세요?
민지	니콜라? 지금 어디야?
니콜라	버스로 집(에) 가는⁵ 길이야.
민지	시간 있어?
니콜라	응.
민지	어디서 봐? 학교 앞에서?
니콜라	좋아. 몇 시에?
민지	30분 후에.
니콜라	알겠어. 이따가 봐.
민지	응.

Nicolas	Allô ?
Min-ji	Nicolas ? Tu es où maintenant ?
Nicolas	Je rentre chez moi en bus.
Min-ji	Tu as du temps ?
Nicolas	Oui.
Min-ji	On se voit où ? Devant l'école ?
Nicolas	D'accord. À quelle heure ?
Min-ji	Dans 30 minutes.
Nicolas	D'accord. À tout à l'heure.
Min-ji	Oui.

L'omission de particules est très courante en coréen. Il faut toutefois veiller à le faire uniquement lorsque cela est possible. Il est possible de se passer d'une particule lorsque la fonction du mot auquel la particule est rattachée est impliquée par le contexte.

Les particules souvent omises sont les suivantes :

- la particule de thème –은/는 : 지금**은** 어디야 → 지금 어디야
- la particule de lieu –에, notamment lorsqu'elle indique une destination :
  집**에** 가는 길이야 → 집 가는 길이야
- la particule de sujet –이/가 : 시간**이** 있어 → 시간 있어
- la particule d'objet –을/를

Certaines particules ne peuvent pas être supprimées, par exemple :

- la particule de moyen –(으)로 lorsqu'elle indique la méthode par laquelle est exécutée une action : 버스**로** 집 가는 길이야
- la particule de lieu –에서 lorsqu'elle indique la provenance. Toutefois, elle est souvent contractée en –서 : 어디**에서** → 어디**서**

Leçon 7

D7.5 Veuillez patienter un instant

준수의 남동생	여보세요?
마리옹	네, 여보세요? 김 선생님 댁인가요[6]?
준수의 남동생	네. 누구세요?
마리옹	저는 김준수 선생님의 동료 마리옹이에요. 선생님 계세요[6]?
준수의 남동생	네, 바꿔 드리겠습니다[4]. 잠깐만 기다려 주세요.
마리옹	네, 감사합니다.
준수	여보세요?
마리옹	네, 안녕하세요? 마리옹이에요.
준수	안녕하세요? 오랜만이에요. 잘 지내세요?
마리옹	네, 감사합니다. 선생님은요?
준수	네, 잘 지내요.

Frère de Joon-soo	Allô ?
Marion	Oui, allô ? Suis-je bien chez le professeur Kim ?
Frère de Joon-soo	Oui. Qui est-ce ?
Marion	Je suis Marion, une collègue de Kim Joon-soo. Est-il présent ?
Frère de Joon-soo	Oui, je vous le passe. Veuillez patienter un instant.
Joon-soo	Allô ?
Marion	Oui, bonjour. C'est Marion.
Joon-soo	Bonjour. Ca fait longtemps. Vous allez bien ?
Marion	Oui, merci. Et vous, Joon-soo ?
Joon-soo	Oui, je vais bien.

> L'expression « 오랜만이에요 » (*o-raen-ma-ni-e-yo*) s'utilise lorsque l'on retrouve quelqu'un après une longue période. « 오랜만이에요 » est la forme contractée de « 오래간만이에요 » (*o-rae-gan-ma-ni-e-yo*), composée du nom 오래간만 (« après longtemps ») suivi du verbe être.

4
알다	savoir, connaître, comprendre
이따가	plus tard, tout à l'heure

5
동료	collègue
드리다	donner, offrir, faire qqch pour qqn (forme modeste du verbe 주다)
기다리다	attendre
감사합니다	merci (= 고맙습니다)
오랜만이에요	ça fait longtemps (qu'on ne s'est pas vus)
댁	maison (forme honorifique de 집)

Au téléphone 전화하기

Grammaire

G7.1 −(으)ㄴ가요/−나요 : est-ce que … ?

Les terminaisons −(으)ㄴ가요 et −나요 s'emploient dans une phrase interrogative pour poser une question de manière moins directe, plus douce que la terminaison −아요/어요 (voir G3.1), tout en exprimant un respect ordinaire.
−ㄴ가요 s'emploie après le radical d'un adjectif se terminant par une voyelle, après la copule 이다 et après le suffixe honorifique −(으)시 (voir G2.5). −은가요 s'emploie après le radical d'un adjectif se terminant par une consonne. La terminaison −나요 s'emploie après le radical d'un verbe, après le marqueur du passé −았−/−었− (voir G8.5) et après le marqueur du futur −겠− (voir G7.3).

Radical + 아요/어요	Radical + (으)ㄴ가요/나요	
어디가 아파요?	어디가 아픈가요?	Où avez-vous mal ?
한국 친구가 많아요?	한국 친구가 많은가요?	Avez-vous beaucoup d'amis en Corée ?
저 사람이 누구예요?	저 사람이 누구인가요?	Qui est cette personne ?
집이 어디예요?	집이 어디인가요?	Où habitez-vous ?
이 근처에 영화관이 있어요?	이 근처에 영화관이 있나요?	Y a-t-il un cinéma près d'ici ?
오늘 저녁에 시간이 있어요?	오늘 저녁에 시간이 있나요?	Avez-vous du temps (libre) ce soir ?
테니스를 잘 쳐요?	테니스를 잘 치나요?	Vous jouez bien au tennis ?

G7.2 −의 : particule d'appartenance

La particule −의 se place après un nom et indique l'appartenance ou la possession du nom suivant par le nom précédent. Comme les particules de thème, de sujet et d'objet, elle peut être omise dans beaucoup de cas.

민지의 자전거	Le vélo de Min-ji
그의 우산	Son parapluie
학생의 책	Le livre de l'étudiant
나의 친구 / 내 친구	Mon ami

> Les pronoms personnels 나, 너 et 저 peuvent se combiner avec la particule d'appartenance de la manière suivante :
> - 나 + 의 → 내,
> - 너 + 의 → 네,
> - 저 + 의 → 제.
>
> Attention, ne jamais omettre la particule d'appartenance lorsqu'elle suit un pronom personnel.

G7.3 −겠− : marqueur d'intention (futur)

En coréen, il y a plusieurs manières d'exprimer le temps futur :
- l'infixe −겠− exprime la forte intention ou volonté du locuteur à accomplir une action, ou une supposition du locuteur sur une situation future,
- la forme −(으)ㄹ 것이다/거다 est une forme plus générale de futur simple, sans connotation particulière (voir G10.5).

L'infixe −겠− se place entre le radical du verbe et la terminaison finale. Lorsqu'il exprime la volonté du locuteur, il ne s'emploie que dans une phrase à la première personne.

저는 이제 일을 하겠어요.	Je vais travailler maintenant.
앞으로는 그 사람을 만나지 않겠어요.	Dorénavant je ne verrai plus cette personne.
내일 오후 2시에 가겠어요.	Je viendrai demain à 14h. *(litt. : J'irai demain à 14h.)*

L'infixe −겠− s'emploie également dans certaines expressions courantes avec les verbes 알다 (savoir ; connaître ; comprendre) et 모르다 (ignorer ; ne pas savoir ; ne pas connaître). Ici, −겠− a une fonction euphémique, il permet d'atténuer l'expression pour la rendre plus humble et respectueuse (voir aussi G13.1).

(잘) 알겠어요.	D'accord. / Très bien. / Entendu.
(잘) 모르겠어요.	Je ne sais pas (trop).

G7.4 −아/어 주다 : faire qqch pour qqn

La forme −아/어 주다 permet d'exprimer une action faite pour, ou à la place de quelqu'un d'autre. 주다 est un verbe auxiliaire qui exprime le fait d'agir pour quelqu'un, de rendre service à quelqu'un. Le verbe décrivant l'action en question se place avant 주다 sous la forme « radical + −아/어 ».

민주가 제 숙제를 도와 줘요.	Min-joo m'aide pour mes devoirs.
엄마가 요리를 해 줘요.	Maman me fait à manger.

L'expression −아/어 주세요, très courante, permet de formuler une demande poliment. 주세요 est la forme honorifique de 주다 déclinée au style poli informel.

카메라를 좀 봐 주세요.	Regardez la caméra, s'il vous plaît.
잠깐만 기다려 주세요.	Veuillez patienter un instant.
민지 씨 바꿔 주세요.	Passez-moi Min-ji, s'il vous plaît.

Grammaire

Le verbe 주다 peut aussi s'employer seul, dans ce cas il signifie simplement « donner ; offrir ». Employé avec l'adverbe 좀, le niveau de politesse augmente.

물 좀 주세요.	Puis-je avoir **de l'eau**, s'il vous plaît ?
포크 좀 주세요.	Puis-je avoir **une fourchette**, s'il vous plaît ?
우산 줘.	Donne-moi **le parapluie**.

드리다 : forme modeste du verbe 주다

La forme modeste, ou de déférence, du verbe 주다 est 드리다. Puisque c'est une forme modeste, et non honorifique, –아/어 드리다 s'emploie uniquement pour exprimer une action que l'on accomplit soi-même, ou un service que l'on rend à quelqu'un. Le verbe 드리다 employé seul ne s'emploie également que pour offrir, et non pour demander quelque chose (on utilisera toujours 주세요 pour cela).

드리다 s'emploie souvent avec le marqueur d'intention et d'atténuation –겠– (voir G7.3 et G13.1) pour annoncer son intention de faire quelque chose pour quelqu'un dans l'immédiat ou dans un futur proche.

민지 씨 바꿔 드리겠습니다.	Je vous passe **Min-ji**.
감사 드립니다.	Je vous présente **mes remerciements**.

G7.5 — –는 : participe présent

Le suffixe –는 placé après le radical d'un verbe transforme ce verbe au participe présent (la terminaison *-ant* en français, ou *-ing* en anglais) :
- employé avec un verbe d'action ou de mouvement (« 가다 ; 공부하다 ; etc. »), il indique que l'action exprimée par le verbe est en cours de déroulement : « 강남으로 가는 버스 » (« le bus allant à Gangnam »), « 한국어를 공부하는 학생 » (« les étudiants étudiant le coréen »),
- employé avec un verbe d'état ou statique (« 있다 ; 살다 ; etc. »), il indique que cet état perdure : « 서울에 사는 사람 » (« les gens vivant à Séoul »).

Le suffixe –는 permet également de construire des phrase équivalentes, en français, aux propositions relatives avec pronom relatif sujet : « le bus qui va à Gangnam », « les gens qui vivent à Séoul » ou complément d'objet direct : « le plat que je mange », « le film que je regarde ».

> La construction du participe présent en coréen se fait à l'envers de celle du français : dans la phrase « le bus allant à Gangnam », le groupe sujet « le bus » (버스) se place après le verbe, tandis que « à Gangnam » (강남에 ou 강남으로) se place avant le verbe : « 강남으로 가는 버스 ».
>
> Il en va de même pour les propositions relatives de type « le film que je regarde » : la proposition qui précède le pronom relatif (« le film » : 영화) se place après le verbe : « 제가 보는 영화 ».

Verbe	Radical + –는	Exemple	
가다	가는	강남으로 가는 버스가 있어요?	Y a-t-il un bus qui va à Gangnam / allant à Gangnam?
공부하다	공부하는	한국어를 공부하는 학생이 많아요.	Il y a beaucoup d'étudiants qui étudient / étudiant le coréen.
살다	사는	서울에 사는 사람이 많아요.	Il y a beaucoup de gens qui habitent / habitant à Séoul.
있다	있는	책상 위에 있는 책을 읽어 주세요.	Lisez-moi le livre qui est sur le bureau.
보다	보는	제가 보는 영화가 재미있어요.	Le film que je regarde est intéressant.

> Il est important de noter que, dans le cas d'une proposition relative avec le pronom « que » (du type « le plat que je mange ; le film que je regarde »), le sujet du verbe (dans ce cas : « je ») prend la marque du sujet en coréen, puisque c'est l'individu désigné par ce sujet qui exécute l'action :
>
> 제가 보는 영화   le film que je regarde
>
> Ainsi, dans une seule et même phrase, plusieurs mots peuvent porter la particule de sujet :
>
> 제가 보는 영화가 재미있어요.   Le film que je regarde est intéressant.

G7.6 Termes honorifiques

Dans la partie G1.4, nous avons vu l'existence d'une forme honorifique ou de modestie pour les pronoms personnels. Pour rappel, la forme honorifique permet de montrer son respect vis-à-vis de son interlocuteur ou de la personne dont on parle, et la forme de modestie permet de faire preuve d'humilité tout en parlant de soi-même.

La forme honorifique ou de modestie ne s'applique pas uniquement aux pronoms personnels, mais aussi à certains mots du langage courant. Nous en avons déjà abordé quelques-uns, et ce dès la leçon 1 :
- « 이름이 뭐예요? », où 이름 est la forme courante du mot qui signifie « nom »,
- « 성함이 어떻게 되세요? », où 성함 est la forme honorifique de ce mot.

L'utilisation d'un terme honorifique ou de modestie en lieu et place de sa forme courante peut entraîner la modification du reste de la phrase, comme dans l'exemple ci-dessus. Ainsi, si l'on emploie la forme honorifique d'un nom, on veillera à employer la forme honorifique du verbe associé à ce nom. La forme honorifique d'un verbe peut être un verbe totalement différent (voir le tableau suivant), ou bien le même verbe auquel on a rajouté le suffixe honorifique –(으)시 (voir G2.5).

Grammaire

Le tableau suivant liste les mots courants possédant une forme honorifique ou de modestie distincte de leur forme courante.

	Forme courante	Forme honorifique ou de modestie
Noms	나이 *(âge)* 말 *(parole)* 이름 *(nom)* 집 *(maison, chez toi)*	연세 *(âge)* 말씀 *(propos)* 성함 *(nom)* 댁 *(maison des autres, chez vous)*
Verbes	데리다 *(emmener, (r)accompagner)* 보다, 만나다 *(voir, rencontrer)* 말하다 *(parler, dire)* 먹다 *(manger)* 마시다 *(boire)* 아프다 *(avoir mal)* 있다 *(il y a, être)* 자다 *(dormir)* 주다 *(donner, offrir)* 죽다 *(mourir)*	모시다 *(accompagner, conduire)* 뵙다 *(voir, rencontrer)* 말씀하다 *(parler, dire)* 드시다 *(prendre à manger)* 드시다 *(prendre à boire)* 편찮으시다 *(être souffrant(e))* 계시다 *(il y a, être)* 주무시다 *(dormir)* 드리다 *(offrir, présenter)* 돌아가시다 *(décéder)*

Forme courante	Forme honorifique ou de modestie
그는 나이가 많아. Il est âgé.	그분은 연세가 많으세요. Il est âgé.
이름이 뭐야? Comment tu t'appelles ?	성함이 어떻게 되세요? Comment vous appelez-vous ?
집이 어디야? Tu habites où ?	댁이 어디입니까? Où habitez-vous ?
한국어로 말해 줘. Parle-moi en coréen.	한국어로 말씀해 주세요. Veuillez me parler en coréen.
어디 아파? Tu as mal quelque part ?	어디 편찮으십니까? Êtes-vous souffrant(e) ?
잘 자. Bonne nuit. / Dors bien.	안녕히 주무세요. Passez une bonne nuit.

Vocabulaire — Leçon 7

Nom / 명사

감사	remerciement, gratitude	숙제	devoirs (d'école)
나이	âge	엄마	maman
댁	maison (des autres), chez vous	연세	âge (forme honorifique de 나이)
동료	collègue	책상	bureau, pupitre
말	parole	카메라	appareil photo, caméra
말씀	propos (forme honorifique et modeste de 말)	포크	fourchette

Particule / 조사

–의	de (particule d'appartenance)

Adjectif (verbe descriptif) / 형용사

맛있다	avoir bon goût, être délicieux(se) (= 맛이 있다)	재미있다	être intéressant(e), amusant(e) (= 재미가 있다)
아프다	avoir mal	편찮으시다	être souffrant(e) (forme honorifique du verbe 아프다)

Verbe / 동사

기다리다	attendre	바꾸다	changer, remplacer, échanger, passer qn (au téléphone)
데리다	emmener, (r)accompagner	뵙다	voir, rencontrer (forme modeste du verbe 보다)
돌아가시다	décéder (forme honorifique du verbe 죽다)	알다	savoir, connaître, comprendre
드리다	donner, offrir, faire qqch pour qqn (forme modeste du verbe 주다)	자다	dormir
드시다	prendre (à manger, à boire) (forme honorifique des verbes 먹다 et 마시다)	전화하다	appeler (au téléphone), téléphoner
말씀하다	parler, dire (forme honorifique et modeste du verbe 말하다)	주무시다	dormir (forme honorifique du verbe 자다)
모시다	accompagner, conduire (forme honorifique du verbe 데리다)	죽다	mourir

Adverbe / 부사

다시	encore (une fois), à nouveau, re-	좀	un peu (forme contractée de 조금), s'il vous plaît, s'il te plaît
빨리	vite, rapidement	이따가	plus tard, tout à l'heure
앞으로	dorénavant, à l'avenir	이제	maintenant, à présent
잠깐	un instant, une seconde		

Expression / 표현

감사합니다	merci (= 고맙습니다)	여보세요?	allô ?
오랜만이에요	ça fait longtemps (qu'on ne s'est pas vus)	잠깐만요	une minute !, juste un instant !

Songdo, Incheon

Leçon 8
Dans les transports
이동하기

But de la leçon
Savoir emprunter les transports en commun (bus, métro) et le taxi.

Grammaire
- Classificateurs
- 얼마(나) : combien
- –에 : particule d'unité de valeur
- Les nombres (100 à 100 milliards)
- –았–/–었– : marqueur de passé
- –(으)면 되다 : aller, suffire

Dialogues

D8.1 Quel est le bus qui va à Gangnam ?

토마	죄송하지만, 강남으로 가는 버스가 몇 번이에요?
안내원	140번입니다[1].
토마	버스 정류장이 어디예요?
안내원	지하철역 2번 출구 앞에 있습니다.
토마	감사합니다.

Thomas	Excusez-moi, quel est le (numéro du) bus qui va à Gangnam ?
Guide	C'est le (numéro) 140.
Thomas	Où est l'arrêt de bus ?
Guide	Il se situe devant la sortie (numéro) 2 du métro.
Thomas	Merci.

Employé après un nombre sino-coréen (voir G5.2), le mot « 번 » signifie « numéro ». Après un nombre coréen, il signifie « fois » pour indiquer un nombre de fois. Ce petit mot fait partie de ce que l'on nomme les classificateurs, des mots servant à compter et à préciser la nature de ce que l'on compte (voir G8.1).

D8.2 Combien coûte un ticket ?

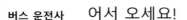

버스 운전사	어서 오세요!
토마	이 버스(는) 강남으로 갑니까?
버스 운전사	네.
토마	표 한 장[1]에[3] 얼마예요[2]?
버스 운전사	천백오십[4] 원이에요[1].
토마	여기 있습니다.

Conducteur de bus	Bienvenue à bord !
Thomas	Ce bus va-t-il à Gangnam ?
Conducteur de bus	Oui.
Thomas	Combien coûte un ticket ?
Conducteur de bus	C'est 1 150 wons.
Thomas	Voilà.

L'expression « 어서 오세요! » s'emploie pour accueillir un client dans un magasin ou un invité chez soi. Elle peut se traduire par « bienvenue » ou « veuillez entrer ». C'est une expression que l'on entend très souvent à l'entrée d'un magasin, et parfois à la montée du bus.

L'expression « (...) 여기 있습니다 », littéralement « (...) est ici », s'emploie lorsque l'on tend à quelqu'un quelque chose qui était attendu : « voici (votre ...), monsieur/madame » :

커피 여기 있습니다.   Voici votre café.

찾으시는 책이 여기 있습니다.   Voici le livre que vous cherchez.

D8.3 Je viens juste d'arriver

안내 방송	이번 정류장은 우성아파트입니다. 다음 정류장은 강남역입니다.
토마	수영 씨, 저는 거의 다 왔어요[4].
수영	알았어요. 버스 정류장 앞에서 봐요.
토마	알겠어요.
안내 방송	이번 정류장은 강남역입니다. 다음 정류장은 신논현역입니다.
토마	안녕하세요? 오래 기다렸어요?
수영	아니요, 방금 왔어요.

Annonce	*Vous êtes à l'arrêt « cité Wooseong ». Prochain arrêt : « station Gangnam ».*
Thomas	Soo-yeong, je suis presque arrivé.
Soo-yeong	D'accord. On se voit devant l'arrêt de bus.
Thomas	Entendu.
Annonce	*Vous êtes à l'arrêt « station Gangnam ». Prochain arrêt : « station Sinnonhyeon ».*
Thomas	Bonjour ! Tu as attendu longtemps ?
Soo-yeong	Non, je viens juste d'arriver.

L'expression « 알았어요 » est équivalente à l'expression « 알겠어요 » que nous avons abordée en G7.3, et qui signifie « d'accord, très bien, entendu ». Il existe toutefois une nuance entre ces deux expressions : « 알았어요 » ne comporte pas la fonction euphémique induite par l'infixe –겠– (voir G13.1), elle paraît donc plus familière.

1			2			3		
	번	numéro, fois (classificateur)		어서 오세요	bienvenue, veuillez entrer		이번	cet(te), cette fois-ci
	출구	sortie		표	ticket (de métro), billet (de train)		아파트	appartement, cité résidentielle
				장	feuille (classificateur)		거의	presque, quasiment
				얼마	combien		오래	longtemps
				천	mille		방금	à l'instant, il y a un instant
				원	won (unité monétaire)			

Dialogues

D8.4 Déposez-moi ici, s'il vous plaît

민지	안녕하세요?
택시 운전사	어서 오세요! 어디로 가세요?
민지	경복궁으로 가 주세요.

(10분 후에)

민지	여기에서 내려 주세요.
택시 운전사	4,200원이에요.
민지	여기 있습니다. 감사합니다.

Min-ji   Bonjour.
Chauffeur de taxi   Bienvenue ! Où allez-vous ?
Min-ji   Au palais de Gyeongbok, s'il vous plaît.
(10 minutes plus tard)
Min-ji   Déposez-moi ici, s'il vous plaît.
Chauffeur de taxi   Cela fera 4 200 wons.
Min-ji   Voilà. Merci.

Lorsque vous prenez le taxi, annoncez au chauffeur votre destination en utilisant l'expression « –로 가 주세요 » (« allez à ... s'il vous plaît »).
Une fois la destination proche, utilisez l'expression « –에서 내려 주세요 » (« déposez-moi (à) ... s'il vous plaît ») pour préciser au chauffeur l'endroit exact où vous souhaitez descendre.

D8.5 Je me suis bien amusée aujourd'hui

민지	오늘 재미있었어.
니콜라	나도 재미있었어. 집에 어떻게 가?
민지	지하철로. 안국역에서 타고 양재역에서 내려.
니콜라	얼마나[3] 걸려?
민지	삼십 분 걸려.
니콜라	그래. 잘 가!
민지	응, 또 만나.

Min-ji	Je me suis bien amusée aujourd'hui.
Nicolas	Moi aussi, je me suis bien amusé ! Tu rentres chez toi comment ?
Min-ji	En métro. Je monte à la station Anguk et descends à la station Yangjae.
Nicolas	Ça prend combien de temps ?
Min-ji	Ça prend trente minutes.
Nicolas	D'accord. Salut !
Min-ji	Oui, à bientôt !

Dans la leçon 1, nous avons abordé deux manières de dire « au revoir » selon si vous partez (« 안녕히 계세요 ») ou si c'est votre interlocuteur qui part (« 안녕히 가세요 ») (voir D1.4). Il existe un équivalent à ces deux expressions dans le registre familier :
- si vous partez, et que votre ami reste, souhaitez lui de « rester bien » avec l'expression « 잘 있어! »,
- si c'est votre interlocuteur qui part, saluez le d'un « 잘 가! », ou littéralement « va bien ! ».

Si vous comptez revoir cet ami, utilisez l'expression « 또 만나(요)! » ou « 또 봐(요)! » qui signifie « à la prochaine ! » ou « au plaisir ! ».

D8.6 Comment aller à Myeong-dong ?

마리옹	죄송하지만 명동까지 어떻게 가나요?
안내원	강남역에서 2호선을 타시고 사당역에서 4호선으로 갈아타시면 됩니다[6].
마리옹	그럼 어디에서 내리면 되나요?
안내원	명동역에서 내리시면 됩니다.
마리옹	표는 어디서 사면 되나요?
안내원	지하철역 안에 있는 자동 발매기를 쓰시면 됩니다.
마리옹	감사합니다.

(30분 후에)

안내 방송	이번 역은 명동역입니다. 내리실 문은 오른쪽입니다.

---

4 내리다	descendre (d'un moyen de transport), déposer	**5** 타다	prendre, monter à bord (d'un moyen de transport)	**6** 호선	ligne (de métro)
–궁	palais (royal)	얼마나	combien (de temps)	갈아타다	changer (de moyen de transport)
		걸리다	prendre, demander (du temps)	그럼	alors, dans ce cas (forme contractée de 그러면)
		또	à nouveau, encore	사다	acheter
				자동 발매기	distributeur automatique
				쓰다	utiliser, se servir de
				문	porte

Dialogues

Marion	Excusez-moi, comment aller à Myeong-dong ?
Guide	Prenez la ligne 2 à la station Gangnam et changez pour la ligne 4 à la station Sadang.
Marion	Dans ce cas, où puis-je descendre ?
Guide	Vous pouvez descendre à la station Myeong-dong.
Marion	Où puis-je acheter un ticket ?
Guide	Vous pouvez utiliser les distributeurs automatiques de tickets situés dans la station.
Marion	Merci.

(30 minutes plus tard)

Annonce	*Vous êtes à la station Myeong-dong. Les portes s'ouvrent à droite.*

Si vous avez l'occasion de prendre le métro à Séoul, vous pourrez vous amuser à déchiffrer les nombreuses annonces sonores diffusées au niveau des plate-formes d'embarquement et à l'intérieur des rames de métro.

이번 역은 ~역입니다. 내리실 문은 왼쪽[오른쪽]입니다.
Vous êtes à la station ~. Les portes s'ouvrent à gauche[droite].

Si vous préférez voyager en bus, sachez que l'annonce sonore y est un peu différente, puisqu'elle indique à la fois l'arrêt qui approche et l'arrêt suivant, ce qui est pratique pour préparer sa descente.

이번 정류장은 ~입니다. 다음 정류장은 ~입니다.
Vous êtes à l'arrêt ~. Arrêt suivant : ~.

Grammaire

Leçon 8

G8.1 Classificateurs

Un classificateur est un mot servant à compter des objets, des personnes, des animaux ; bref, tout ce qui est dénombrable. Il existe des dizaines de classificateurs qui s'appliquent chacun à une certaine catégorie d'objets, en fonction de leur nature, de leur taille, de leur forme ou encore de leur utilité.

Un classificateur se place toujours en dernier, après le nom de l'entité comptée suivie du nombre d'entités.

> **Emploi du classificateur**
> (Nom de l'entité +) nombre + classificateur

Prenons pour exemple certains mots que nous connaissons déjà et regardons comment nous pouvons les compter :

Nom	Classificateur	Exemple	
사람	명	프랑스 사람 한 명	un Français
학생	명	고등학생 두 명	deux lycéens
우산	개	우산 세 개	trois parapluies
꽃	송이	꽃 네 송이	quatre fleurs
사진	장	사진 다섯 장	cinq photographies
물	병	물 여섯 병	six bouteilles d'eau
자동차	대	자동차 일곱 대	sept voitures
-	분	팔 분	huit minutes
-	번	구 번	numéro neuf

La plupart des classificateurs s'emploient avec des nombres coréens, mais il existe quelques classificateurs qui s'accompagnent de nombres sino-coréens : parmi eux, nous connaissons déjà le classificateur des minutes (분), des secondes (초), et le mot signifiant « numéro » (번).

> Les nombres coréens 1, 2, 3, 4 et 20 perdent leur lettre finale devant un classificateur, afin de faciliter la prononciation :
> - 하나 (*ha-na*) → 한 (*han*),
> - 둘 (*dul*) → 두 (*du*),
> - 셋 (*set*) → 세 (*se*),
> - 넷 (*net*) → 네 (*ne*),
> - 스물 (*seu-mul*) → 스무 (*seu-mu*).

Grammaire

Les classificateurs étant des mots porteurs de sens, ils peuvent s'employer seuls avec un nombre, sans autre nom. Ajouter un nom devant permet d'apporter des précisions sur ce qui est compté.

Nombre + classificateur		Nom + nombre + classificateur	
두 명	deux personnes	한국 사람 두 명	deux Coréens
한 병	une bouteille	물 한 병	une bouteille d'eau

Voici une liste non exhaustive de classificateurs utiles :

Emploi avec les nombres coréens		Exemple	
개	classificateur général permettant de compter des objets à l'unité	우산 두 개	deux parapluies
권	livre	책 다섯 권	cinq livres
그릇	bol	수프 세 그릇	trois bols de soupe
달	mois (durée)	네 달	quatre mois
대	appareil électrique, mécanique, instrument de musique	자동차 한 대	une voiture
마리	animal	개 두 마리	deux chiens
번	(nombre de) fois	세 번	trois fois
벌	vêtement	양복 네 벌	quatre costumes
병	bouteille	와인 한 병	une bouteille de vin
명	personne	여자 두 명	deux femmes
분	personne (honorifique)	선생님 세 분	trois professeurs
살	an (âge)	네 살	quatre ans
송이	fleur, grappe (de raisin)	장미 열 송이	dix roses
시	heure (heure)	오후 두 시	deux heures de l'après-midi
시간	heure (durée)	세 시간	trois heures (durée)
장	objet fin et large (feuille, billet)	종이 네 장	quatre feuilles de papier
잔	verre, tasse	물 한 잔	un verre d'eau
Emploi avec les nombres sino-coréens		**Exemple**	
년	année (durée et date)	이 년 / 2013년	deux ans / l'an 2013
도	degré (température, angle)	삼십 도	trente degrés
번	numéro	사 번	numéro 4
분	minute	십 분	dix minutes
원	won (monnaie)	200원	200 wons
월	mois (date)	3월	(mois de) mars
일	jour (durée et date)	사 일 / 4월 25일	quatre jours / le 25 avril
초	seconde	일 초	une seconde

G8.2 얼마(나) : combien

얼마 correspond à l'adverbe interrogatif « combien » en français. Il s'emploie principalement pour demander un prix, auquel cas il n'est pas nécessaire de mentionner le mot 가격 (« prix ») dans la question car celui-ci est impliqué par le contexte.

Lorsque 얼마 est suivi d'un verbe d'action tel que 사다 (« acheter ») ou 팔다 (« vendre »), on emploie la particule –에 qui dénote une unité de valeur : « *pour* combien ; *à* combien » (voir G8.3).

(가격이) 얼마예요?	C'est combien ? / Combien ça coûte ?
컴퓨터를 얼마에 샀어?	Tu as acheté l'ordinateur (pour) combien ?
이 와인 한 병은 얼마에 팔아요?	(Pour) combien vendez-vous une bouteille de ce vin ?
와인 한 병에 얼마예요?	Combien coûte une bouteille de vin ?

얼마나 s'emploie pour demander une quantité de temps : « combien (de temps) ». Il s'utilise souvent avec le verbe 걸리다 qui signifie « prendre (du temps) ». Il n'est pas nécessaire de mentionner le mot 시간 (« temps ») dans la question car celui-ci est impliqué par le contexte. 얼마나 s'emploie également avec le verbe 되다 pour demander une taille ou une longueur : « quel(le) ».

(시간이) 얼마나 걸리나요?	Combien de temps cela prend-il ?
서울에서 부산까지 얼마나 걸려?	Ça met combien de temps (pour aller) de Séoul à Busan ?
여기에서 서점까지 거리가 얼마나 되나요?	À quelle distance sommes-nous d'ici à la librairie ?

G8.3 –에 : particule d'unité de valeur

La particule –에, que nous connaissons déjà pour sa fonction de marqueur de lieu (voir G2.4), possède une autre fonction lorsqu'elle est employée après un classificateur dénombrant une ou plusieurs entités, ou après un nom représentant une quantité ou une durée tel que 얼마 (« combien ») et 한 달 (« un mois »).

Dans ce cas, la particule –에 marque une unité de valeur ou de fréquence : « pour ; par ; tous les ».

표 한 장에 얼마예요?	Combien coûte un ticket ? / Combien pour un ticket ?
장미 한 송이에 얼마예요?	Combien coûte une rose ? / Combien pour une rose ?
그것을 얼마에 샀어요?	(Pour) combien avez-vous acheté cela ?
책 두 권에 2만 원입니다.	C'est 20 000 wons (pour) les deux livres.
컴퓨터 한 대에 100만 원이에요.	C'est 1 million de wons pour un ordinateur.
한 달에 두 번 축구를 해요.	Je joue au football deux fois par mois.
일 년에 한 번 한국에 가요.	Je vais en Corée une fois par an.

Grammaire

G8.4 Les nombres (100 à 100 milliards)

Contrairement au système numérique occidental qui divise les grands nombres en milliers, le système numérique coréen compte en myriades, c'est-à-dire en multiples de 10 000.
Ainsi, le nombre 100 000, qui en français correspond à *100 fois 1 000*, correspond en coréen à *10 fois 10 000* : 십만.
De la même manière, un million s'écrit *100 fois 10 000* (백만), dix millions s'écrit *1 000 fois 10 000* (천만), et cent millions est une unité à part entière : 억.

100	110	120	...	200	300	400	500	600	700	800	900
백	백십	백이십		이백	삼백	사백	오백	육백	칠백	팔백	구백

1000	1100	1200	...	2000	3000	4000	5000	6000	7000	8000	9000
천	천백	천이백		이천	삼천	사천	오천	육천	칠천	팔천	구천

10 000	11 000	...	100 000	110 000	...	1 000 000	...	10 000 000	...
만	만 천		십만	십일만		백만		천만	

100 000 000	200 000 000	...	1 000 000 000	10 000 000 000	100 000 000 000
일억	이억		십억	백억	천억

G8.5 –았–/–었– : marqueur de passé

L'infixe –았/었– permet de transformer un verbe au passé. Il se place entre le radical du verbe et la terminaison finale marquant le degré de politesse.
De même que pour la terminaison au présent –아요/어요, –았– s'emploie avec les verbes dont la voyelle finale (la voyelle de la dernière syllabe du radical) est ㅏ ou ㅗ, et –었– s'emploie avec tous les autres verbes.

Règle générale	Style familier	Style poli informel	Style formel
Radical en ㅏ/ㅗ	–았어	–았어요	–았습니다 / –았습니까
Autres cas	–었어	–었어요	–었습니다 / –었습니까

Copule –이다	Style familier	Style poli informel	Style formel
Après une consonne	–이었어	–이었어요	–이었습니다 / –이었습니까
Après une voyelle	–였어	–였어요	–였습니다 / –였습니까

Les cas particuliers vus pour la terminaison au présent (voir G3.1 et G6.5) s'appliquent également au passé :

Cas particulier	Exemple	Forme affirmative au passé
Radical du verbe en ㅏ	가다	가 + 았어요 → 갔어요
Radical du verbe en ㅐ	지내다	지내 + 었어요 → 지냈어요
Radical du verbe en ㅗ	보다	보 + 았어요 → 봤어요
Radical du verbe en ㅜ	주다	주 + 었어요 → 줬어요
Radical du verbe en ㅣ	마시다	마시 + 었어요 → 마셨어요
Radical du verbe en ㅂ (1)	가깝다	가까우 + 었어요 → 가까웠어요
Radical du verbe en ㅂ (2)	돕다	도오 + 았어요 → 도왔어요
Verbe 하다		하 + 었어요 → 하였어요 / 했어요
Suffixe honorifique 시	계시다	계시 + 었어요 → 계셨어요

어제는 수요일이었어요.	Hier, on était mercredi.
아침에는 비가 왔어요.	Il a plu ce matin.
지난 주말에는 부산에 갔어요.	Le week-end dernier, je suis allé(e) à Busan.
한국 영화를 봤어요.	J'ai vu un film coréen.
민주가 내 숙제를 도와줬어요.	Min-ju m'a aidé(e) pour mes devoirs.
잘 지냈어요?	Comment allez-vous ? *(litt. : Comment êtes-vous allé(es) ?)*
12시 반에 도착했습니다.	Je suis arrivé(e) à midi et demi.

G8.6 −(으)면 되다 : aller, suffire

−(으)면 되다 permet d'émettre une suggestion ou une explication : « vous pouvez … ; cela ira si vous … ». Cette forme comporte le suffixe −(으)면 qui, placé après le radical d'un verbe, permet de faire l'hypothèse que la proposition liée à ce verbe est vraie. Ce suffixe correspond à la conjonction « si » en français (voir G13.6). −면 되다 s'emploie avec un verbe dont le radical se termine par une voyelle ou par la consonne ㄹ, et −으면 되다 avec un verbe dont le radical se termine par toute autre consonne.

지하철은 강남역에서 타면 됩니다.	Vous pouvez prendre le métro à la station Gangnam.
표는 어떻게 사면 되나요?	Comment puis-je acheter un ticket ?
직진하시면 돼요.	Vous pouvez aller tout droit. / Cela ira si vous allez tout droit.
내일 9시까지 오시면 됩니다.	Vous pouvez venir demain pour 9h.
강남역까지 140번 버스를 타시면 됩니다.	Vous pouvez prendre le bus 140 jusqu'à la station Gangnam.

Grammaire

Contraction du verbe 되다

La voyelle ㅚ du radical de 되다 peut fusionner avec la voyelle ㅓ de la terminaison –어 pour devenir ㅙ. Le verbe 되다 se décline de la manière suivante au présent et au passé. Les deux formes sont correctes.

Présent	Forme normale	Forme contractée
Style familier	되어	돼
Style poli informel	되어요	돼요
Style formel	됩니다	됩니다

Passé	Forme normale	Forme contractée
Style familier	되었어	됐어
Style poli informel	되었어요	됐어요
Style formel	되었습니다	됐습니다

Vocabulaire — Leçon 8

Nom / 명사

개	classificateur général permettant de compter des objets à l'unité	아파트	appartement, cité résidentielle
개	chien, chienne	양복	costume
-궁	palais (royal)	얼마	combien
권	livre (classificateur)	와인	vin
그릇	bol (classificateur)	원	won (unité monétaire)
달	mois (durée)	이번	cet(te), cette fois-ci
대	appareil électrique, mécanique (classificateur)	자동 발매기	distributeur automatique
도	degré (température, angle)	잔	verre, tasse (classificateur)
마리	animal (classificateur)	장	objet fin et large (feuille, billet) (classificateur)
명	personne (classificateur)	장미	rose
문	porte	종이	papier
번	numéro, (nombre de) fois (classificateur)	주말	week-end
벌	vêtement (classificateur)	초	seconde
병	bouteille (classificateur)	출구	sortie
분	personne (honorifique)	컴퓨터	ordinateur
비	pluie	키	taille, grandeur
송이	fleur, grappe (de raisin) (classificateur)	표	ticket (de métro), billet (de train)
수프	soupe	호선	ligne (de métro)

Adjectif numéral / 수사

만	dix mille	천	mille
억	cent millions		

Verbe / 동사

갈아타다	changer (de moyen de transport)	사다	acheter
걸리다	prendre, demander (du temps)	쓰다	utiliser, se servir de
내리다	descendre (d'un moyen de transport), déposer	타다	prendre, monter à bord (d'un moyen de transport)

Adverbe / 부사

거의	presque, quasiment	방금	à l'instant, il y a un instant
그럼	alors, dans ce cas (forme contractée de 그러면)	얼마나	combien (de temps)
또	à nouveau, encore	오래	longtemps

Expression / 표현

어서 오세요	bienvenue, veuillez entrer

Dans les transports 이동하기

Pratique

Pour communiquer avec vos amis ou correspondants en Corée du Sud, ou tout simplement pour vous entraîner à l'écriture du *hangeul* sur ordinateur, il est important de vous familiariser à l'utilisation d'un clavier coréen.

Si vous avez l'occasion d'acquérir un « vrai » clavier coréen, vous n'aurez aucune difficulté à y localiser les lettres de l'alphabet. Sinon, sachez que tout clavier peut faire l'affaire, la condition essentielle étant que votre ordinateur soit bien configuré pour l'écriture du *hangeul* (de nombreux sites internet vous expliqueront la marche à suivre en fonction de votre système d'exploitation).

L'alphabet coréen s'adapte très bien à la disposition des touches de clavier. Les 24 lettres simples qui le composent, auxquelles s'ajoutent 2 voyelles composées, correspondent sur le clavier aux 26 lettres de l'alphabet latin. Les 14 lettres restantes (5 consonnes doubles et 9 voyelles composées) sont accessibles soit à l'aide de la touche « Maj ⇧ », ou bien en effectuant une séquence de deux touches.

Vous n'avez qu'à entrer les lettres les unes après les autres, dans l'ordre d'écriture conventionnel (de gauche à droite et de haut en bas), le logiciel de saisie se charge de former les blocs syllabiques correctement. Lorsque votre clavier est en mode coréen, vous pouvez à tout moment passer du *hangeul* à l'alphabet latin en pressant la touche « Alt Gr ».

Lettres nécessitant une manipulation simple

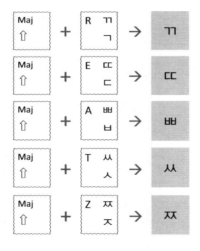

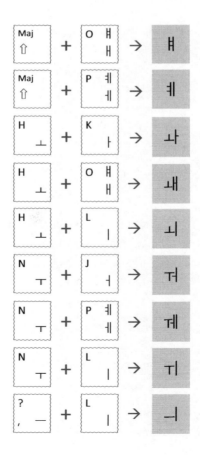

Utiliser un clavier coréen

Disposition de l'alphabet coréen sur un clavier AZERTY

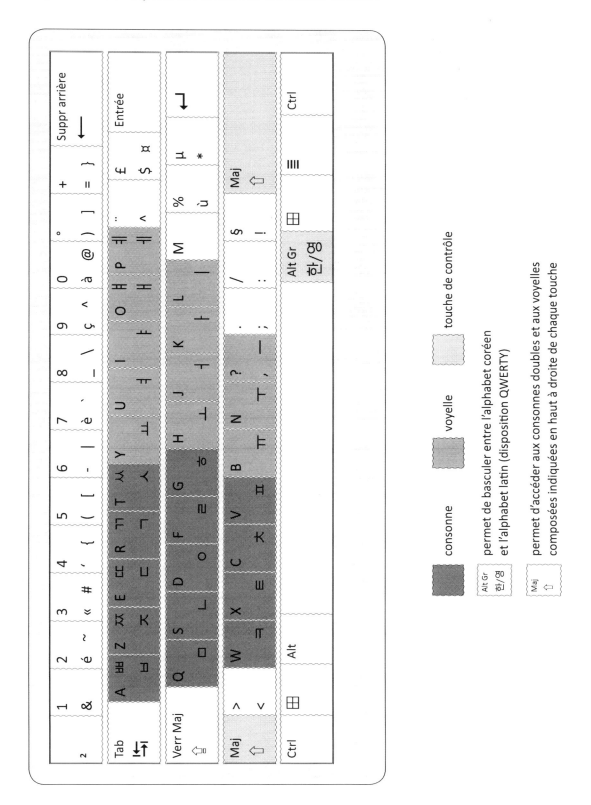

Culture et société — Les transports publics en Corée du Sud

La Corée du Sud dispose d'un réseau de transport public parmi les plus modernes et les plus pratiques au monde.

La région métropolitaine de Séoul compte une vingtaine de lignes de métro empruntées par 8 millions de personnes en moyenne chaque jour. Il est toutefois facile de s'y repérer, les indications au niveau des plate-formes et dans les rames étant claires et abondantes (et en plusieurs langues). Chaque station de métro fournit des installations pratiques telles que des toilettes, des distributeurs de boissons et de billets, des supérettes et autres petits commerces.

Le bus est un autre moyen de se déplacer facilement à Séoul et dans la région. Il existe différents types de bus selon leur couleur :
- les bus **bleus** : ils effectuent de longues distances sur les principaux axes de la capitale,
- les bus **verts** : des bus de correspondance qui relient les stations de métro,
- les bus **rouges** : des bus « express » qui relient Séoul aux villes de banlieue,
- les bus **jaunes** : des bus de quartier qui font le tour d'un arrondissement de Séoul.

Il est possible de voyager sur l'ensemble du réseau de la région métropolitaine de Séoul à l'aide d'un seul titre de transport, une carte magnétique nommée « T-money » et rechargeable dans toutes les stations et les innombrables supérettes.

Si vous souhaitez faire le tour de la péninsule, rien de plus simple avec le réseau de bus qui quadrille le territoire en long et en large. Chaque grande ville possède une gare routière (버스터미널) permettant de se rendre dans les autres villes de la région, ou bien dans les grandes villes du pays :
- les bus express (고속버스) : ils relient sans arrêt les grandes villes du pays,
- les bus interurbains (시외버스) : ils effectuent de plus courts trajets, généralement vers des villes de la même province ou de la province voisine.

Enfin, vous pouvez opter pour le rail, avec trois types de train :
- le KTX : l'équivalent du TGV français, avec son confort et sa vitesse. Il relie les principales villes du pays, par exemple Séoul à Busan en 2 h 40 min. Les rames de KTX sont équipées en Wi-Fi et en distributeurs automatiques de boissons et de nourriture,
- le Saemaeul (새마을) : le train le plus rapide avant l'arrivée du KTX en 2004. Moins cher mais aussi moins rapide que ce dernier, il effectue de plus courts trajets, généralement vers des villes de la même province ou de la province voisine,
- le Mugunghwa (무궁화) : à la fois le plus abordable et le plus lent, il est aussi celui qui dessert la plupart des régions rurales. Ce train permet aussi de voyager debout.

Leçon 9
La famille
가족

But de la leçon
Savoir parler de sa famille, s'adresser correctement aux membres de sa famille et à ses amis.

Grammaire
- Dénomination des liens de parenté
- –와/과 : particule de liaison
- –보다 : particule de comparaison
- –들 : marqueur de pluriel
- –께서 : particule de sujet (honorifique)

Dialogues

D9.1 — Quel âge as-tu ?

토마 몇 살이에요?

수영 스물네 살이에요. 토마는요?

토마 저는 스물두 살이에요. 남매가 있나요?

수영 네, 언니[1] 한 명과[2] 남동생[1] 한 명이 있어요.

Thomas	Quel âge as-tu ?
Soo-yeong	J'ai vingt-quatre ans. Et toi, Thomas ?
Thomas	Moi j'ai vingt-deux ans. As-tu des frères et sœurs ?
Soo-yeong	Oui, j'ai une grande sœur et un petit frère.

L'expression « 몇 살이에요? » est composée d'éléments que nous avons déjà abordés : le déterminant interrogatif 몇 qui exprime l'interrogation sur la quantité ou le nombre (voir G5.1), et le classificateur 살 permettant de compter l'âge (voir G8.1). Il existe une forme honorifique de cette expression : « 연세가 어떻게 되세요? ».

D9.2 — Êtes-vous mariée ?

준수 마리옹 선생님 몇 살이세요?

마리옹 서른여섯 살이에요. 준수 씨는요?

준수 저는 서른한 살이에요. 결혼하셨어요?

마리옹 네, 결혼했어요.

준수 아이가 있으세요?

마리옹 네, 아이가 둘이에요.

준수 아이들이[4] 몇 살이에요?

마리옹 딸[1]은 네 살이고 아들[1]은 두 살이에요.

Joon-soo	Marion, quel âge avez-vous ?
Marion	J'ai trente-six ans. Et vous, Joon-soo ?
Joon-soo	Moi j'ai trente-et-un ans. Êtes-vous mariée ?
Marion	Oui, je suis mariée.
Joon-soo	Avez-vous des enfants ?
Marion	Oui, j'ai deux enfants.
Joon-soo	Quel âge ont vos enfants ?
Marion	Ma fille a quatre ans, et mon fils a deux ans.

Leçon 9

En coréen, il y a plusieurs façons de dénombrer des personnes ou des choses :

- en utilisant un classificateur indiquant la nature de ce qui est compté, suivi du verbe 있다 (il y a ; avoir) : « 아이가 두 명 있어요 »
- en utilisant la copule 이다 (être) directement après le nombre, sans classificateur : « 아이가 둘이에요 »

Ces deux expressions signifient « j'ai deux enfants », la seconde étant plus courante notamment à l'oral.

D9.3 C'est l'anniversaire de ma sœur

민지   오빠[1]!

니콜라   어, 민지야!

민지   오늘 저녁에 시간 있어?

니콜라   미안해, 시간이 없어. 오늘 누나[1] 생일이야.

민지   아, 그래? 누나(가) 몇 살이야?

니콜라   열아홉 살이야. 나보다[3] 한 살 많아.

민지   선물 준비했어?

니콜라   응, 생일 케이크 샀어.

Min-ji	*Oppa* !
Nicolas	Tiens, Minji !
Min-ji	Tu as du temps (libre) ce soir ?
Nicolas	Désolé, je n'ai pas de temps. Aujourd'hui c'est l'anniversaire de ma (grande) sœur.
Min-ji	Ah, vraiment ? Quel âge elle a ?
Nicolas	Dix-neuf ans. Elle a un an de plus que moi.
Min-ji	Tu as préparé un cadeau ?
Nicolas	Oui, j'ai acheté un gâteau d'anniversaire.

En coréen, il est courant de s'adresser à des amis plus âgés que soi par des termes qui correspondent à l'origine aux membres de la famille. Ainsi, Min-ji s'adresse à Nicolas en employant le terme 오빠 (grand frère) et Nicolas parle de sa grande sœur en utilisant le terme 누나, en lieu et place de leur prénom respectif (voir G9.1).

1		2		3	
남매	frère(s) et sœur(s)	결혼하다	se marier (= 결혼을 하다)	오빠	grand frère (pour une femme)
언니	grande sœur (pour une femme)	아이	enfant	미안하다	être désolé(e)
–와/과	et, avec (particule de liaison)	딸	fille	누나	grande sœur (pour un homme)
남동생	petit frère	아들	fils	생일	anniversaire
				–보다	particule de comparaison
				선물	cadeau
				준비하다	préparer (= 준비를 하다)
				케이크	gâteau

Dialogues

Voici deux expressions utiles pour parler de l'âge d'une personne :
- 나이가 많다 : être âgé(e),
- 나이가 어리다, ou simplement 어리다 : être jeune.

Ces expressions s'emploient également pour comparer l'âge de plusieurs personnes, avec la particule de comparaison –보다 (voir G9.3) :
- ~보다 나이가 많다 : être plus âgé(e) que ~
- ~보다 X 살 많다 : avoir X ans de plus que ~
- ~보다 나이가 어리다, ou ~보다 어리다 : être plus jeune que ~
- ~보다 X 살 어리다 : avoir X ans de moins que ~

D9.4   D'où êtes-vous originaire ?

토마	선생님 고향이 어디세요?
준수	부산이에요. 토마는요, 어디에서 왔어요?
토마	브뤼셀에서 왔습니다.
준수	가족은 모두 한국에 사세요?
토마	아니요. 저만 한국에 혼자 왔습니다.
준수	가족이 몇 명이에요?
토마	모두 네 명입니다. 아버지하고 어머니, 형 그리고 저입니다.
준수	자주 만나요?
토마	자주 못 만납니다. 일 년에 한 번 만납니다. 하지만 매주 통화합니다.

Thomas	Professeur, d'où êtes-vous originaire ?
Joon-soo	De Busan. Et vous Thomas, d'où venez-vous ?
Thomas	Je viens de Bruxelles.
Joon-soo	Toute votre famille habite-t-elle en Corée ?
Thomas	Non. Je suis venu seul en Corée.
Joon-soo	Combien de personnes y a-t-il dans votre famille ?
Thomas	Nous sommes quatre en tout. Mon père et ma mère, mon grand frère et moi.
Joon-soo	Les voyez-vous souvent ?
Thomas	Je ne peux pas les voir souvent. Je les vois une fois par an. Mais je leur parle au téléphone chaque semaine.

L'expression « 어디에서 왔어요? », littéralement « d'où êtes-vous venu(e) ? » permet d'interroger quelqu'un sur sa provenance immédiate ou son pays d'origine, selon le contexte.

L'expression « 고향이 어디예요? » permet d'interroger quelqu'un sur sa ville natale, ou son pays d'origine s'il s'agit d'un étranger.

D9.5 Ma grand-mère se porte bien

마리옹 이번 주말에 뭐 하세요?

준수 토요일에 부산으로 내려가요. 할아버지¹ 생신이에요.

마리옹 할아버지께서⁵ 연세가 어떻게 되세요?

준수 일흔 살이세요.

마리옹 할머니께서는요?

준수 예순일곱 살이세요. 마리옹 선생님의 조부모님께서는요?

마리옹 할아버지께서는 여든 살이시고 할머니께서는 두 살 많으세요.

준수 두 분 다 건강하세요?

마리옹 할머니께서는 건강하시지만 할아버지께서는 편찮으세요.

Marion	Que faites-vous ce week-end ?
Joon-soo	Samedi, je descends à Busan. C'est l'anniversaire de mon grand-père.
Marion	Quel âge a votre grand-père ?
Joon-soo	Il a soixante-dix ans.
Marion	Et votre grand-mère ?
Joon-soo	Elle a soixante-sept ans. Et vos grand-parents, Marion ?
Marion	Mon grand-père a quatre-vingts ans, et ma grand-mère deux ans de plus.
Joon-soo	Sont-ils tous les deux en bonne santé ?
Marion	Ma grand-mère se porte bien, mais mon grand-père est souffrant.

4
고향	pays natal, ville natale
모두	tout(e), tou(te)s, tout le monde
혼자	seul(e)
가족	famille
아버지	père
어머니	mère
그리고	et, ensuite, et puis
통화하다	discuter par téléphone, être au téléphone (= 통화를 하다)
형	grand frère (pour un homme)

5
내려가다	descendre
할아버지	grand-père
생신	anniversaire (forme honorifique de 생일)
—께서	particule de sujet honorifique
할머니	grand-mère
조부모	grands-parents
건강하다	être en bonne santé, se porter bien

Dialogues

Si vous demandez à un Coréen son âge, il est possible qu'il vous offre deux réponses en retour : son âge tel que nous le connaissons en Occident, et son âge coréen.

En Corée, comme dans d'autres régions d'Asie de l'Est, le calcul de l'âge suit un procédé particulier basé sur le nombre d'années calendaires traversées (en l'occurrence le calendrier lunaire), plutôt que sur la durée vécue comme en Occident. Ainsi, un bébé coréen a 1 an lorsqu'il naît : il est dans sa première année lunaire. Les Coréens rajoutent ensuite un an au compteur à chaque nouvel an lunaire.

Ainsi, il y a toujours un décalage d'une à deux années entre l'âge occidental et l'âge coréen. S'il ne le précise pas, demandez bien à votre interlocuteur de quel âge il s'agit !

Grammaire

Leçon 9

G9.1 Dénomination des liens de parenté

En Corée du Sud, une société où la famille occupe une place significative, la notion de lien ou de degré de parenté revêt une importance toute particulière. Le lien ou degré de parenté a par exemple une influence sur le registre de langue à employer. De plus, il existe une myriade de termes différents pour désigner chaque personne de sa famille, proche ou éloignée ; nous nous limiterons ici aux plus courants.

Il est d'usage d'appeler un membre de sa famille plus âgé que soi par le terme désignant le lien de parenté qu'il entretient avec vous, plutôt que par son nom. Le tableau suivant liste les termes les plus courants :

아버지 (아빠)	père (papa)
어머니 (엄마)	mère (maman)
부모	parents
동생	petit frère ou petite sœur
남동생	petit frère
여동생	petite sœur
형	grand frère (pour un homme)
오빠	grand frère (pour une femme)
누나	grande sœur (pour un homme)
언니	grande sœur (pour une femme)
남매	frères et sœurs
할아버지	grand-père
할머니	grand-mère
조부모	grands-parents
아들	fils
딸	fille

Certains termes peuvent s'employer avec des proches ne faisant pas partie de la famille, mais ayant un âge qui convient bien au terme employé. Ainsi, il est courant pour un homme d'appeler 누나 (grande sœur) une amie un peu plus âgée, ou pour une femme d'appeler 오빠 (grand frère) un ami un peu plus âgé. Il est aussi courant dans un commerce d'entendre une cliente appeler une employée d'âge similaire 언니 (grande sœur).

누나가 이번 주말에 결혼해요.	Ma grande sœur se marie ce week-end.
어제 밤에 할아버지께서 돌아가셨습니다.	Mon grand-père est décédé la nuit dernière.
언니! 물 좀 주세요. *(à une serveuse de restaurant)*	*Eonni* ! Puis-je avoir de l'eau, s'il vous plaît ?

Grammaire

G9.2 −와/과 : particule de liaison

La particule −와/과 a une fonction similaire à la particule −하고 (voir G4.2) :
- d'une part, c'est une particule de liaison qui permet de relier deux noms dans une phrase et correspond à la conjonction de coordination « et » en français,
- d'autre part, c'est une particule d'accompagnement ou de comparaison qui signifie « avec », et qui se place après le deuxième élément pour indiquer la personne ou l'objet qui accompagne le premier élément (le premier élément peut être omis s'il est impliqué par le contexte). Dans ce cas, −와/과 est souvent suivi de l'adverbe 함께 qui signifie « ensemble, avec ».

−와 s'emploie lorsque le mot précédant se termine par une voyelle, et −과 lorsqu'il se termine par une consonne.

농구와 수영을 좋아해요.	J'aime le basket-ball et la natation.
아들과 딸의 나이는 4살과 8살이에요.	Mon fils et ma fille ont 4 et 8 ans.
친구와 (함께) 테니스를 쳤어요.	J'ai joué au tennis avec un ami.
가족과 (함께) 부산으로 내려갔어요.	Je suis descendu(e) à Busan avec ma famille.

G9.3 −보다 : particule de comparaison

La particule −보다 permet de comparer deux ou plusieurs éléments. Elle se place après l'élément servant de référence pour la comparaison (en général, le premier élément).

Cette particule est suffisante pour exprimer le comparatif de supériorité (en français : « plus… que »), mais on peut également rajouter l'adverbe comparatif 더 (« plus ; davantage ») devant le verbe ou l'adjectif. 더 reste toutefois facultatif et est omis dans la plupart des cas.

En revanche, pour exprimer le comparatif d'infériorité (en français : « moins… que »), il est indispensable d'employer l'adverbe 덜 (« moins ; pas assez ») devant le verbe ou l'adjectif.

Comparatif de supériorité	−보다 (더)
Comparatif d'infériorité	−보다 덜

Comparatif de supériorité	**Comparatif d'infériorité**
서울은 파리보다 사람들이 (더) 많아요.	파리는 서울보다 사람들이 덜 많아요.
Il y a plus de monde à Séoul qu'à Paris.	Il y a moins de monde à Paris qu'à Séoul.
택시는 버스보다 (더) 비싸요.	버스는 택시보다 덜 비싸요.
Le taxi est plus cher que le bus.	Le bus est moins cher que le taxi.
오늘은 어제보다 (더) 추워요.	오늘은 어제보다 덜 추워요.
Aujourd'hui, il fait plus froid qu'hier.	Aujourd'hui, il fait moins froid qu'hier.

> Notez qu'il est souvent plus naturel d'employer le comparatif de supériorité que le comparatif d'infériorité, en utilisant un verbe de sens contraire. Ainsi, au lieu de dire :
>
> 서울에서는 대전이 부산보다 덜 멀어요.
> Daejeon est moins loin de Séoul que Busan.
>
> ... on préférera employer le comparatif de supériorité suivant :
>
> 서울에서는 대전이 부산보다 가까워요.
> Daejeon est plus proche de Séoul que Busan.

G9.4   –들 : marqueur de pluriel

Le suffixe –들 peut se placer après un nom dénombrable ou un pronom pour marquer le pluriel. Le coréen n'étant pas une langue qui distingue le singulier et le pluriel, son usage est facultatif et il est omis dans la plupart des cas. Toutefois, il est d'usage de l'utiliser dans certaines circonstances, notamment lorsque l'on parle d'un groupe de personnes ou d'animaux.

Le suffixe –들 se place directement après le nom auquel il se rapporte, et donc devant toute autre particule telle que les particules de sujet, de thème et de liaison.

아이들은 몇 살이에요?	Quel âge ont vos enfants ?
그분들은 어디에서 오셨어요?	D'où viennent-ils ?
한국에는 중국 사람들이 많아요.	Il y a beaucoup de Chinois en Corée.
제 친구들과 영화를 봤어요.	J'ai regardé un film avec mes amis.

G9.5   –께서 : particule de sujet (honorifique)

La particule –께서 est la forme honorifique de la particule de sujet –이/가 (voir G1.1). Elle permet d'exprimer le respect vis-à-vis de la personne désignée par le sujet. En général, le verbe de la phrase prend le suffixe honorifique –(으)시 (voir G2.5).

선생님께서 학교에 오셨어요.	Le professeur est arrivé à l'école.
할아버지께서 편찮으세요.	Mon grand-père est souffrant.
어머니께서 여행을 가셨어요.	Ma mère est partie en voyage.
사장님께서 안 계세요.	Le patron est absent.

Vocabulaire

Nom / 명사

가족	famille	아버지	père
고향	pays natal, ville natale	아빠	papa
남동생	petit frère	아이	enfant
남매	frères et sœurs	어머니	mère
누나	grande sœur (pour un homme)	언니	grande sœur (pour une femme)
동생	petit frère ou petite sœur	여동생	petite sœur
딸	fille	오빠	grand frère (pour une femme)
부모	parents	조부모	grands-parents
생신	anniversaire (forme honorifique de 생일)	케이크	gâteau
생일	anniversaire	할머니	grand-mère
선물	cadeau	할아버지	grand-père
아들	fils	형	grand frère (pour un homme)

Particule / 조사

–께서	particule de sujet honorifique	–와/과	et, avec (particule de liaison)
–보다	particule de comparaison		

Adjectif (verbe descriptif) / 형용사

건강하다	être en bonne santé, se porter bien	미안하다	être désolé(e)

Verbe / 동사

결혼하다	se marier (= 결혼을 하다)	준비하다	préparer (= 준비를 하다)
내려가다	descendre	통화하다	discuter par téléphone, être au téléphone (= 통화를 하다)

Adverbe / 부사

그리고	et, ensuite, et puis	함께	ensemble, avec
덜	moins, pas assez	혼자	seul(e)
모두	tout(e), tou(te)s, tout le monde		

Leçon 10
Le quotidien
하루 생활

But de la leçon
Savoir parler de son quotidien, raconter sa journée et ses projets à venir.

Grammaire
- -쯤 : environ, à peu près, vers
- -ㄴ/은 : suffixe du passé ou du présent
- 가장 / 제일 : adverbes superlatifs
- -부터 … -까지 : de … à …
- -(으)ㄹ 것이다/거다 : le futur
- Verbes irréguliers en ㄷ

Dialogues

D10.1 — Je me couche vers 11h

민지 아침에 몇 시에 일어나?

니콜라 매일 일곱 시 반에 일어나.

민지 밤에 몇 시에 자?

니콜라 열한 시 쯤에[1] 자.

Min-ji	À quelle heure tu te lèves le matin ?
Nicolas	Je me lève chaque jour à sept heures et demie.
Min-ji	À quelle heure tu te couches le soir?
Nicolas	Je me couche vers 11h.

Dans la partie D4.1, nous avons vu le terme 매주 qui signifie « chaque semaine ». Ce terme est composé de 매, « chaque », et de 주 qui signifie « semaine ». Il est possible de construire d'autres expressions indiquant la fréquence sur ce même modèle en employant les classificateurs de temps que nous connaissons (voir G8.1) :

- 초 : seconde → 매초 : chaque seconde
- 분 : minute → 매분 : chaque minute
- 시간 : heure → 매시간 : chaque heure
- 주 : semaine → 매주 : chaque semaine
- 월 : mois → 매월 : chaque mois
- 년 : année → 매년 : chaque année

D10.2 — Je ne prends pas de petit-déjeuner

수영 아침 식사(를) 하고 학교(에) 가요?

토마 아니요, 아침 식사는 안 해요.

수영 하루 중 제일[2] 중요한[3] 식사는 아침이에요.

토마 저도 잘 알지만 아침에는 시간이 없어요.

Soo-yeong	Prends-tu ton petit déjeuner avant d'aller à l'école ?
Thomas	Non, je ne prend pas de petit-déjeuner.
Soo-yeong	Le repas le plus important de la journée est le petit-déjeuner.
Thomas	Oui je sais bien, mais je n'ai pas de temps le matin.

Dans la partie G6.4 nous avons vu que le suffixe conjonctif —고, lorsqu'il relie deux actions exécutées par la même personne, marque un ordre chronologique entre elles : « *action A* puis *action B* ». Toutefois, dans certains cas et selon le contexte, plutôt que l'enchaînement chronologique des actions, c'est l'une des deux actions qui est mise en valeur par rapport à l'autre dans la phrase. Prenons les deux phrases suivantes pour exemple :

> 아침 식사를 하**고** 학교에 가요.
> Je prends mon petit déjeuner **puis** je vais à l'école.
> Je prends mon petit déjeuner **avant d'**aller à l'école.

Selon le contexte et l'intonation employée, cette phrase peut mettre l'accent sur le fait de prendre son petit-déjeuner avant d'aller à l'école (par opposition au fait de ne pas le prendre, ou de le prendre après s'être rendu à l'école), plutôt que de simplement lister les deux actions consécutives de prendre son petit-déjeuner puis d'aller à l'école. En français, cela se traduirait par « Je prends mon petit-déjeuner avant d'aller à l'école ».

> 버스를 타**고** 집에 가요.
> Je prends le bus **puis** je rentre chez moi.
> Je prends le bus **pour** rentrer chez moi.

Ici, on peut mettre en valeur le fait de prendre le bus pour rentrer chez soi, plutôt que les deux actions consécutives de prendre le bus puis de rentrer chez soi.

D10.3   J'ai cours de 14h à 17h

토마   오늘 수업(은) 몇 시부터⁴ 몇 시까지⁴ 있어요?

수영   오후 두 시부터 다섯 시까지 수업이 있어요.

토마   수업(이) 끝나고 약속(이) 있어요?

수영   네, 명동에서 친구(를) 만날 거예요⁵.

토마   친구와 함께 뭐 할 거예요?

수영   저녁(을) 먹고 영화(를) 볼 거예요.

토마   영화(를) 보고 집에 갈 거예요?

수영   네, 버스(를) 타고 집에 갈 거예요.

1	일어나다	se lever	2	아침 (식사)	petit-déjeuner	3	–부터	de, depuis, dès
				하루	un jour, une journée		끝나다	finir, se terminer
				중	parmi, pendant, au cours de		저녁 (식사)	dîner
				제일	le plus, la plus, premier(ère)			
				중요하다	être important			
				식사	repas			

Dialogues

Thomas	De quelle heure à quelle heure as-tu cours aujourd'hui ?
Soo-yeong	J'ai cours de 14h à 17h.
Thomas	As-tu un rendez-vous après les cours ?
Soo-yeong	Oui, je vais voir un ami à Myeong-dong.
Thomas	Que vas-tu faire avec ton ami ?
Soo-yeong	Nous allons dîner puis voir un film.
Thomas	Tu rentreras à la maison après avoir vu le film ?
Soo-yeong	Oui, je rentrerai en bus.

Alors que nous connaissons la forme « –에서 … –까지 » pour indiquer une borne spatiale (« de *endroit A* à *endroit B* », voir G6.1), ce dialogue introduit la forme « –부터 … –까지 » qui permet cette fois-ci d'indiquer une borne temporelle : « de *instant X* à *instant Y* »).

Ce dialogue introduit également un nouveau temps, ou plutôt une autre forme d'un temps que nous avons déjà abordé (voir G7.3) : le futur. La forme future employée ici est la forme la plus courante, celle qui correspond souvent en français au futur proche (« je vais faire qqch ») ou au futur simple (« je ferai qqch »).

D10.4 Je vais à l'académie après le travail

마리옹	김준수 선생님, 오늘 저녁에 회식에 오실 거예요?
준수	오늘 퇴근하고 학원에 갈 거예요. 야간 수업이 있어요.
마리옹	학원에서 무슨 수업을 들으세요?
준수	매주 수요일 저녁에 영어 수업을 들어요.
마리옹	수업이 몇 시에 끝나요?
준수	일곱 시부터 아홉 시까지예요
마리옹	그러면 수업이 끝나고 회식에 오실 거예요?
준수	네, 그렇게 하겠습니다.

Marion	Monsieur Kim, viendrez-vous au repas entre collègues ce soir ?
Joon-soo	Je vais aller à l'académie après le travail. J'ai un cours du soir.
Marion	Quel cours suivez-vous à l'académie ?
Joon-soo	Je suis un cours d'anglais tous les mercredis.
Marion	À quelle heure le cours se termine-t-il ?
Joon-soo	C'est de sept heures à neuf heures.
Marion	Alors, viendrez-vous au repas après le cours ?
Joon-soo	Oui, je n'y manquerai pas.

Ce dialogue fait intervenir trois formes temporelles différentes : le présent, le futur avec marqueur d'intention –겠–, et le futur à la forme –ㄹ 것이다.

Comme en français, il est courant en coréen d'utiliser le présent pour parler de faits qui se dérouleront dans un avenir proche, ou encore de faits habituels ou chroniques. Ainsi, pour parler de l'emploi du temps du jour, plutôt que d'employer le futur ...

오늘 무슨 수업이 있을 거야?　Quel cours auras-tu aujourd'hui ?
수업이 몇 시에 끝날 거야?　A quelle heure finira ton cours ?

... il est plus naturel d'employer le présent :

오늘 무슨 수업이 있어?　Quel cours as-tu aujourd'hui ?
수업이 몇 시에 끝나?　A quelle heure finit ton cours ?

Enfin, la dernière phrase du dialogue emploie le futur avec marqueur d'intention –겠– afin de souligner l'engagement, la volonté ferme du locuteur. Cette forme permet également de rendre la phrase plus humble et respectueuse.

D10.5　Qu'allez-vous faire après les cours ?

(한국어 수업 동안)

준수　니콜라 학생, 아침에는 뭐 했어요?

니콜라　오늘 아침에 여섯 시 반에 일어났습니다.
아침을 먹고 이를 닦고 샤워를 했습니다.

준수　학교는 몇 시에 왔어요?

니콜라　아홉 시까지 학교에 왔습니다. 그리고 수학 수업을 들었습니다[6].
점심을 먹고 두 시부터 네 시까지 문학 수업을 들었습니다.

준수　수업(이) 끝나고 뭐 할 거예요?

니콜라　수업이 끝나고 숙제를 하고 친구들을 만날 겁니다.
그리고 친구들과 함께 저녁을 먹고 한잔할 겁니다.

준수　몇 시에 집에 돌아갈 거예요?

니콜라　열한 시쯤에 친구들과 헤어지고 버스를 타고 집에 돌아갈 겁니다.
세수를 하고 잘 겁니다.

4	회식	repas entre collègues	5	이	dent		숙제	devoir (d'école)
	퇴근하다	quitter le bureau (= 퇴근을 하다)		닦다	se brosser (les dents), frotter		한잔하다	prendre un verre, boire un coup (= 한잔을 하다)
	학원	académie, institut privé		샤워	douche			
	야간	du soir, de nuit, nocturne		수학	mathématiques		돌아가다	retourner, rentrer
	듣다	écouter, entendre, suivre (un cours)		점심	déjeuner		헤어지다	se séparer de (qqn), quitter (qqn)
	그렇게	ainsi, comme ça		문학	littérature		세수	toilette (des mains et du visage)

Dialogues

(pendant le cours de coréen)

Joon-soo   Nicolas, qu'avez-vous fait ce matin ?
Nicolas   Ce matin je me suis levé à six heures et demie. J'ai pris mon petit-déjeuner, je me suis brossé les dents puis j'ai pris une douche.
Joon-soo   À quelle heure êtes-vous arrivé à l'école ?
Nicolas   Je suis arrivé à l'école pour neuf heures. Ensuite j'ai suivi un cours de mathématiques. J'ai déjeuné puis j'ai suivi un cours de littérature de deux heures à quatre heures.
Joon-soo   Qu'allez-vous faire après les cours ?
Nicolas   Après les cours, je vais faire mes devoirs puis voir mes amis. Je vais dîner et prendre un verre avec eux.
Joon-soo   À quelle heure rentrerez-vous à la maison ?
Nicolas   Je vais quitter mes amis vers onze heures puis rentrer chez moi en bus. Je vais me laver la figure puis me coucher.

Voici les termes correspondant aux trois repas de la journée :
- 아침 식사 : petit-déjeuner (forme abrégée : 아침)
- 점심 : déjeuner,
- 저녁 식사 : dîner (forme abrégée : 저녁)

Notez que le verbe 하다 (« faire, effectuer ») employé avec ces termes ne signifie pas « faire, préparer » le repas, mais « prendre, manger » le repas. « Préparer » un repas nécessite l'emploi du verbe 준비하다 :
- 아침 식사를 **하다** : prendre son petit-déjeuner,
- 아침 식사를 **준비하다** : préparer le petit-déjeuner.

La forme abrégée s'emploie quand à elle avec le verbe 먹다 (« manger ») :
- 아침을 **먹다** : prendre son petit-déjeuner,
- 저녁을 **먹다** : dîner.

Grammaire

Leçon 10

G10.1 –쯤 : environ, à peu près, vers

Le suffixe –쯤 signifie « environ ; à peu près ; vers ». Il s'emploie le plus souvent après un nom exprimant le temps ou une quantité. Il se place directement après le nom auquel il se rapporte, et donc devant toute autre particule telle que les particules de sujet, de temps ou de liaison.

> 오후 6시쯤에 퇴근해요.　　　　　Je quitte le bureau vers 18h.
> 어제 파티에 백 명쯤이 왔어요.　　Une centaine de personnes sont venues à la fête hier.

G10.2 –ㄴ/은 : suffixe du passé ou du présent

Le suffixe –ㄴ/은 a deux fonctions, selon qu'il est placé après le radical d'un verbe ou d'un adjectif :
- employé avec un verbe d'action (« 먹다 ; 공부하다, etc. »), il indique que l'action est terminée : « 내가 먹은 음식 » (« le plat que j'ai mangé »), « 한국어를 공부한 학생들 » (« les étudiants qui ont étudié le coréen »). C'est la forme au passé du suffixe –는 (voir G7.5).

Verbe	Radical + –ㄴ/은	Exemple	
사다	산	제가 산 가방은 비싸요.	Le sac que j'ai acheté est cher.
공부하다	공부한	한국어를 공부한 학생들이 많아요.	Il y a beaucoup d'étudiants qui ont étudié le coréen.
먹다	먹은	제가 먹은 음식이 맛있었어요.	Le plat que j'ai mangé était délicieux.
보다	본	어제 본 영화가 재미있어요.	Le film que j'ai regardé hier est intéressant.

- employé avec un adjectif ou verbe descriptif (« 좋다 ; 많다 ; 비싸다, etc. »), ou avec la copule 이다, il indique l'état présent d'une entité : « 비싼 책 » (« un livre qui est cher, un livre cher »), « 좋은 사람 » (« une personne qui est bonne, une bonne personne »).

Verbe	Radical + –ㄴ/은	Exemple	
비싸다	비싼	비싼 가방을 샀어요.	J'ai acheté un sac (qui est) cher
좋다	좋은	언니는 좋은 사람을 만났어요.	Ma grande sœur a rencontré quelqu'un de bien / une bonne personne.
건강하다	건강한	그는 아주 건강한 남자예요.	C'est un homme (qui est) en très bonne santé.

–ㄴ s'emploie avec les verbes ou adjectifs dont le radical se termine par une voyelle, et –은 avec les verbes ou adjectifs dont le radical se termine par une consonne.

Grammaire

G10.3 가장 / 제일 : adverbes superlatifs

Les adverbes 가장 et 제일 (« le plus ; la plus ; les plus ») permettent de formuler un superlatif, c'est-à-dire d'indiquer un degré extrême, ou le plus élevé parmi un groupe d'éléments. Les adverbes 가장 et 제일 sont synonymes et s'emploient de la même manière.

이 가방은 가장 비싸요.	Ce sac est le plus cher.
가족이 제일 중요해요.	La famille est le plus important.
민주가 우리 학교에서 가장 공부를 잘 해요.	Min-joo étudie le mieux dans notre école.
우리 가족 중에서 키가 제일 큰 사람은 아빠예요.	Mon papa est le plus grand de la famille.
액션 영화는 내가 가장 좋아하는 영화야.	Les films d'actions sont les films que j'aime le mieux.
오늘은 올해의 가장 추운 날이에요.	Aujourd'hui est le jour le plus froid de l'année.
중국은 세계에서 인구가 제일 많은 나라예요.	La Chine est le pays le plus peuplé au monde.

G10.4 –부터 ... –까지 : de ... à ...

La particule –부터 indique un point de départ temporel ou spatial :
- employée après un nom indiquant un lieu ou un point dans l'espace, elle indique que ce lieu est le point de départ d'une action ou d'un mouvement : « de ; depuis ; dès ». Elle est dans ce cas équivalente à la particule –에서 (voir G6.1).
- employée après un nom indiquant un point temporel (une heure, une date, etc.), elle indique que ce point temporel est le début d'une action ou d'un état : « de ; depuis ; à partir de ».

Nom	Nom + 부터	Exemple	
시	시부터	오후 2시부터 수업이 있어요.	J'ai un cours à partir de 14h.
아침	아침부터	요즘은 아침부터 날씨가 더워요.	Ces jours-ci, il fait chaud dès l'aube.

La particule –까지, comme nous l'avons vu dans la partie G6.1, se place après un nom pour indiquer le point d'arrivée spatial, la destination. Elle indique également le point d'arrivée temporel, la fin d'une action ou d'un état : « à ; jusqu'à ».

Les particules –에서 et –까지 permettent ainsi de définir une borne temporelle ou spatiale : « de... à... ; depuis... jusqu'à...».

오전 9시부터 오후 6시까지 일을 해요.	Je travaille de 9h à 18h.
7월 15일부터 8월 5일까지 파리에 있을 거예요.	Je serai à Paris du 15 juillet au 5 août.
10쪽부터 15쪽까지 읽어 주세요.	Veuillez me lire de la page 10 à la page 15.

G10.5 −(으)ㄹ 것이다/거다 : le futur

La forme verbale −(으)ㄹ 것이다 permet de conjuguer un verbe au futur. Elle se place après le radical du verbe.

−(으)ㄹ 것이다 comporte la copule −이다 qui se décline selon les registres de langue. Cette forme permet aussi bien d'exprimer le futur proche (« je vais faire ») que le futur simple (« je ferai »).

−을 것이다 s'emploie après un verbe se terminant par une consonne, et −ㄹ 것이다 après un verbe se terminant par une voyelle. −(으)ㄹ 거다 est la forme contractée, utilisée notamment à l'oral.

Forme courante –ㄹ 것이다	Style familier	Style poli informel	Style formel
Après une consonne	–을 것이야	–을 것이에요	–을 것입니다
Après une voyelle	–ㄹ 것이야	–ㄹ 것이에요	–ㄹ 것입니다

Forme contractée –ㄹ 거다	Style familier	Style poli informel	Style formel
Après une consonne	–을 거야	–을 거예요	–을 겁니다
Après une voyelle	–ㄹ 거야	–ㄹ 거예요	–ㄹ 겁니다

Parmi les cas particuliers abordés pour les terminaisons au présent et au passé (voir G3.1, G6.5 et G8.5), le cas suivant s'applique également au futur :

Cas particulier	Exemple	Forme affirmative au futur
Radical du verbe en ㅂ	가깝다	가까우 + ㄹ 거예요 → 가까울 거예요

> Contrairement aux temps présent et passé, les verbes dont le radical n'est composé que d'une seule syllabe se terminant par la consonne ㅂ et dont la voyelle est ㅏ ou ㅗ (voir G6.5) se déclinent de la même manière que les autres verbes irréguliers :
> - 돕다 → 도울 거예요

Cas particulier : radicaux se terminant par la consonne ㄹ

Lorsque le radical du verbe se termine par la consonne ㄹ, cette consonne fusionne avec la consonne ㄹ de la forme du futur.

Verbe	Radical	Forme affirmative au futur
살다	살	살 + ㄹ 거예요 → 살 거예요
멀다	멀	멀 + ㄹ 거예요 → 멀 거예요

Grammaire

Verbe	Radical	Exemple	
만나다	만나	토요일 밤에는 내 친구들을 만날 거예요.	Samedi soir, je vais voir mes ami(e)s.
자다	자	오늘 밤에 일찍 잘 거예요.	Je vais me coucher tôt ce soir.
걸리다	걸리	5분쯤 걸릴 거야.	Cela prendra environ 5 minutes.
사다	사	지하철 표 두 장 살 거예요.	Je vais acheter deux tickets de métro.
결혼하다	결혼하	너는 언제 결혼할 거야?	Quand vas-tu te marier ?
돌아오다	돌아오	사장님은 두 시간 후에 돌아오실 겁니다.	Le directeur sera de retour dans deux heures.
도와주다	도와주	너를 도와줄 거야.	Je t'aiderai.
살다	살	프랑스에서 오래 살 거야?	Tu vas habiter longtemps en France ?

G10.6 Verbes irréguliers en ㄷ

Certains verbes dont le radical se termine par la consonne ㄷ sont irréguliers : la consonne finale ㄷ se transforme en ㄹ lorsque la terminaison qui suit commence par une voyelle.

Voici pour illustration la déclinaison du verbe 듣다 (« écouter ; entendre ») :

듣다	Style familier	Style poli informel	Style formel
Passé	들었어	들었어요	들었습니다
Présent	들어	들어요	듣습니다
Futur (1)	듣겠어	듣겠어요	듣겠습니다
Futur (2)	들을 거야	들을 거예요	들을 겁니다

듣다	Suffixe présent	Suffixe passé
	듣는	들은

Vocabulaire — Leçon 10

Nom / 명사

가방	sac	이	dent
문학	littérature	인구	population
샤워	douche	저녁 식사	dîner (forme abrégée : 저녁)
세계	monde, terre	점심	déjeuner
세수	toilette (des mains et du visage)	중	parmi, pendant, au cours de
수학	mathématiques	쪽	page (classificateur)
식사	repas	파티	fête
아침 식사	petit-déjeuner (forme abrégée : 아침)	하루	un jour, une journée
야간	du soir, de nuit, nocturne	학원	académie, institut privé
올해	cette année	회식	repas entre collègues
요즘	ces jours-ci, en ce moment		

Particule / 조사

–부터	de, depuis, dès

Adjectif (verbe descriptif) / 형용사

중요하다	être important	크다	être grand, gros

Verbe / 동사

끝나다	finir, se terminer	일어나다	se lever
닦다	se brosser (les dents), frotter	읽다	lire
돌아가다	retourner, rentrer	퇴근하다	quitter le bureau (= 퇴근을 하다)
돌아오다	revenir	한잔하다	prendre un verre, boire un coup (= 한잔을 하다)
듣다	écouter, entendre, suivre (un cours)	헤어지다	se séparer de (qqn), quitter (qqn)

Adverbe / 부사

그렇게	ainsi, comme ça	제일	le plus, la plus, premier(ère)
일찍	tôt, de bonne heure		

Euljiro, Séoul

Leçon 11
Les voyages
여행

But de la leçon
Savoir raconter ses voyages et ses activités du week-end.

Grammaire
- -(으)러 가다 / 오다 : aller / venir pour
- -(으)ㄹ 수 있다/없다 : (ne pas) pouvoir
- Verbes irréguliers en 르
- -아서/어서 : suffixe de cause
- -(으)ㄴ 지 … 되었다 : cela fait … que
- Verbes irréguliers en ―

Dialogues

D11.1 — Je vais à Daejeon ce week-end

민지 나 이번 주말에 대전(에) 갈 거야.

니콜라 뭐 하러 갈 거야[1]?

민지 생일 파티 있어.

니콜라 거기에 친구 있어?

민지 응, 있어. 초등학교 친구 생일이야.

Min-ji	Je vais à Daejeon ce week-end.
Nicolas	Que vas-tu y faire ?
Min-ji	J'ai une fête d'anniversaire.
Nicolas	Tu as des amis là-bas ?
Min-ji	Oui. C'est l'anniversaire d'un ami d'école primaire.

Voici trois pronoms démonstratifs permettant de désigner un lieu en fonction de la distance :
- 여기 désigne un endroit proche du locuteur : « ici »
- 거기 désigne un endroit proche de l'interlocuteur : « là »
- 저기 désigne un endroit éloigné du locuteur et de l'interlocuteur, mais tout de même visible par le locuteur : « là-bas »

거기 permet également de désigner un lieu mentionné auparavant dans la conversation, comme c'est le cas dans ce dialogue. Il correspond en français aux adverbes « là ; là-bas ».

D11.2 — Nous sommes allés skier la nuit dernière

민지 어제 토마하고 스키 타러 갔어요?

수영 네, 어젯밤에 수업 끝나고 스키(를) 타러 갔어요.

민지 밤에도 스키(를) 탈 수 있어요[2]?

수영 네, 야간 스키예요. 새벽까지 탈 수 있어요.

Min-ji	Es-tu allée skier avec Thomas hier ?
Soo-yeong	Oui, nous sommes allés skier la nuit dernière après les cours.
Min-ji	Il est possible de skier même la nuit ?
Soo-yeong	Oui, c'est le ski de nuit. On peut skier jusqu'à l'aube.

어젯밤, ou « hier soir », est la forme contractée de « 어제의 밤 », littéralement « la nuit d'hier ». Seul 어젯밤 s'utilise couramment.

Leçon 11

D11.3 — J'ai grimpé le mont Halla

수영   지난 주말에 뭐 했어요?

토마   등산하러 제주도에 갔어요.

수영   등산하러 제주도까지 갔어요?

토마   네. 거기(에)는 풍경이 아름다워요.

수영   어떤 산에 올랐어요[3]?

토마   한라산에 올랐어요. 대한민국에서 제일 높은 산이에요.
제주도에 간 적(이) 있어요?

수영   없어요. 서울에서 너무 멀어서[4] 못 갔어요. 어땠어요?

토마   가을이라서[4] 매우 아름다웠어요.

Soo-yeong	Qu'as-tu fait le week-end dernier ?
Thomas	Je suis allé à l'île de Jeju pour faire de la randonnée en montagne.
Soo-yeong	Tu es allé jusqu'à l'île de Jeju pour faire de la randonnée en montagne ?
Thomas	Oui, là-bas les paysages sont beaux.
Soo-yeong	Sur quelle montagne es-tu monté ?
Thomas	J'ai grimpé le mont Halla. C'est le mont le plus haut de Corée du Sud. Tu es déjà allée sur l'île de Jeju ?
Soo-yeong	Non, je n'ai pas pu y aller car c'est trop loin de Séoul. C'était comment ?
Thomas	Puisque nous sommes en automne, c'était très beau.

적 est un nom dépendant qui exprime le moment ou l'occasion. Il ne s'emploie jamais seul, mais toujours après le suffixe du passé −ㄴ/은 (voir G10.2) ou du futur −ㄹ/을 (voir G17.1). L'expression utilisée dans ce dialogue, « −ㄴ 적이 있다 », signifie « avoir eu l'occasion de … ; avoir déjà … » :

파리에 **간 적이 있어요**.   Je **suis déjà** allé(e) à Paris.
그 사람을 **본 적이 있어요**.   J'**ai déjà** vu cette personne.

Sa forme contraire est « −ㄴ 적이 없다 » (« ne pas avoir eu l'occasion de ; n'avoir jamais … ») :

한국 영화를 **본 적이 없어요**.   Je **n'ai jamais** vu de film coréen.
지하철을 **탄 적이 없어요**.   Je **n'ai jamais** pris le métro.

1			2			3		
	생일 파티	fête d'anniversaire		타다	faire (du ski, du vélo)		−도	île
	거기	là, là-bas		어젯밤	la nuit dernière, hier soir		풍경	paysage, vue
							아름답다	être beau, belle, joli(e)
							−산	mont
							오르다	monter, grimper
							높다	être haut(e), élevé(e)
							가을	automne

Les voyages 여행

Dialogues

D11.4 — On a vraiment passé un bon moment

민지   부모님께서 한국에 잘 도착하셨어요?
토마   응, 어제 모두 함께 경복궁을 구경하러 갔어.
민지   그래요? 저는 경복궁에 한 번도 간 적이 없어요. 어땠어요?
토마   날씨가 좋아서⁴ 정말 즐거웠어.
민지   입장료(가) 비싸지 않아요?
토마   아니, 싸. 입장료가 3,000원이야.
민지   지하철 타고 갈 수 있어요?
토마   응, 3호선을 타고 경복궁역에서 내리면 돼.

Min-ji	Tes parents sont bien arrivés en Corée ?
Thomas	Oui, hier nous sommes allés visiter le palais Gyeongbok ensemble.
Min-ji	Ah oui ? Je ne suis jamais allée au palais de Gyeongbok. C'était comment ?
Thomas	Il a fait beau, donc c'était vraiment agréable.
Min-ji	Le prix d'entrée n'est-il pas élevé ?
Thomas	Non, ce n'est pas cher. L'entrée est à 3 000 wons.
Min-ji	Peut-on y aller en métro ?
Thomas	Oui, tu peux prendre la ligne 3 et descendre à la station « Palais de Gyeongbok ».

Nous avons vu dans la partie G1.5 la particule auxiliaire −도 qui indique une égalité ou une équivalence entre deux éléments (« aussi, non plus »). Une autre fonction de cette particule est l'accentuation ou l'emphase.

Dans une phrase à la forme affirmative, la particule emphatique −도 signifie « même » :

    아침에**도** 너무 더워요.   Il fait trop chaud, **même** le matin.

Dans une phrase à la forme négative, elle signifie « pas même ; même pas » :

    그는 전화**도** 하지 않았어요.   Il n'a **même pas** téléphoné.

Ainsi, la forme utilisée dans ce dialogue (한 번도 + *négation*) signifie « pas même une fois » :

    저는 그를 한 번**도** 본 적이 없어요.
    Je ne l'ai jamais vu, **pas même** une fois.

Leçon 11

D11.5 — Je n'ai pas pu beaucoup voyager

준수   마리옹 선생님, 한국에 오신 지⁵ 얼마나 됐어요?

마리옹   한국에서 산 지 1년(이) 됐어요.

준수   그동안 한국에서 여행을 하실 수 있었어요?

마리옹   바빠서⁶ 여행을 많이 못 했지만 서울을 좀 구경할 수 있었어요.

준수   어디를 구경하셨어요?

마리옹   남산 타워에도 갔고 경복궁에도 갔고 그리고 명동에도 갔어요.

준수   어디가 제일 좋으셨어요?

마리옹   글쎄요, 다 좋았어요. 하지만 저는 길거리 음식이 좋아서 특히 명동이 마음에 들었어요.

Joon-soo	Marion, cela fait combien de temps que vous êtes arrivée en Corée ?
Marion	Cela fait un an que je vis en Corée.
Joon-soo	Avez-vous pu voyager pendant ce temps-là ?
Marion	J'étais occupée donc je n'ai pas pu beaucoup voyager, mais j'ai pu visiter un peu Séoul.
Joon-soo	Qu'avez-vous visité ?
Marion	Je suis allée à la tour de Namsan, au palais de Gyeongbok et à Myeongdong.
Joon-soo	Quel endroit avez-vous préféré ?
Marion	Eh bien… tout m'a plu. Mais comme la cuisine de rue me plaît bien, j'ai particulièrement apprécié Myeongdong.

Ce dialogue introduit un nouveau sens du verbe 되다 que nous avons déjà rencontré à plusieurs reprises :

성함이 어떻게 **되세요**?   Comment vous appelez-vous ?

내일 9시까지 오시면 **됩니다**.   Vous pouvez venir demain pour 9h.

되다 possède en fait une multitude de sens. Selon le contexte, ce mot peut signifier « être ; devenir (se transformer en) ; être composé de ; marcher (fonctionner) ; s'élever à (atteindre) ; être achevé ; être possible (pouvoir) », et bien d'autres choses encore…

Mais pas de panique ! Il n'est pas nécessaire de connaître toutes les définitions de ce verbe. Il est plus simple de se familiariser avec les expressions dans lesquelles il est employé, telles que « –(으)면 되다 » (voir G8.6), « –(으)ㄴ 지 … 되었다 » (voir G11.5) ou encore « –아도/어도 되다 » (voir G19.1).

4
부모님	parents (forme honorifique de 부모)
구경하다	visiter, aller voir (= 구경을 하다)
정말	vraiment, très
즐겁다	être joyeux(se), heureux(se), agréable
입장료	droit d'entrée, prix d'entrée
싸다	être bon marché, ne pas être cher (chère)

5
되다	faire, se passer, atteindre (durée)
그동안	pendant ce temps-là
여행하다	voyager
타워	tour
글쎄	euh…, eh bien…
길거리	rue
마음에 들다	plaire, aimer

Les voyages 여행

Grammaire

G11.1 −(으)러 가다 / 오다 : aller / venir pour

−(으)러 est un suffixe indiquant le but et qui s'emploie exclusivement devant les verbes 가다 ou 오다. Utilisé après le radical d'un verbe d'action, la forme −(으)러 가다/오다 exprime le fait de se déplacer dans le but d'exécuter cette action : « aller/venir (pour) + *verbe* ».
−러 가다/오다 s'emploie après un verbe se terminant par une voyelle ou par la consonne ㄹ, et −으러 가다/오다 après un verbe se terminant par toute autre consonne.

영화를 보러 갔어요.	Je suis allé(e) voir un film.
민지는 장보러 슈퍼마켓에 갔어요.	Min-ji est allée faire des courses au supermarché.
스키를 타러 산에 갔어요.	Je suis allé(e) à la montagne pour faire du ski.
점심을 먹으러 식당에 가요.	Je vais au restaurant pour déjeuner.
니콜라 보러 왔어?	Tu es venu(e) (pour) voir Nicolas ?
그는 나를 도우러 왔어요.	Il est venu (pour) m'aider.

Le cas particulier suivant s'applique pour cette terminaison :

Cas particulier	Exemple	
Radical du verbe en ㅂ	돕다	도우 + 러 갔어요 → 도우러 갔어요.

G11.2 −(으)ㄹ 수 있다/없다 : (ne pas) pouvoir

수 est un nom dépendant qui exprime la capacité ou la possibilité. Employé avec le suffixe du futur −ㄹ/을, il exprime la capacité ou la possibilité de faire quelque chose, ou encore la possibilité qu'un événement survienne.
−(으)ㄹ 수 있다 signifie « avoir la capacité de ; pouvoir ; il est possible que », et −(으)ㄹ 수 없다 signifie « être dans l'incapacité de ; ne pas pouvoir ; il n'est pas possible que ».
−ㄹ 수 있다/없다 s'emploie après un verbe se terminant par une voyelle ou par la consonne ㄹ, et −을 수 있다/없다 après un verbe se terminant par toute autre consonne.

버스로 갈 수 있나요?	Est-il possible d'y aller en bus ?
오늘 저녁에 일찍 퇴근할 수 있어요?	Peux-tu quitter le bureau de bonne heure ce soir ?
한국어를 조금 할 수 있어요.	Je peux parler un peu coréen.
머리가 아파서 파티에 갈 수 없어요.	Je ne peux pas aller à la fête car j'ai mal à la tête.

Les cas particuliers suivants s'appliquent pour cette terminaison :

Cas particulier	Exemple	
Radical du verbe en ㅂ	돕다	도우 + ㄹ 수 있어요 → 도울 수 있어요
Radical du verbe en ㄹ	팔다	팔 + ㄹ 수 있어요 → 팔 수 있어요

G11.3 Verbes irréguliers en 르

Les verbes dont le radical se termine par 르 sont irréguliers : lorsque la terminaison débute par une voyelle, la voyelle finale ㅡ tombe et une consonne ㄹ supplémentaire est ajoutée en fin de syllabe précédente.
Le choix de –아요 ou –어요 comme terminaison dépend de la voyelle présente dans la syllabe précédant 르. Ainsi –아요 s'emploie lorsque cette voyelle est ㅏ ou ㅗ, et –어요 s'emploie dans les autres cas.

–르다	Style familier	Style poli informel	Style formel
Passé	–ㄹ랐어/ㄹ렀어	–ㄹ랐어요/ㄹ렀어요	–ㄹ랐습니다/ㄹ렀습니다
Présent	–ㄹ라/ㄹ러	–ㄹ라요/ㄹ러요	–ㅂ니다
Futur (1)	–겠어	–겠어요	–겠습니다
Futur (2)	–ㄹ 거야	–ㄹ 거예요	–ㄹ 겁니다

Verbe	Radical	Style poli informel
모르다	모르	모 + ㄹ라요 → 몰라요
오르다	오르	오 + ㄹ라요 → 올라요
빠르다	빠르	빠 + ㄹ라요 → 빨라요
다르다	다르	다 + ㄹ라요 → 달라요
누르다	누르	누 + ㄹ러요 → 눌러요

Voici pour exemple la déclinaison du verbe 모르다 :

모르다	Style familier	Style poli informel	Style formel
Passé	몰랐어	몰랐어요	몰랐습니다
Présent	몰라	몰라요	모릅니다
Futur (1)	모르겠어	모르겠어요	모르겠습니다
Futur (2)	모를 거야	모를 거예요	모를 겁니다

Grammaire

G11.4 —아서/어서 : suffixe de cause

La terminaison —아서/어서 permet d'exprimer la cause, la raison : « donc ; alors ; c'est pourquoi ; puisque ; comme ». Elle s'ajoute directement après le radical du verbe ou de l'adjectif, et est incompatible avec les marqueurs de passé (—았—/—었—) et de futur (—겠—).

—아서 s'emploie avec les verbes et adjectifs dont la voyelle finale (la voyelle de la dernière syllabe du radical) est ㅏ ou ㅗ. Tous les autres verbes prennent la terminaison —어서.

Radical en ㅏ/ㅗ	—아서
Autres cas	—어서

날씨가 좋아서 즐거운 시간을 보냈어요.	Il a fait beau, donc j'ai passé un bon moment. / J'ai passé un bon moment car il a fait beau.
어젯밤에 못 자서 피곤해요.	La nuit dernière je n'ai pas pu dormir, alors je suis fatigué(e).
약속이 있어서 회식에 못 갈 거예요.	J'ai un rendez-vous, donc je ne pourrai pas aller au repas entre collègues.

Cas particuliers : 이다 et 아니다

La copule —이다 (« être ») et l'adjectif 아니다 (« ne pas être ») peuvent prendre deux terminaisons différentes. La terminaison introduite ici (forme normale) est utilisée à l'écrit mais très peu à l'oral. A l'oral, on préférera la terminaison —(이)라서 (forme courante) décrite ci-dessous.

이다	Forme normale	Forme courante
Après une voyelle	—여서	—라서
Après une consonne	—이어서	—이라서

아니다	Forme normale	Forme courante
	아니어서	아니라서

오늘은 토마 생일이라서 선물을 준비했어.	C'est l'anniversaire de Thomas aujourd'hui, donc j'ai préparé un cadeau.
중요한 수업이 아니라서 안 듣겠어.	Ce n'est pas un cours important, donc je ne vais pas le suivre.

G11.5 —(으)ㄴ 지 ... 되었다 : cela fait ... que

지 est un nom dépendant qui signifie « depuis ; après ». Employé avec le suffixe du passé —ㄴ/은 et le verbe 되다 au passé, il indique la durée qui sépare le commencement d'une action (ou d'un état) et le moment présent : « cela fait ... que + *verbe au passé* ».

« —(으)ㄴ 지 » se place après le verbe indiquant l'action ou l'état, et est suivi d'une proposition indiquant la durée, ou bien de 얼마나 (« combien de temps ») si on s'interroge sur cette durée.

한국에 오신 지 얼마나 됐어요?	Vous êtes (arrivé) en Corée depuis combien de temps ?
기차가 출발한 지 얼마나 됐어요?	Depuis combien de temps le train est-il parti ?
제 컴퓨터를 산 지 3년이 됐어요.	Cela fait 3 ans que j'ai acheté mon ordinateur.
이 음악을 들은 지 오래 됐어요.	Cela fait longtemps que je n'ai pas entendu cette musique.

G11.6 Verbes irréguliers en —

Les verbes dont le radical se termine par la voyelle ㅡ sont irréguliers : la voyelle finale ㅡ tombe lorsque la terminaison débute par une voyelle.
Le choix de —아요 ou —어요 comme terminaison dépend de la voyelle de la syllabe précédente. Ainsi —아요 s'emploie lorsque cette voyelle est ㅏ ou ㅗ, et —어요 s'emploie dans les autres cas. Les verbes dont le radical n'est composé que d'une seule syllabe prennent la terminaison —어요.

Verbe	Radical	Style poli informel
바쁘다	바쁘	바쁘 + 아요 → 바빠요
크다	크	ㅋ + 어요 → 커요

Voici pour exemple la déclinaison du verbe 바쁘다 :

바쁘다	Style familier	Style poli informel	Style formel
Passé	바빴어	바빴어요	바빴습니다
Présent	바빠	바빠요	바쁩니다
Futur (1)	바쁘겠어	바쁘겠어요	바쁘겠습니다
Futur (2)	바쁠 거야	바쁠 거예요	바쁠 겁니다

Vocabulaire

Nom / 명사

가을	automne	생일 파티	fête d'anniversaire
그동안	pendant ce temps-là	슈퍼마켓	supermarché
길거리	rue	어젯밤	la nuit dernière, hier soir
−도	île	입장료	droit d'entrée, prix d'entrée
머리	tête, crâne	타워	tour
부모님	parents (forme honorifique de 부모)	풍경	paysage, vue
−산	mont		

Pronom / 대명사

거기	là, là-bas	저기	là-bas

Adjectif (verbe descriptif) / 형용사

높다	être haut(e), élevé(e)	싸다	être bon marché, ne pas être cher (chère)
다르다	différer (de), être différent(e) (de)	아름답다	être beau, belle, joli(e)
바쁘다	être occupé(e)	즐겁다	être joyeux(se), heureux(se), agréable
빠르다	être rapide	피곤하다	être fatigué(e)

Verbe / 동사

구경하다	visiter, aller voir (= 구경을 하다)	여행하다	voyager (= 여행을 하다)
누르다	appuyer	오르다	monter, grimper
되다	faire, se passer, atteindre (durée)	장보다	faire les courses (= 장을 보다)
보내다	passer (son temps)	타다	faire (du ski, du vélo)

Adverbe / 부사

정말	vraiment, très	조금	un peu

Exclamatif / 감탄사

글쎄	euh…, eh bien…

Expression / 표현

마음에 들다	plaire, aimer

Leçon 12
Le temps et l'environnement
날씨와 환경

But de la leçon
Savoir parler du temps qu'il fait, savoir désigner et décrire ce qui nous entoure.

Grammaire
- -기에 + adj. : pour, à (but)
- -고 있다 : être en train de
- -네/네요 : exclamation
- 이, 그, 저 : pronoms démonstratifs

Dialogues

D12.1 Quel temps fait-il aujourd'hui ?

민지 오늘 날씨(가) 어때요?

수영 날씨가 참 좋아요.

민지 너무 덥지 않아요?

수영 아니요, 따뜻해요. 산책을 하기에¹ 좋은 날씨예요.

Min-ji	Quel temps fait-il aujourd'hui ?
Soo-yeong	Il fait vraiment beau.
Min-ji	Ne fait-il pas trop chaud ?
Soo-yeong	Non, il fait doux. C'est un beau temps pour se promener.

Voici quelques adjectifs permettant de décrire le temps qu'il fait :

- 춥다 : froid   날씨가 추워요 : il fait froid
- 쌀쌀하다 : frais, frisquet   오늘 밤은 쌀쌀해요 : il fait frais ce soir
- 따뜻하다 : doux   오늘 아침은 따뜻해요 : il fait doux ce matin
- 덥다 : chaud   오늘은 더워요 : il fait chaud aujourd'hui
- 무덥다 : torride, lourd   무더운 여름 : un été torride

D12.2 Il pleut sans arrêt depuis ce matin

수영 날씨가 정말 나빠요. 아침부터 계속 비가 오고 있어요².

토마 내일까지 비가 올 거예요.

수영 오늘 저녁에 축구(를) 못 하겠네요³.

토마 이번 주말에 하면 될 거예요.

Soo-yeong	Le temps est vraiment mauvais. Il pleut sans arrêt depuis ce matin.
Thomas	Il va pleuvoir jusqu'à demain.
Soo-yeong	On ne pourra pas jouer au football ce soir !
Thomas	On pourra jouer ce week-end.

Voici quelques expressions permettant de décrire le temps qu'il fait :

- 날씨가 맑다 : être clair, ensoleillé
- 날씨가 흐리다 : être nuageux
- 비가 오다 : pleuvoir
- 눈이 오다 : neiger

D12.3 Séoul est une ville vraiment bruyante

마리옹　서울은 참 시끄러운 도시네요.

준수　인구도 많고 자동차도 많아서 시끄러워요.

마리옹　파리에도 자동차가 많지만 서울보다 조용해요.

준수　맞아요. 그래도 서울은 살기 좋은 도시가 아닌가요?

Marion	Séoul est une ville vraiment bruyante !
Joon-soo	C'est bruyant car il y a beaucoup de monde et beaucoup de voitures.
Marion	A Paris aussi il y a beaucoup de voitures, mais c'est plus calme que Séoul.
Joon-soo	C'est vrai. Mais tout de même Séoul n'est-elle pas une ville bonne à vivre ?

> Le terme 그래도 introduit une nuance, une contradiction avec la phrase précédente : « quand même ; néanmoins ». Il comporte le suffixe –도 marquant l'accentuation.

D12.4 Cette fleur est vraiment belle

(공원에서 산책하는 동안)

민지　이⁴ 꽃이 참 예쁘네.

니콜라　응, 그것은⁴ 붉은 장미야.

민지　이⁴ 꽃도 예쁘네.

니콜라　그것은⁴ 튤립이야.

민지　저⁴ 나무는 매우 크네.

니콜라　저것은⁴ 200년이 된 은행나무야.

민지　오빠는 참 많은 것을 알고 있네.

니콜라　나는 자연을 좋아해서 좀 알고 있어.

1	참	vraiment, réellement	2	나쁘다	être mauvais(e)	3	시끄럽다	être bruyant(e)
	따뜻하다	être doux (temps)		계속	continuellement, sans arrêt		조용하다	être tranquille, silencieux(se)
	산책하다	se promener (= 산책을 하다)					맞다	être juste, correct(e)
							그래도	quand même, néanmoins

Dialogues

(en se promenant dans un parc)

Min-ji Cette fleur est vraiment belle.
Nicolas Oui, c'est une rose rouge.
Min-ji Cette fleur aussi est belle !
Nicolas Ça, c'est une tulipe.
Min-ji Cet arbre là-bas est très grand.
Nicolas C'est un ginkgo âgé de 200 ans.
Min-ji Nicolas, tu connais vraiment beaucoup de choses.
Nicolas J'aime la nature, donc je m'y connais un peu.

Nous avons déjà abordé les termes 그 et 그것 au cours de la présentation des pronoms personnels (voir G1.4). 그 correspond aux pronoms personnels « il » et « elle » en français pour désigner une personne, et 그것 un objet.

그것 est également un pronom démonstratif qui peut prendre la marque du sujet (그것이), du thème (그것은) ou encore de l'objet (그것을) et remplace ainsi un nom dans la phrase : « ce ; ceci ; cela ; celui-là ».

Les pronoms 이, 이것, 저 et 저것 sont des variantes de 그 et 그것 utilisées en fonction de l'éloignement du locuteur ou de l'interlocuteur par rapport à ce dont il est question, sur le modèle des adverbes de lieu 여기, 거기 et 저기 (voir D11.1).

D12.5 La saison où il pleut le plus est l'été

토마 한국에는 일 년에 몇 계절이 있어요?

수영 사계절이 있어요. 봄, 여름, 가을, 그리고 겨울이 있어요.

토마 봄에는 날씨가 어때요?

수영 봄에는 날씨가 쌀쌀해요.

토마 겨울에는 눈이 와요?

수영 네, 겨울에는 눈이 많이 와요. 스키를 타기에 좋은 계절이에요.

토마 가을에는 비가 많이 와요?

수영 아니요, 가을에는 날씨가 맑고 따뜻해요. 여행을 하기에 좋은 계절이에요.

토마 그러면 언제 비가 많이 와요?

수영 비가 가장 많이 오는 계절은 여름이에요. 장마철이에요.

토마 지금 여름이지만 비가 안 오네요.

수영 다음 주부터 장마가 시작될 거예요.

Thomas	Combien de saisons y a-t-il par an en Corée ?	
Soo-yeong	Il y a quatre saisons. Le printemps, l'été, l'automne et l'hiver	
Thomas	Comment est le temps au printemps ?	
Soo-yeong	Au printemps, le temps est frais.	
Thomas	Neige-t-il en hiver ?	
Soo-yeong	Oui, il neige beaucoup en hiver. C'est une bonne saison pour skier.	
Thomas	Pleut-il beaucoup en automne ?	
Soo-yeong	Non, en automne le temps est doux et ensoleillé. C'est une bonne saison pour partir en voyage.	
Thomas	Alors, quand est-ce qu'il pleut beaucoup ?	
Soo-yeong	La saison où il pleut le plus est l'été. C'est la saison des pluies.	
Thomas	Nous sommes en été, mais il ne pleut pas !	
Soo-yeong	Les pluies vont commencer la semaine prochaine.	

Le terme 장마 désigne la période de plusieurs jours au cours de laquelle il pleut continuellement. Le terme 장마철 désigne la saison des pluies dans son ensemble, qui en Corée du Sud s'étend généralement de fin juin à début août.

4
붉다	être rouge
튤립	tulipe
나무	arbre, bois
은행나무	gingko
것	chose
자연	nature

5
계절	saison	맑다	être clair(e), dégagé(e), ensoleillé(e)
사계절	les quatre saisons		
봄	printemps	장마철	saison des pluies
쌀쌀하다	être frais, frisquet	장마	pluie continuelle, saison des pluies
여름	été		
눈	neige	시작하다	commencer, débuter (= 시작을 하다)

Grammaire

G12.1 −기에 + adj. : pour, à (but)

−기에 s'emploie après un verbe et devant un adjectif et signifie « être *adjectif* pour *verbe* ». −기에 est composé du suffixe de nominalisation −기 qui transforme un verbe ou un adjectif en nom, suivi de la particule −에 qui marque ici le but ou l'objectif. La particule −에 peut être généralement omise.

겨울은 스키를 타기 좋은 계절이에요.	L'hiver est une bonne saison pour skier.
이 노래는 듣기에 좋아요.	Cette chanson est agréable à écouter.
이 나라는 여행을 가기에 좋아요.	Ce pays est bien pour voyager.

G12.2 −고 있다 : être en train de

La forme −고 있다 s'emploie après un verbe d'action et indique que l'action est en cours de déroulement : « être en train de ».

저녁 식사를 하고 있습니다.	Je suis en train de dîner.
영화를 보고 있어요.	Je suis en train de regarder un film.
어머니와 통화하고 있어요.	Je suis au téléphone avec ma mère.
숙제를 하고 있었어.	J'étais en train de faire mes devoirs.
도서관으로 걸어가고 있어요.	Je suis en train de marcher vers la bibliothèque.

G12.3 −네 : exclamation

Le suffixe −네 s'emploie en fin de phrase pour exprimer l'étonnement, la surprise ou l'admiration. Il indique que le locuteur vient de se rendre compte de quelque chose, et correspond en français à l'interjection « oh ! » ou encore au point d'exclamation.
−네 s'emploie dans un registre de langue familier, et −네요 dans un registre de langue poli et informel.
Notez qu'en coréen l'emploi du point d'exclamation n'est pas systématique, mais est possible dans toute phrase exclamative ou impérative.

이 꽃이 참 예쁘네요.	Cette fleur est vraiment belle !
비가 오네요.	Oh, il pleut.
당신의 동네는 매우 조용하네요.	Votre quartier est très tranquille !
너의 방이 정말 깨끗하네!	Ta chambre est vraiment bien rangée !

G12.4   이, 그, 저 : pronoms démonstratifs

Les pronoms 이, 그, 저

Les pronoms 이, 그 et 저 permettent de désigner une entité (personne ou objet) : « ce ; cet(te) ; ces ». Chacun s'emploie dans un contexte particulier :
- 이 désigne une entité proche du locuteur,
- 그 désigne une entité proche de l'interlocuteur, ou mentionnée auparavant dans la conversation,
- 저 désigne une entité éloignée à la fois du locuteur et de l'interlocuteur, mais tout de même visible.

이, 그 et 저 sont suivis du nom de l'entité désignée. Les éventuelles particules (de thème, de sujet, d'objet, etc.) se placent après le nom.

이 영화는 아주 재미있어요.	Ce film est très intéressant.
저는 그 사람을 몰라요.	Je ne connais pas cette personne.
저 나무가 매우 크네요.	Cet arbre (là-bas) est très grand !

> Attention à ne pas confondre le pronom démonstratif 저 et le pronom personnel 저 qui est la forme honorifique de « je ».

Les pronoms 이것, 그것, 저것

Il est possible de désigner un objet d'une manière générale, sans nommer sa nature, en ajoutant au pronom démonstratif le nom dépendant « 것 » qui désigne de manière abstraite un objet :
- 이것 désigne un objet proche du locuteur : « ceci ; celui-ci ; celle-ci »,
- 그것 désigne un objet proche de l'interlocuteur, ou mentionné auparavant dans la conversation : « cela ; celui-là ; celle-là »,
- 저것 désigne un objet éloigné à la fois du locuteur et de l'interlocuteur, mais tout de même visible par le locuteur : « cela ; celui-là (là-bas) ; celle-là (là-bas) ».

이것이 뭐예요?	Qu'est ce que c'est ? *(litt. : Ceci est quoi ?)*
그것은 이것보다 좋아요.	Celui-là me plaît plus que celui-ci.
저것을 보여 주세요.	Montrez-moi celui-là (là-bas).

Les pronoms 이것, 그것 et 저것 suivis des particules de sujet, de thème et d'objet ont une forme abrégée souvent utilisée à l'oral.

Particule | Forme	normale	abrégée	normale	abrégée	normale	abrégée
de sujet	이것이	이게	그것이	그게	저것이	저게
de thème	이것은	이건	그것은	그건	저것은	저건
d'objet	이것을	이걸	그것을	그걸	저것을	저걸

Grammaire

Les pronoms 이분, 그분, 저분

Il y a deux manières de désigner une personne d'une manière générale, sans la nommer : en utilisant l'expression 이 사람, 그 사람, 저 사람 (« il ; elle ; cet homme ; cette femme »), ou bien en ajoutant au pronom démonstratif le nom dépendant « 분 » qui désigne une personne de manière honorifique (« il ; elle ; ce monsieur ; cette dame ») :

- 이분 désigne une personne proche du locuteur,
- 그분 désigne une personne proche de l'interlocuteur, ou mentionnée auparavant dans la conversation,
- 저분 désigne une personne éloignée à la fois du locuteur et de l'interlocuteur, mais tout de même visible par le locuteur.

이분은 내가 어제 만난 사람이에요.	Ce monsieur [cette dame] est la personne que j'ai rencontrée hier.
그분들은 어디에 계세요?	Où sont-ils ? / Où sont-elles ?
저분은 누구예요?	Qui est ce monsieur [cette dame] là-bas ?

> Il existe d'autres noms dépendants pouvant s'employer après 이, 그 et 저. Dans la partie D6.4, nous avions abordé le nom dépendant « 쪽 » qui indique la direction :
> - 이쪽 : ce côté-ci ; ici,
> - 그쪽 : ce côté-là ; là,
> - 저쪽 : ce côté-là ; là-bas.

Vocabulaire — Leçon 12

Nom / 명사

것	chose	사계절	les quatre saisons
계절	saison	여름	été
나무	arbre, bois	은행나무	ginkgo
눈	neige	자연	nature
동네	quartier, village	장마	pluie continuelle, saisons des pluies
방	chambre, pièce	장마철	saison des pluies
봄	printemps	튤립	tulipe

Pronom / 대명사

그	ce, cet(te), ces	이분	il, elle, ce monsieur, cette dame
그것	cela, celui-là, celle-là	저	ce, cet(te), ces
그분	il, elle, ce monsieur, cette dame	저것	cela, celui-là, celle-là (là-bas)
이것	ceci, celui-ci, celle-ci	저분	il, elle, ce monsieur, cette dame

Adjectif (verbe descriptif) / 형용사

깨끗하다	être propre, bien rangé(e)	쉽다	être facile, aisé(e)
나쁘다	être mauvais(e)	시끄럽다	être bruyant(e)
따뜻하다	être doux (temps)	쌀쌀하다	être frais, frisquet
맑다	être clair(e), dégagé(e), ensoleillé(e)	조용하다	être tranquille, silencieux(se)
무덥다	être chaud et humide (temps)	흐리다	être nuageux, couvert (temps)
붉다	être rouge		

Verbe / 동사

맞다	être juste, correct(e)	산책하다	se promener (= 산책을 하다)
보이다	montrer, faire voir, présenter	시작하다	commencer, débuter (= 시작을 하다)

Adverbe / 부사

계속	continuellement, sans arrêt	참	vraiment, réellement
그래도	quand même, néanmoins		

Le temps et l'environnement 날씨와 환경

Pratique

Quoi de neuf dans la péninsule coréenne ? C'est une question à laquelle il n'est pas facile de répondre, tant la couverture francophone de cette partie du monde est limitée. La presse dite « traditionnelle » propose une couverture très sélective, dominée par la question nord-coréenne et les performances économiques de son voisin du Sud. Il existe toutefois quelques sites internet, francophones et anglophones, offrant une couverture élargie de l'actualité du pays du Matin clair :

- **KBS World Radio**

La petite sœur du premier groupe audiovisuel sud-coréen offre une couverture complète de l'actualité (politique, économie, culture, sports, etc.) mise à jour plusieurs fois par jour. Cette radio produit une heure de programme quotidienne avec le journal du jour et des émissions thématiques (cinéma, littérature, économie, etc.). Les programmes sont accessibles via les ondes courtes et depuis le site internet.

   world.kbs.co.kr/french

- **Presse anglophone**

Les trois quotidiens sud-coréens publiés en langue anglaise (The Korea Herald, The Korea Times et Korea Joogang Daily) proposent des articles sur leur site internet, mis à jour plusieurs fois au cours de la journée. The Chosun Ilbo est l'édition anglaise et publiée exclusivement sur internet d'un quotidien à tendance conservatrice. The Hankyoreh et The Kyunghyang Shinmun sont deux journaux à tendance progressiste.

S'informer sur la Corée

Vous voulez en savoir plus sur l'histoire de la péninsule ? Vous souhaitez visiter la Corée du Sud ? De nombreux sites internet vous fourniront toutes les informations dont vous avez besoin pour préparer votre voyage ou être incollable sur la société et l'économie sud-coréenne.

- **Office National du Tourisme Coréen**

Le site officiel de l'Office national du tourisme coréen propose tout d'abord des informations utiles pour préparer son voyage, des itinéraires recommandés et une liste d'hébergements, ainsi qu'une liste de points d'intérêt classés par thème et par région. Le site tient à jour une liste des festivals à venir et propose des articles sur l'actualité culturelle.

⟶ **french.visitkorea.or.kr**

- **Korea.net (Ministère de la Culture, des Sports et du Tourisme)**

Korea.net est la vitrine du ministère sud-coréen de la Culture, des Sports et du Tourisme vers l'international. Le site comporte des informations plus générales que celui de l'Office national du tourisme coréen : l'histoire, l'économie, la culture et les arts, la vie quotidienne, les sports… tout pour connaître la Corée sur le bout des doigts. Le site met également à disposition la revue mensuelle anglophone KOREA consacrée à la culture et à la société sud-coréenne.

⟶ **french.korea.net**

- **SEOUL Magazine**

SEOUL Magazine est une revue en langue anglaise publiée tous les mois par la maison d'édition Seoul Selection dont l'ambition est de faire connaître la culture coréenne au monde par le biais de livres et supports multimédias (DVD, CD). Le site publie une lettre hebdomadaire répertoriant les prochains événements culturels.

⟶ **magazine.seoulselection.com**

Culture et société — La K-pop et la vague coréenne

La K-pop, ou pop coréenne, fait partie de ce que l'on nomme la *hallyu* (한류), la vague culturelle sud-coréenne qui trouve ses origines dans les années 1990 avec le succès des séries télévisées (les fameux *drama*, 드라마) en Chine puis dans d'autres régions d'Asie (Japon, Taïwan, et plus tard l'Asie du Sud-Est).

Ce n'est que des années plus tard, au milieu des années 2000, que la vague coréenne atteindra le reste du monde, propulsée par le développement des réseaux sociaux. Les *drama* laissent la vedette à la K-pop, un genre musical à part entière, mélange savamment dosé de sons électroniques, de hip-hop et de chorégraphies millimétrées.

Les origines de cette nouvelle génération de musique pop sud-coréenne sont souvent attribuées au groupe Seo Taiji & Boys (서태지와 아이들), qui fait ses débuts en 1992 et contribue à populariser la culture musicale américaine en Corée du Sud avec ses influences rap, rock et techno.

Seo Taiji & Boys

Trois ans plus tard naîtra la plus grande agence sud-coréenne de production d'artistes et maison de disques, SM Entertainment, suivie par d'autres labels majeurs comme YG Entertainment, JYP Entertainment et Big Hit Entertainment. Ensemble, ils lanceront sur le marché la majorité des artistes et groupes de K-Pop les plus populaires dans leur pays d'origine comme à l'étranger : TVXQ (동방신기), Super Junior (슈퍼주니어), Big Bang (빅뱅), Wonder Girls (원더걸스), Girl's Generation (소녀시대), Shinee (샤이니), 2NE1, Red Velvet (레드벨벳), BTS (방탄소년단) et Blackpink (블랙핑크), pour n'en citer qu'une poignée.

Rapidement, la K-pop atteindra les continents américain et européen. Les fans français découvriront pour la première fois leurs idoles chez eux lors du *SMTown Live '10 World Tour*, organisé par SM Entertainment en juin 2011 et qui remplira le Zénith de Paris deux soirées consécutives. Un succès réitéré l'année suivante avec le *Music Bank K-Pop Festival* qui rassemblera plus de 10 000 fans venus de toute l'Europe au Palais Omnisports de Paris-Bercy.

L'industrie de la K-pop représente aujourd'hui plusieurs milliards de dollars de chiffre d'affaires annuel, dont plusieurs centaines de millions issus des exportations. Les tubes les plus populaires génèrent des centaines de millions de vues sur YouTube.

2NE1 — Super Junior

Leçon 13

Au restaurant
식당에서

But de la leçon
Savoir commander et payer au restaurant.

Grammaire
- –겠– : marqueur d'atténuation
- –(으)ㄹ게 : promesse, engagement
- –(으)ㄹ까 : proposition, probabilité
- –(으)ㄴ데/는데 : explication, contraste
- –게 : suffixe adverbial
- –(으)면 : suffixe conditionnel

Dialogues

D13.1 — Nous sommes quatre personnes

웨이터   어서 오세요. 몇 분이세요?

수영   네 명입니다.

웨이터   창문 가까이에 있는 테이블 괜찮으세요?

수영   네, 괜찮습니다.

웨이터   테이블(을) 안내해 드리겠습니다.

(5분 후에)

웨이터   주문하시겠어요[1]?

수영   네, 저는 비빔밥으로 하겠습니다.

토마   저는 갈비탕으로 할게요[2].

니콜라   저는 뚝배기 불고기(를) 주세요.

민지   저도 그걸로 주세요.

Serveur	Bienvenue. Combien êtes-vous ?
Soo-yeong	Quatre personnes.
Serveur	La table qui se trouve près de la fenêtre vous convient-elle ?
Soo-yeong	Oui, cela nous convient.
Serveur	Je vais vous guider jusqu'à votre table.
(5 minutes plus tard)	
Serveur	Puis-je prendre votre commande ?
Soo-yeong	Oui, je vais prendre un *bibimbap*.
Thomas	Moi je vais prendre un *galbitang*.
Nicolas	Donnez-moi un *ttukbaegi bulgogi*.
Min-ji	Moi aussi je vais prendre cela.

Cette conversation présente quatre manières de commander un plat ou une boisson dans un restaurant ou un café :

- ~(으)로 하겠어요   커피로 하겠어요 : je vais prendre un café
- ~(으)로 할게요   떡볶이로 할게요 : je vais prendre des *tteokbokki*
- ~(으)로 주세요   김밥으로 주세요 : je vais prendre un *kimbab*
- (~을/를) 주세요   맥주(를) 주세요 : je vais prendre une bière

Pour rappel, 그걸 est la forme abrégée de 그것을 (« cela, celui-là, celle-là »).

D13.2 — Et si on mangeait ensemble ce soir ?

수영 오늘 저녁에는 같이 밥을 먹을까요³?

토마 좋아요. 뭐 먹을까요?

수영 글쎄요. 한식 먹을까요? 일식 먹을까요?

토마 이 근처에 맛있는 프랑스 식당이 있는데⁴ 양식은 어때요?

수영 저는 프랑스 음식을 좋아해서 괜찮아요.

Soo-yeong	Et si on mangeait ensemble ce soir ?
Thomas	D'accord. Qu'est-ce qu'on mange ?
Soo-yeong	Eh bien... on mange coréen ? Ou japonais ?
Thomas	Il y a un bon restaurant français près d'ici, que dis-tu de manger occidental ?
Soo-yeong	J'aime bien la cuisine française, donc ça me va.

Pour désigner la cuisine d'un pays, il suffit de placer le nom du pays suivi du mot 요리 (cuisine). Il existe également quelques termes abrégés très courants désignant un type de nourriture, et employant le terme 음식 (nourriture) :

- 한식 (한국 음식) : nourriture coréenne
- 일식 (일본 음식) : nourriture japonaise
- 중식 (중국 음식) : nourriture chinoise
- 양식 (서양식 음식) : nourriture occidentale
- 분식 : aliment à base de farine

D13.3 — Je vais régler par carte

웨이트리스 맛있게⁵ 드셨습니까?

토마 네, 맛있게 먹었어요.

웨이트리스 가격은 24,000원입니다.

토마 카드로 할게요.

웨이트리스 영수증에 서명 좀 해 주세요.

1			2			3		
창문	fenêtre		같이	ensemble, avec (= 함께)		가격	prix	
가까이	près de, à proximité de		밥	riz (cuit), repas		카드	carte (de paiement, à jouer, etc.)	
테이블	table		한식	nourriture coréenne		영수증	reçu	
괜찮다	être bon(ne), passable, correct(e), ne pas être mal		일식	nourriture japonaise		서명하다	signer (= 서명을 하다)	
안내하다	indiquer, conduire, guider (= 안내를 하다)		양식	nourriture occidentale				

Dialogues

Serveuse	Avez-vous bien mangé ?
Thomas	Oui, nous avons bien mangé.
Serveuse	Cela fera 24 000 wons.
Thomas	Je vais régler par carte.
Serveuse	Veuillez signer ici.

Le verbe 하다 (« faire ; effectuer ») peut prendre une multitude de sens selon le contexte. Dans le contexte de ce dialogue, à savoir le moment de payer à la caisse, il signifie « faire ; effectuer (le paiement) ». Il existe plusieurs verbes ayant pour sens précis « payer » (지불하다, 치르다), mais ils sont employés dans un contexte plus technique ou formel.

Voici les moyens de paiement courants :
- 카드 : carte (terme général)
- 신용카드 : carte de crédit
- 현금 : espèces

D13.4 Que prendrez-vous comme boisson ?

웨이트리스	주문하시겠습니까?
준수	맛있는 음식(을) 좀 추천해 주시겠어요?
웨이트리스	매운 음식(을) 좋아하시면⁶ 닭갈비를 추천합니다.
준수	마리옹 선생님 매운 음식(을) 드실 수 있어요?
마리옹	물론이에요.
준수	그러면 닭갈비 2인분 주세요.
웨이트리스	음료는 무엇으로 하시겠습니까?
준수	맥주 한 병 주세요.
마리옹	저는 콜라로 할게요.

Serveuse	Puis-je prendre votre commande ?
Joon-soo	Pourriez-vous nous recommander un bon plat ?
Serveuse	Si vous aimez les plats épicés, je recommande le *dakgalbi*.
Joon-soo	Marion, pouvez-vous manger de la nourriture épicée ?
Marion	Bien sûr !
Joon-soo	Alors nous prendrons du *dakgalbi* pour deux personnes.
Serveuse	Que prendrez-vous comme boisson ?
Joon-soo	Je vais prendre une bière.
Marion	Et moi je prendrai un cola.

Le nom 물론 suivi de la copule 이다 signifie « bien sûr ; bien entendu ; évidemment ». 물론 peut également être employé seul comme adverbe :

물론 매운 음식을 먹을 수 있어요.
Bien sûr que je peux manger de la nourriture épicée.

D13.5 Tu connais une bonne pizzeria ?

니콜라 배고파. 뭐 먹을까?

민지 그래. 피자는 어때?

니콜라 맛있는 피자집 알아?

민지 학교 앞에 있는 피자집 맛있어.

니콜라 맛은 있는데 좀 비싸지 않아?

민지 맞아, 좀 비싸. 다른 피자집으로 갈까?

니콜라 그래. 지하철역 쪽으로 걸어가면 괜찮은 피자집이 있을 거야.

Nicolas	J'ai faim. Et si on mangeait quelque chose ?
Min-ji	D'accord. Que dis-tu d'une pizza ?
Nicolas	Tu connais une bonne pizzeria ?
Min-ji	La pizzeria qui est en face de l'école est bonne.
Nicolas	Elle est bonne mais un peu chère, non ?
Min-ji	C'est vrai, elle est un peu chère. Et si on allait ailleurs ?
Nicolas	D'accord. Si on marche vers la station de métro, il y aura une pizzeria pas mal.

Le terme 집 (« maison »), utilisé comme particule après un nom, désigne un commerce :

- 한식집 : restaurant coréen (한국 식당)
- 일식집 : restaurant japonais (일본 식당)
- 중식집 : restaurant chinois (중국 식당)
- 분식집 : petit restaurant où l'on sert des plats rapides (nouilles, *mandu*, etc.)
- 피자집 : pizzeria
- 술집 : bar, bistrot
- 빵집 : boulangerie
- 꽃집 : fleuriste

4	주문하다	commander, passer une commande (= 주문을 하다)	물론	bien sûr, bien entendu, évidemment	5	배	ventre
	추천하다	recommander, proposer (= 추천을 하다)	음료	boisson		배고프다	avoir faim (= 배가 고프다)
			맥주	bière		피자	pizza
	맵다	être épicé(e), piquant(e)	콜라	cola		-집	magasin, boutique, restaurant

Grammaire

G13.1   −겠− : marqueur d'atténuation

L'infixe −겠− s'emploie pour atténuer une expression, la rendre plus humble et respectueuse. Il permet de faire une demande ou de questionner son interlocuteur sur ses intentions de manière polie, et s'emploie souvent avec le suffixe honorifique −(으)시.

주문하시겠어요?	Puis-je prendre votre commande ? *(litt. : Allez-vous commander ?)*
카드로 하시겠어요, 현금으로 하시겠어요?	Souhaitez-vous payer par carte ou en espèces ?
집 앞에 내려 주시겠어요?	Pouvez-vous me déposer devant chez moi ?
물 좀 주시겠어요?	Puis-je avoir de l'eau, s'il vous plaît ?
수영 씨 좀 바꿔 주시겠어요?	Pourriez-vous me passer Soo-yeong, s'il vous plaît ?

G13.2   −(으)ㄹ게 : promesse, engagement

La terminaison −(으)ㄹ게 exprime l'engagement du locuteur à exécuter une action. Cette forme ne s'emploie qu'avec la première personne et est plus familière que le marqueur d'intention −겠− (voir G7.3).
−ㄹ게 s'emploie après un verbe se terminant par une voyelle ou par la consonne ㄹ, −을게 après un verbe se terminant par toute autre consonne.

내일 다시 전화할게.	Je te rappelle demain.
내가 곧 돌아올게.	Je reviens tout de suite.
저는 그걸로 할게요.	Je vais prendre celui-là.
8시에 데리러 갈게요.	Je passerai vous chercher à 8h.
저녁을 사 드릴게요.	Je vous invite à dîner. / Je vous paie le dîner.

Les cas particuliers suivants s'appliquent pour cette terminaison :

Cas particulier	Exemple	
Radical du verbe en ㅂ	돕다	도우 + ㄹ게 → 도울게
Radical du verbe en ㄹ	팔다	팔 + ㄹ게 → 팔게

G13.3   –(으)ㄹ까 : proposition, probabilité

Selon le contexte, la terminaison –(으)ㄹ까 permet d'exprimer :
- l'interrogation ou le doute du locuteur à propos de l'action ou de l'état du sujet : « je me demande si … ; penses-tu que … »

민지는 숙제를 혼자 할 수 있을까?	Min-ji peut-elle faire ses devoirs toute seule ? / Je me demande si Min-ji peut faire ses devoirs tout seule.
우리는 8시까지 도착할 수 있을까?	Est-ce que l'on pourra arriver avant 8h ?
산책하기에 날씨가 너무 추울까요?	Pensez-vous qu'il fasse trop froid pour se promener ?

- une suggestion, une proposition du locuteur : « et si … ; que dis-tu de … ». Dans ce cas, il s'emploie uniquement avec la première personne.

오늘 점심을 같이 먹을까요?	On déjeune ensemble ? / Et si on déjeunait ensemble ?
산책하러 갈까요?	On va se promener ? / Que dis-tu d'aller se promener ?
무엇을 도와 드릴까요?	En quoi puis-je vous aider ?

–ㄹ까 s'emploie après un verbe ou un adjectif se terminant par une voyelle ou par la consonne ㄹ, –을까 après un verbe se terminant par toute autre consonne.

Les cas particuliers suivants s'appliquent pour cette terminaison :

Cas particulier	Exemple	
Radical du verbe en ㅂ	돕다	도우 + ㄹ까 → 도울까
Radical du verbe en ㄹ	팔다	팔 + ㄹ까 → 팔까

G13.4   –(으)ㄴ데/는데 : explication, contraste

La terminaison –(으)ㄴ데/는데 permet de relier deux propositions ayant un lien d'opposition, de contraste, de cause à effet. Cette une forme très courante et qui remplace souvent d'autres terminaisons de contraste (–지만) et de cause (–아서/어서). Cette forme permet également d'introduire une explication de la première proposition (voir le tableau suivant).
–는데 s'emploie après un verbe et après les marqueurs du passé (–았–/–었–) et du futur (–겠–).
–ㄴ데 s'emploie après un adjectif se terminant par une voyelle et après la copule 이다, et –은데 après un adjectif se terminant par une consonne.

Grammaire

Contraste	비가 오는데 산책하고 싶어?	Il pleut, et tu veux te promener ? / Tu veux te promener malgré la pluie ?
Cause	비가 오는데 우산을 들고 가요.	Il pleut, alors prends un parapluie.
Explication	비가 오는데 영화를 볼까요?	Il pleut, ça te de voir un film ?
	비가 오는데 우산이 있어?	Il pleut, as-tu un parapluie ?

어제 친구와 함께 영화를 봤는데 참 재미있었어요.	Hier j'ai vu un film avec un ami, c'était très intéressant.
슈퍼마켓에서 장보고 있는데 사람이 너무 많아요.	Je suis en train de faire mes courses au supermarché, il y a trop de monde.
날씨가 좋은데 산책하러 갈까?	Il fait beau, et si on allait se promener ?
자동차를 사고 싶은데 너무 비싸요.	Je veux acheter une voiture, mais c'est trop cher.

Les cas particuliers suivants s'appliquent pour cette terminaison :

Cas particulier	Exemple	
Radical du verbe en ㅂ	돕다	도우 + 는데 → 도우는데
Radical du verbe en ㄹ	팔다	팔 + 는데 → 파는데

G13.5 −게 : suffixe adverbial

Le suffixe −게 permet de transformer un adjectif en adverbe pour décrire la manière dont se déroule une action, ou l'état résultant d'une action. Le suffixe −게 se place après le radical de l'adjectif.

더 크게 말씀해 주세요.	Veuillez parler plus fort.
수업을 쉽게 이해할 수 있었어요.	J'ai pu comprendre le cours facilement.
컴퓨터를 싸게 파는 가게를 알아?	Tu connais un magasin qui vend des ordinateurs pour pas cher ?
맛있게 드세요.	Bon appétit. *(litt. : Mangez avec goût.)*

G13.6   –(으)면 : suffixe conditionnel

Le suffixe –(으)면 permet de construire une proposition conditionnelle : « si … ; lorsque … ; une fois que … ». Il se place après le radical du verbe (ou de la copule –이다) de la proposition indiquant la condition, et est suivi de la proposition principale qui décrit l'action accomplie ou l'état atteint si la condition est vérifiée.
–면 s'emploie après un verbe ou adjectif se terminant par une voyelle ou par la consonne ㄹ, –으면 après un verbe ou adjectif se terminant par toute autre consonne.

매운 음식을 좋아하시면 닭갈비를 추천합니다.	Si vous aimez la nourriture épicée, je recommande le *dakgalbi*.
내일 비가 안 오면 등산하러 갈 거예요.	S'il ne pleut pas demain, j'irai faire de la randonnée en montagne.
도착하면 전화해 줘.	Téléphone-moi lorsque tu arrives.
오늘 저녁에 퇴근하면 친구를 만날 거예요.	Je vais voir mes amis une fois que j'aurai quitté le bureau ce soir.

Les cas particuliers suivants s'appliquent avec se suffixe :

Cas particulier	Exemple	
Radical du verbe en ㅂ	돕다	도우 + 면 → 도우면

> Le radical de la copule –이다 peut disparaître devant le suffixe –면 si l'élément précédent se termine par une voyelle.
>
> 공짜**이면** 갈 거예요. → 공짜**면** 갈 거예요.
> J'irai **si** c'est gratuit.

Après la copule –이다 (« être ») et l'adjectif 아니다 (« ne pas être »), le suffixe –면 est souvent remplacé par le suffixe –(이)라면 que nous avons abordé dans la partie G4.5.
–라면 s'emploie lorsque l'élément précédent se termine par une voyelle, et –이라면 lorsque l'élément précédent se termine par une consonne.

너라면 어떻게 하겠어?	Si c'était toi, que ferais-tu ?
공짜라면 갈 거예요.	J'irai si c'est gratuit.
사장님이 그분이 아니라면 누구예요?	S'il n'est pas le directeur, alors qui est-ce ?

Vocabulaire

Nom / 명사

가격	prix	일식	nourriture japonaise
공짜	chose obtenue gratuitement (공짜이다 : être gratuit)	일식집	restaurant japonais
꽃집	fleuriste	중식	cuisine chinoise
맥주	bière	중식집	restaurant chinois
물론	bien sûr, bien entendu, évidemment (물론이다 : il va sans dire)	_집	magasin, boutique, restaurant
밥	riz (cuit), repas	창문	fenêtre
배	ventre	카드	carte (de paiement, à jouer, etc.)
분식	aliment à base de farine	커피	café
분식집	petit restaurant où l'on sert des plats rapides (nouilles, *mandu*, etc.)	콜라	cola
빵집	boulangerie	테이블	table
술집	bar, bistrot	피자	pizza
신용카드	carte de crédit	피자집	pizzeria
양식	nourriture occidentale	한식	cuisine coréenne
영수증	reçu	한식집	restaurant coréen
음료	boisson	현금	espèces

Adjectif (verbe descriptif) / 형용사

괜찮다	être bon(ne), passable, correct(e) ne pas être mal	맵다	être épicé(e), piquant(e)
배고프다	avoir faim (= 배가 고프다)		

Verbe / 동사

서명하다	signer (= 서명을 하다)	주문하다	commander, passer une commande (= 주문을 하다)
안내하다	indiquer, conduire, guider (= 안내를 하다)	추천하다	recommander, proposer (= 추천을 하다)
이해하다	comprendre (= 이해를 하다)		

Adverbe / 부사

가까이	près de, à proximité de	같이	ensemble, avec (= 함께)

Leçon 14

Au cinéma
영화관에서

But de la leçon
Savoir acheter un ticket de cinéma, discuter d'un film.

Grammaire
- -고 싶다 : avoir envie de
- -는 것 : nominalisation du verbe
- -마다 : chaque
- -아/어 있다 : état accompli
- -지 : évidence, questionnement

Dialogues

D14.1 J'ai envie de voir un film d'horreur

민지   오늘 저녁에 뭐 할까?

니콜라   영화 보러 갈까?

민지   좋아. 어떤 영화(를) 볼까?

니콜라   나는 공포 영화(를) 보고 싶어[1].

민지   정말? 밤에 보기에는 무섭지 않아?

Min-ji	On fait quoi ce soir ?
Nicolas	Et si on allait voir un film ?
Min-ji	D'accord. Quel genre de film ?
Nicolas	J'ai envie de voir un film d'horreur.
Min-ji	Vraiment ? Ce n'est pas effrayant à voir la nuit ?

Voici une liste de genres cinématographiques :

- 액션 : action   액션 영화 : film d'action
- 공포 : peur, terreur, horreur   공포 영화 : film d'horreur
- 전쟁 : guerre   전쟁 영화 : film de guerre
- 범죄 : crime   범죄 영화 : film policier
- 모험 : aventure   모험 영화 : film d'aventure
- 코미디 : comédie (spectacle)   코미디 영화 : comédie (cinéma)
- 드라마 : drame (spectacle)   드라마 영화 : drame (cinéma)
- 시대 : époque, période   시대극(영화) : film historique

D14.2 À quelle heure est la séance ?

수영   요즘에는 극장에서 어떤 영화가 재미있을까요?

토마   새 제임스 본드 영화와 배트맨을 하고 있어요.

수영   배트맨 보는 게[2] 어때요?

토마   좋아요. 상영은 몇 시예요?

수영   오전 11시부터 2시간마다[3] 상영해요.

토마   오후 1시 영화를 보는 게 어때요?

수영   좋아요.

Leçon 14

Soo-yeong	Qu'y a-t-il d'intéressant au cinéma ces jours-ci ?
Thomas	Il y a le nouveau James Bond et Batman.
Soo-yeong	Ca te dit de voir Batman ?
Thomas	Oui. À quelle heure est la séance ?
Soo-yeong	Il y a une séance toutes les 2 heures à partir de 11h.
Thomas	Ca te dit de voir le film de 13h ?
Soo-yeong	Oui.

Le terme 극장 désigne un endroit aménagé d'une scène et d'une salle pour les spectateurs. Il peut s'agir d'un théâtre, d'un cinéma ou encore d'une salle de concert. C'est donc un terme plus général que 영화관 qui ne s'applique qu'au cinéma.

D14.3 Mettez-moi deux sièges côte à côte

매표원 안녕하십니까?

수영 안녕하세요? 배트맨은 몇 시에 하나요?

매표원 다음 상영 시간은 8시 45분입니다.

수영 그 시간으로 표 두 장 주세요.

매표원 어느 좌석으로 해 드릴까요?

수영 가운데에 붙어 있는⁴ 두 좌석으로 해 주세요.

매표원 멤버십카드 있으세요?

수영 없어요.

매표원 18,000원입니다.

Guichetier	Bonjour.
Soo-yeong	Bonjour. A quelle heure passe « Batman » ?
Guichetier	La prochain séance est à 20h45.
Soo-yeong	Je vais prendre deux tickets pour cette séance.
Guichetier	Quels sièges préférez-vous ?
Soo-yeong	Mettez-moi deux sièges côte à côte au centre.
Guichetier	Avez-vous la carte de fidélité ?
Soo-yeong	Non.
Guichetier	Cela fait 18 000 wons.

1 공포 영화 — film d'horreur
무섭다 — être effrayant(e), terrifiant(e), avoir peur

2 극장 — théâtre, cinéma
새 — nouveau(x), nouvelle(s)
상영 — séance (de cinéma), projection (d'un film)
–마다 — tou(te)s les, chaque
상영하다 — projeter (un film) (= 상영을 하다)

3 좌석 — place, siège
가운데 — centre, milieu
붙다 — coller, être accolé(e)
멤버십카드 — carte de membre

Au cinéma 영화관에서

Dialogues

Si vous avez l'occasion d'aller au cinéma en Corée du Sud, vous serez peut-être surpris de devoir choisir votre place au moment de l'achat du ticket. Les films font souvent salle comble, et les places sont attribuées à l'avance. Ainsi, que vous réserviez le ticket sur votre ordinateur ou votre smartphone, ou que vous l'achetiez sur place, vous pourrez sélectionner votre place sur un plan interactif de la salle.

D14.4 J'ai ri du début à la fin

민지   영화 재미있었지[5]?
니콜라   응, 처음부터 끝까지 웃었어.
민지   남자 배우도 연기 잘 하고 여자 배우도 귀여워.
니콜라   맞아. 그런데, 남자 배우가 누구지?
민지   이병헌이야. 한국에서 가장 유명한 배우 중(의) 한 명이야.

Min-ji	Le film était intéressant, n'est-ce-pas ?
Nicolas	Oui, j'ai ri du début à la fin.
Min-ji	L'acteur joue bien, et l'actrice est mignonne.
Nicolas	C'est vrai. Au fait, c'est qui l'acteur ?
Min-ji	C'est Lee Byung-hun, un des acteurs les plus célèbres en Corée.

Maintenant que nous savons employer le superlatif, il est intéressant de voir comment construire l'expression « un(e) des plus … ; un(e) des … les plus … ». Le terme qui va nous être utile pour cela est le nom dépendant 중, qui signifie « parmi ; pendant ».
Voyons comment la phrase en question dans ce dialogue est construite :

가장 유명한 배우 중의 한 명이다   C'est un des acteurs les plus célèbres.
les plus célèbres acteurs parmi une personne être

Littéralement, cette phrase pourrait se traduire par : « C'est une personne parmi les acteurs les plus célèbres ». En coréen, on commence par désigner le groupe qui sert de référence (ici : les acteurs les plus célèbres), puis l'individu dont il est question. L'élément liant les deux est 중의, composé de 중 (« parmi ») suivi de la particule d'appartenance 의 (facultative).

Leçon 14

D14.5   J'aime tout sauf les films d'action

수영   특별히 보고 싶은 영화(가) 있어요?

민지   글쎄요. 저는 액션 영화(를) 제외하고 다 좋아해요.

수영   요즘 괜찮은 코미디 영화를 하는데 그걸 보는 게 어때요?

민지   좋아요. 이 영화에 누가 출연하지요[5]?

수영   차태현이 주연을 하고 하지원이 조연으로 출연해요.

민지   재미있겠네요!

Soo-yeong	Y a-t-il un film que tu souhaites voir en particulier ?
Min-ji	Eh bien… j'aime tout sauf les films d'actions.
Soo-yeong	En ce moment il y a une comédie pas mal, que dirais-tu de voir ça ?
Min-ji	Ça me va. Qui joue donc dans ce film ?
Soo-yeong	Cha Tae-hyun tient le rôle principal, et Ha Ji-won joue en tant que second rôle.
Min-ji	Ça doit être bien !

Dans la partie G6.4, nous avons vu que le suffixe conjonctif −고 permet de relier plusieurs propositions. Ces propositions peuvent exprimer une suite de faits indépendants, ou bien être liées entre elles selon un ordre chronologique ou un rapport de cause à effet.

Dans ce dialogue, l'expression **제외하고** signifie « hormis ; excepté » ou encore « si l'on exclut ; une fois que l'on a exclu ». Le suffixe −고 marque donc ici un rapport de cause à effet entre la proposition précédente (액션 영화를 제외하다 : exclure les films d'action) et la proposition suivante (다 좋아하다 : aimer tout) :

     액션 영화를 **제외하고** 다 좋아해요.   J'aime tout excepté les films d'action.

Une forme plus familière et plus courante à l'oral que **제외하고** fait usage du verbe 빼다 (« excepter ») :

     액션 영화를 **빼고** 다 좋아해요.   J'aime tout sauf les films d'action.

4			5		
	고르다	choisir, sélectionner		특별히	particulièrement, en particulier
	처음	commencement, début		제외하다	excepter, exclure (= 제외를 하다)
	웃다	rire, sourire		코미디 영화	comédie (cinéma)
	배우	acteur, actrice		출연하다	jouer (dans un film, sur scène, etc.) (= 출연을 하다)
	연기하다	jouer, interpréter (= 연기를 하다)		주연하다	tenir le rôle principal (= 주연을 하다)
	귀엽다	être mignon(ne), joli(e)		조연	second rôle
	그런데	au fait, à propos, pourtant			
	유명하다	être célèbre			

Grammaire

G14.1 —고 싶다 : avoir envie de

La forme —고 싶다 permet d'exprimer un désir ou un souhait : « vouloir ; avoir envie de ; souhaiter ». Elle est composée du suffixe conjonctif —고 suivi de l'adjectif auxiliaire de souhait 싶다.
—고 싶다 s'emploie après le radical d'un verbe dans une phrase déclarative à la première personne, et dans une phrase interrogative à la deuxième personne.

코미디 영화를 보고 싶어요.	J'ai envie de voir une comédie.
한식을 먹고 싶어요.	J'ai envie de manger coréen.
다시는 그와 말하고 싶지 않아요.	Je ne veux plus lui parler.
교회에 별로 가고 싶지 않아요.	Je n'ai pas vraiment envie d'aller à l'église.
보고 싶은 영화가 있어?	Y a-t-il un film que tu aimerais voir ?

G14.2 —는 것 : nominalisation du verbe

La forme —는 것 employée après le radical d'un verbe permet de nominaliser ce verbe, c'est-à-dire d'utiliser ce verbe comme un nom dans la phrase. Cette forme est utile pour faire suivre le verbe d'un autre verbe ou d'un adjectif. Elle correspond en français à « le fait de », ou encore au verbe à l'infinitif.
—는 것 est souvent suivi d'une particule de sujet, de thème ou d'objet selon la fonction grammaticale du verbe dans la phrase. Ces trois éléments ont également une forme abrégée.

Particule	Forme normale	abrégée
de sujet	—는 것이	—는 게
de thème	—는 것은	—는 건
d'objet	—는 것을	—는 걸

저는 영화를 보는 것을 좋아해요.	J'aime (le fait de) regarder des films.
저는 요리하는 걸 좋아하지 않아요.	Je n'aime pas (le fait de) faire la cuisine.
학교에 같이 가는 것은 어때요?	Que dis-tu d'aller à l'école ensemble ?
식당에서 식사하는 것이 비싸요.	Manger au restaurant coûte cher.
오늘 일찍 퇴근하는 게 힘들 거예요.	Cela va être difficile de quitter le bureau de bonne heure aujourd'hui.
매일 밤 늦게 일하는 게 피곤해요.	C'est fatigant de travailler tard tous les jours.

G14.3   –마다 : chaque

La particule –마다 se place après un nom et signifie « tou(te)s les ; chaque ». Le nom la précédant indique une durée ou une entité dénombrable.

–마다 s'emploie souvent avec le préfixe 매 (« chaque ») que nous avons abordé dans la partie D10.1. Il permet de renforcer l'idée de répétition.

이틀마다 장을 봐요.	Je fais mes courses tous les deux jours.
저는 아침마다 운동을 해요.	Je fais du sport tous les matins.
2주마다 부모님을 만나러 가요.	Je rends visite à mes parents toutes les 2 semaines.
사람마다 성격이 달라요.	Chaque personne a un caractère différent.
매일마다 8시간 일을 해요.	Je travaille 8 heures chaque jour.
매시간마다 전화가 울려요.	Le téléphone sonne toutes les heures.

G14.4   –아/어 있다 : état accompli

La forme –아/어 있다 indique que l'action exprimée par le verbe précédent se trouve dans l'état accompli, c'est-à-dire que l'action est déjà réalisée et que le résultat de cette action perdure. Cette forme correspond souvent en français à la voie passive : « être + *participe passé* ».

–아/어 있다 s'emploie principalement après un verbe d'action transitif. Cette forme ne s'utilise pas avec les verbes dont c'est l'action elle-même, et non le résultat de cette action, qui dure dans le temps. Pour ces derniers, on emploiera la forme –고 있다 (« être en train de », voir G12.2).

Verbe	Exemple	
되다	이 가방은 가죽으로 되어 있어요.	Ce sac est en cuir. / Ce sac est fait de cuir.
살다	할아버지께서 아직 살아 계세요.	Mon grand-père est toujours en vie.
앉다	민지가 벤치에 앉아 있어요.	Min-ji est assise sur un banc.
헤어지다	그들은 3년 동안 헤어져 있었어요.	Ils étaient séparés durant 3 ans.
준비되다	저녁 식사가 준비되어 있어요.	Le dîner est prêt.
오다	파티에 많은 사람들이 와 있어요.	Beaucoup de gens sont (arrivés) à la fête.
붙다	학교는 도서관과 붙어 있어요.	L'école touche la bibliothèque (*litt. : L'école est accolée à la bibliothèque.*)

Grammaire

G14.5 —지 : évidence, questionnement

La terminaison —지 employée après un verbe ou un adjectif a de nombreuses fonctions. Elle peut exprimer une évidence, un questionnement, un ordre, une proposition, etc. Voyons les cas les plus courants :

- employée dans une phrase déclarative, le suffixe —지 exprime souvent une forte probabilité (« probablement ; bien sûr ») ou permet d'accentuer une affirmation (« tu sais ; c'est vrai que »).

마리는 오겠지.	Marie viendra bien. / Maria viendra probablement.
인터넷에서 더 싸게 살 수 있겠지.	On pourra bien l'acheter moins cher sur internet.
그는 우리들을 기다리겠지.	Il va bien nous attendre.
그는 좋은 사람이지.	C'est une bonne personne, tu sais.

- employé dans une phrase interrogative, le suffixe —지 permet de demander l'avis de son interlocuteur sur une affirmation (« n'est-ce pas ? ; non ? ») ou encore d'exprimer l'étonnement, la surprise ou le questionnement.

이 꽃 예쁘지?	Cette fleur est belle, non ?
영화 재미있었지요?	Le film était intéressant, n'est-ce pas ?
저 사람은 누구지?	Qui donc est cette personne ?
시험이 왜 이렇게 어렵지?	Pourquoi l'examen est-il donc si difficile ?

Vocabulaire — Leçon 14

Nom / 명사

가운데	centre, milieu	상영	séance (de cinéma), projection (d'un film)
가죽	cuir	시대	époque, période
공포	peur, terreur, horreur	시대극(영화)	film historique
교회	église	시험	examen
극장	théâtre, cinéma	이틀	deux jours
드라마	drame (spectacle)	인터넷	internet
멤버십카드	carte de membre	전쟁	guerre
모험	aventure	조연	second rôle
배우	acteur, actrice	좌석	place, siège
범죄	crime	처음	commencement, début
벤치	banc	코미디	comédie (spectacle)

Déterminant / 관형사

새	nouveau(x), nouvelle(s)

Particule / 조사

—마다	tou(te)s les, chaque

Adjectif (verbe descriptif) / 형용사

귀엽다	être mignon(ne), joli(e)	어렵다	être difficile, dur(e)
늦다	être tard, être en retard	유명하다	être célèbre
무섭다	être effrayant(e), terrifiant(e), avoir peur		

Verbe / 동사

고르다	choisir, sélectionner	웃다	rire, sourire
붙다	coller, être accolé(e)	제외하다	excepter, exclure (= 제외를 하다)
상영하다	projeter (un film) (= 상영을 하다)	주연하다	tenir le rôle principal (= 주연을 하다)
앉다	s'asseoir	준비되다	être prêt(e) (= 준비가 되다)
연기하다	jouer, interpréter (= 연기를 하다)	출연하다	jouer (dans un film, sur scène, etc.) (= 출연을 하다)
울리다	sonner		

Adverbe / 부사

그런데	au fait, à propos, pourtant	이렇게	si, tellement, aussi
아직	encore, toujours	특별히	particulièrement, en particulier, spécialement

Jebudo

Leçon 15
Au musée
박물관에서

But de la leçon
Savoir discuter d'une exposition, donner ses impressions sur une œuvre.

Grammaire
- -(으)ㄴ/는/ㄹ 것 같다 : sembler
- -아/어 보다 : essayer, tenter
- -(으)ㄹ 만하다 : valoir la peine de
- -아지다/어지다 : devenir, se ...
- -(으)ㄹ 때 : lorsque, au moment de
- -기 위해(서) : dans le but de, pour

Dialogues

D15.1   Qu'y a-t-il au musée ces jours-ci ?

수영   심심한데 미술관(에) 같이 가는 게 어때요?
토마   요즘 미술관에서 어떤 전시회를 하나요?
수영   현대 조각 전시회하고 사진 전시회가 있어요.
토마   어느 것이 더 재미있을까요?
수영   저는 사진 전시회가 더 재미있을 것 같아요[1].

Soo-yeong	Je m'ennuie, que dis-tu d'aller au musée d'art ensemble ?
Thomas	Qu'y a-t-il comme exposition au musée d'art en ce moment ?
Soo-yeong	Il y a une exposition de sculpture contemporaine et une exposition photo.
Thomas	Je me demande laquelle est la plus intéressante.
Soo-yeong	Pour moi, l'exposition photo a l'air plus intéressante.

D15.2   Y a-t-il un tarif étudiant ?

토마   사진 전시회 입장료(가) 얼마예요?
매표원   일반 가격은 12,000원입니다.
토마   학생 할인(이) 돼요?
매표원   네, 학생증(을) 보여 주시면 20프로 할인(을) 받으실 수 있습니다.
토마   여기 있습니다.

Thomas	Combien coûte l'entrée à l'exposition photo ?
Guichetière	Le tarif normal est de 12 000 wons.
Thomas	Y a-t-il un tarif étudiant ?
Guichetière	Oui, si vous présentez votre carte d'étudiant, vous pouvez avoir 20 pour cent de réduction.
Thomas	La voici.

> Le tarif étudiant se dit « 학생 할인 », littéralement « réduction étudiant ». Voici d'autres types de réductions courantes :
> - 단체 할인 : tarif de groupe
> - 장애인 할인 : tarif handicapé
> - 청소년 할인 : tarif jeune

Leçon 15

D15.3 Regarde un peu cette photo

토마 이 사진(을) 좀 봐 봐요². 정말 인상적이에요.
수영 네, 저도 마음에 들어요.
토마 저 사진은 좀 이상한 것 같은데¹ 뭘까요?
수영 글쎄요... 동물인 것 같은데¹ 그렇지 않을까요?
토마 네, 동물 맞는 것 같아요¹.

| Thomas | Regarde un peu cette photo. Elle est vraiment impressionnante.
| Soo-yeong | Oui, elle me plaît aussi.
| Thomas | Cette photo-là semble un peu étrange, qu'est-ce que cela peut-il bien être ?
| Soo-yeong | Euh... on dirait un animal, tu ne penses pas ?
| Thomas | Oui, cela doit être un animal.

« 뭘까요? » est la forme contractée de « 무엇일까요? » : « qu'est-ce que cela peut-il bien être ? ; je me demande ce que c'est ». Rappelons que le pronom interrogatif « 뭐 » est la forme contractée de « 무엇 » (voir G1.6).

D15.4 Ca vaut le coup d'y aller

민지 서울에서 박물관(에) 가 본 적이 있어?
니콜라 물론이지. 나는 역사 박물관이 제일 좋아.
민지 전쟁기념관(에) 가 봤어²?
니콜라 아니. 재미있어?
민지 응, 재미있어. 갈 만해³.

| Min-ji | Tu es déjà allé au musée à Séoul ?
| Nicolas | Bien sûr. Le musée d'histoire est mon favori.
| Min-ji | Tu es déjà allé au mémorial de la guerre ?
| Nicolas | Non. C'est intéressant ?
| Min-ji | Oui, c'est intéressant. Ca vaut le coup d'y aller.

1	심심하다	s'ennuyer, ne pas savoir quoi faire	**2**	일반 가격	tarif normal	**3**	인상적이다	être impressionnant(e)
	미술관	musée d'art		할인	réduction, rabais		이상하다	être bizarre, étrange, curieux(se)
	현대	contemporain(e)		학생 할인	tarif étudiant		동물	animal
	조각	sculpture		학생증	carte d'étudiant		같다	être identique, semblable
	전시회	exposition						

Dialogues

D15.5 — Il fut inventé à l'époque de Goryeo

마리옹 이건 뭐예요?
가이드 이것은 조선 시대에 만들어진⁴ 부채입니다.
마리옹 저 도구는 뭐예요?
가이드 옛날에 사람들이 사냥할 때⁵ 사용하던 도구입니다.
마리옹 어느 시대에 사용되었나요?
가이드 고려 시대 때⁵ 발명되었고 조선 시대 말까지 사용되었습니다.
마리옹 이 물건은 무엇으로 만들어졌나요?
가이드 나무로 만들어진 작은 수납장입니다.
마리옹 어떤 용도로 사용되었나요?
가이드 보석을 보관하기 위해서⁶ 사용되었습니다.

Marion	Qu'est-ce que c'est ?
Guide	C'est un éventail fabriqué durant l'ère Joseon.
Marion	Quel est cet outil ?
Guide	C'est un outil que les gens utilisaient à l'époque pour chasser.
Marion	À quelle époque était-il utilisé ?
Guide	Il fut inventé à l'époque de Goryeo puis utilisé jusqu'à fin de l'ère Joseon.
Marion	En quoi cet objet est-il fabriqué ?
Guide	C'est une petite armoire faite de bois.
Marion	Quel était son usage ?
Guide	Elle était utilisée pour stocker des bijoux.

> Joseon et Goryeo sont deux périodes très longues de l'histoire de la Corée.
> Le royaume de Goryeo s'étend du début du Xe siècle à la fin du XIVe siècle. C'est au cours de cette ère que la poterie de type céladon, très raffinée, fut inventée. Le royaume de Goryeo a donné son nom à la dénomination actuelle de la péninsule dans beaucoup de langues : *Korea* ou encore *Corée*.
> La dynastie Joseon fait suite au royaume de Goryeo. Ayant fait de Séoul sa capitale, elle occupe le trône durant plus de cinq siècles, de 1392 à 1910. Cette dynastie a légué à la Corée moderne sa culture, ses traditions et son écriture.

> Le suffixe –던, placé après le radical d'un verbe ou d'un adjectif, indique un fait du passé ou une action répétée ou habituelle dans le passé.

Leçon 15

D15.6 Il est interdit de prendre des photos

토마   이 그림(이) 참 훌륭하네요. 사진 같아요.

수영   그러네요. 얼굴(의) 표정이 정확하게 그려져[4] 있네요.

토마   저 그림도 마음에 들어요. 사진(을) 찍고 싶어요.

가이드   죄송하지만 박물관에서는 사진 촬영이 금지되어 있습니다.

토마   아, 정말이요? 왜 금지되어 있지요?

가이드   작품들을 보호하기 위해서 금지되어 있습니다.

Thomas	Ce tableau est vraiment splendide. On dirait une photo.
Soo-yeong	C'est vrai ! L'expression du visage est peinte avec précision.
Thomas	Ce tableau là-bas aussi me plaît bien. J'ai envie de le prendre en photo.
Guide	Excusez-moi, mais il est interdit de prendre des photos dans le musée.
Thomas	Ah, vraiment ? Pourquoi donc est-ce interdit ?
Guide	C'est interdit afin de protéger les œuvres.

> Selon le contexte et l'emploi que l'on en fait, le verbe 같다 peut signifier « être identique ; être le (la) même » ou bien « se ressembler ; être semblable ». La forme employée dans ce dialogue, « a+이/가 b 같다 » signifie « a ressemble à b ».
>
> Pour éviter toute ambiguïté, on emploiera un autre verbe pour comparer deux entités qui sont totalement identiques : 똑같다 (« être identique ; être la même chose »).
>
> Le verbe 같다 s'emploie aussi dans la forme très courante –(으)ㄴ/는/(으)ㄹ 것 같다 qui signifie « on dirait que ; il semble que » (voir G15.1).

4
박물관	musée
역사	histoire, l'Histoire
전쟁	guerre
기념관	mémorial

5
만들다	faire, fabriquer
부채	éventail
도구	outil
옛날	autrefois, jadis, à l'époque
사냥하다	chasser (= 사냥을 하다)
사용되다	être utilisé(e), employé(e) (= 사용이 되다)
발명되다	être inventé(e) (= 발명이 되다)
말	fin (d'une période)
작다	être petit(e)
수납장	armoire, rangement
용도	emploi, usage
보석	bijou
보관하다	garder, conserver (= 보관을 하다)

6
그림	peinture, tableau
훌륭하다	être remarquable, splendide
얼굴	visage
표정	expression (faciale)
정확하다	être exact(e), précis(e)
찍다	prendre (une photo), tourner (un film)
촬영	photographie, tournage
금지되다	être interdit(e) (= 금지가 되다)
작품	œuvre
보호하다	protéger (= 보호를 하다)

Au musée 박물관에서

Grammaire

G15.1 –(으)ㄴ/는/(으)ㄹ 것 같다 : sembler

La forme –(으)ㄴ/는/(으)ㄹ 것 같다 s'emploie après un verbe ou un adjectif pour exprimer une supposition, une incertitude : « on dirait que … ; il semble que … ; je crois que … ».
On emploie le suffixe –ㄴ/은, –는 ou –ㄹ/을 selon le temps du verbe ou de l'adjectif qui le précède :
- –ㄴ/은 après un verbe dont l'action est terminée, ou un adjectif indiquant l'état présent (voir G10.2),
- –는 après un verbe dont l'action est en cours de déroulement (voir G7.5),
- –ㄹ/을 après un verbe dont l'action n'a pas encore été réalisée, ou un adjectif dont l'état n'a pas encore été atteint ou vérifié (voir G17.1).

토마는 피곤한 것 같아요.	Thomas a l'air fatigué.
사장님이 퇴근하신 것 같습니다.	Il semble que le directeur a quitté le bureau.
그 이야기를 이미 들은 것 같아요.	Il me semble avoir déjà entendu cette histoire.
그는 매운 음식을 좋아하는 것 같아요.	On dirait qu'il aime la nourriture épicée.
네 말이 맞는 것 같아.	Je crois que tu as raison.
이 영화는 별로 재미없을 것 같아요.	Ce film n'a pas l'air très intéressant.
곧 비가 올 것 같아요.	On dirait qu'il va bientôt pleuvoir.
회의가 6시 이전에 끝날 것 같지 않아요.	Je ne crois pas que la réunion se terminera avant 6 heures.

G15.2 –아/어 보다 : essayer, tenter

La forme –아/어 보다 s'emploie après un verbe pour indiquer la tentative, l'essai : « essayer de ; tenter de ». Il permet également d'exprimer l'expérience liée à l'action indiquée par le verbe : « faire l'expérience de ». Cette forme s'emploie souvent avec le nom 한번 (« une fois ; pour voir »), placé avant le verbe et qui indique également la tentative (il n'est pas toujours traduit en français).
–아 보다 s'emploie avec les verbes dont la voyelle finale est ㅏ ou ㅗ. Tous les autres verbes prennent la forme –어 보다.

한국 음식 먹어 봤어요?	Avez-vous déjà essayé (de manger de) la nourriture coréenne ?
저는 일본에 가 본 적이 없어요.	Je ne suis jamais allé(e) au Japon. *(litt. : Je n'ai jamais fait l'expérience d'aller au Japon.)*
한번 생각해 볼게요.	Je vais y réfléchir.
이 바지를 한번 입어 보세요.	Essayez voir ce pantalon.

G15.3 —(으)ㄹ 만하다 : valoir la peine de

La forme –(으)ㄹ 만하다 signifie « valoir la peine de ; valoir le coup de ; mériter ».
–ㄹ 만하다 s'emploie après un verbe se terminant par une voyelle ou par la consonne ㄹ, et –을 만하다 après un verbe se terminant par toute autre consonne.

> 가 볼 만한 식당이에요.   C'est un restaurant qui vaut la visite.
> 이 영화는 볼 만해요.   Ce film vaut la peine d'être vu.

G15.4 —아지다/어지다 : devenir, se ...

지다 est un verbe auxiliaire permettant de transformer un adjectif en verbe, et un verbe transitif en verbe intransitif de sens passif. Il correspond souvent en français au pronom personnel « se ».

- après un adjectif, la forme –아지다/어지다 indique que l'état d'un objet ou d'une personne se transforme graduellement pour atteindre l'état exprimé par l'adjectif : « devenir *adjectif* ».

Adjectif	Adjectif + 아지다/어지다	Exemple
낫다 être meilleur(e) (que)	나아지다 s'améliorer	그의 건강이 많이 나아졌어요. Sa santé s'est beaucoup améliorée.
맑다 être clair, ensoleillé	맑아지다 s'éclaircir	오늘 아침부터 날씨가 맑아졌어요. Le temps s'est éclairci depuis ce matin.
조용하다 être calme	조용해지다 devenir calme	방이 갑자기 조용해졌어요. Soudain le calme se fit dans la salle. / La salle est devenue soudainement silencieuse.

- après un verbe, la forme –아지다/어지다 indique que l'action exprimée par ce verbe se réalise d'elle-même, de manière passive.

Verbe	Verbe + 아지다/어지다	Exemple
이루다 réaliser, accomplir	이루어지다 se réaliser, s'accomplir	그의 소원이 이루어졌어요. Son vœu s'est exaucé.
만들다 faire, fabriquer	만들어지다 être fait(e), fabriqué(e)	이 집은 나무로 만들어졌어요. Cette maison est faite en bois.
느끼다 sentir, ressentir	느껴지다 se faire sentir, être ressenti(e)	팔에 고통이 느껴져요. Une douleur se fait sentir dans le bras. / Je ressens une douleur dans le bras.

Grammaire

G15.5 −(으)ㄹ 때 : lorsque, au moment de

Le nom 때 signifie « moment ; période ; époque ». Précédé d'un nom temporel, il indique un point dans le temps.

Nom + 때	Exemple	
15살 때 L'âge de 15 ans	15살 때 한국에 갔어요.	Je suis allé en Corée à l'âge de 15 ans.
고려 때 L'époque Goryeo	고려 때 만들어진 도구예요.	C'est un outil fabriqué durant l'époque Goryeo.
크리스마스 때 La période de Noël	크리스마스 때 뭐 했어요?	Qu'as-tu fais à (la période de) Noël ?
방학 때 La période des vacances scolaires	방학 때까지 두 달 남았어요.	Il reste deux mois avant la période des vacances scolaires.

때 peut également s'employer après un verbe suivi du suffixe du futur −ㄹ/을 (voir G17.1). −(으)ㄹ 때 signifie « quand ; lorsque ; au moment de ».

젊었을 때 파리에서 살았어요.	J'habitais à Paris quand j'étais jeune.
한국에 갔을 때 날씨가 너무 추웠어요.	Lorsque je suis allé en Corée, il faisait trop froid.
시간이 생길 때 여행을 갈 거예요.	Je partirai en voyage lorsque j'aurai le temps.
시내에 갈 때마다 돈을 너무 많이 써요.	A chaque fois que je vais au centre-ville, je dépense trop d'argent.
일을 할 때 음악을 듣는 것이 좋아요.	J'aime écouter de la musique lorsque je travaille.

G15.6 −기 위해(서) : dans le but de, pour

La forme −기 위해서 indique le but d'une action : « dans le but de ; pour ; afin de ». Elle s'emploie après le radical d'un verbe d'action indiquant le but. Deux autres formes possibles sont −기 위하여 et sa forme contractée −기 위해.

돈을 벌기 위해서 열심히 일해요.	Je travaille dur pour gagner de l'argent.
숙제를 하기 위해서 도서관에 갔어요.	Je suis allé à la bibliothèque pour faire mes devoirs.
그는 우리를 돕기 위해서 여기에 왔어요.	Il est venu ici dans le but de nous aider.
살기 위해 먹나요, 먹기 위해 사나요?	Mangeons-nous pour vivre, ou vivons-nous pour manger ?

Vocabulaire — Leçon 15

Nom / 명사

건강	santé	이야기	histoire, récit
그림	peinture, tableau	이전	avant
기념관	mémorial	이상적	impressionnant(e) 이상적이다 : être impressionnant(e)
단체 할인	tarif de groupe	일반 가격	tarif normal
도구	outil	작품	œuvre
동물	animal	장애인 할인	tarif handicapé
말	fin (d'une période)	전시회	exposition
미술관	musée d'art	조각	sculpture
바지	pantalon	청소년 할인	tarif jeune
박물관	musée	촬영	photographie, tournage
방학	vacances scolaires	크리스마스	Noël
보석	bijou	표정	expression (faciale)
부채	éventail	학생 할인	tarif étudiant
수납장	armoire, rangement	학생증	carte d'étudiant
얼굴	visage	한번	une fois, pour voir
역사	histoire, l'Histoire	할인	réduction, rabais
옛날	autrefois, jadis, à l'époque	현대	contemporain(e)
용도	emploi, usage		

Adjectif (verbe descriptif) / 형용사

같다	être identique, semblable	작다	être petit(e)
낫다	être meilleur(e) (que)	재미없다	être ennuyeux(se), sans intérêt (= 재미가 없다)
똑같다	être identique, la même chose	젊다	être jeune
심심하다	s'ennuyer, ne pas savoir quoi faire	정확하다	être exact(e), précis(e)
이상하다	être bizarre, étrange, curieux(se)	훌륭하다	être remarquable, splendide

Verbe / 동사

금지되다	être interdit(e) (= 금지가 되다)	보호하다	protéger (= 보호를 하다)
남다	rester, demeurer	사냥하다	chasser (= 사냥을 하다)
느끼다	sentir, ressentir	사용되다	être utilisé(e), employé(e) (= 사용이 되다)
만들다	faire, fabriquer	생각하다	penser, réfléchir, songer (= 생각을 하다)
발명되다	être inventé(e) (= 발명이 되다)	이루다	réaliser, accomplir
벌다	gagner (de l'argent)	찍다	prendre (une photo), tourner (un film)
보관하다	garder, conserver (= 보관을 하다)		

Adverbe / 부사

열심히	avec ardeur, assidûment, dur	이미	déjà, d'avance

Jebudo

Leçon 16

À un concert
콘서트에서

But de la leçon
Savoir discuter de la date et de l'heure d'un spectacle, donner ses impressions sur un spectacle.

Grammaire
- -(으)ㄹ래 : proposition, intention
- -(으)ㄴ데/는데 : étonnement, requête
- Adverbes de conjonction
- -번째 : -ième (fois)
- -(으)면 안 되다 : interdiction
- -밖에 + nég. : seulement, ne ... que

Dialogues

D16.1   Je vais réserver deux places

수영 이번 주말에 샤이니 콘서트 보러 가는데 같이 갈래요[1]?

민지 샤이니요? 그 그룹을 아주 좋아하는데요[2]. 콘서트는 언제 어디서 해요?

수영 토요일 일곱 시에 잠실운동장에서요. 잠실역 근처예요.

민지 표는 얼마예요?

수영 6만 원이에요.

민지 괜찮네요. 저도 갈래요.

수영 그러면[3] 표 두 장 예약할게요.

Soo-yeong	Je vais voir un concert de SHINee ce week-end, ça te dit qu'on y aille ensemble ?
Min-ji	SHINee ? J'aime beaucoup ce groupe. Où et quand le concert a-t-il lieu ?
Soo-yeong	Samedi soir à 19h au stade de Jamsil. C'est près de la station Jamsil.
Min-ji	Combien coûte le billet ?
Soo-yeong	C'est 60 000 wons.
Min-ji	Pas mal ! Je veux y aller aussi.
Soo-yeong	Alors je vais réserver deux places.

D16.2   Veuillez présenter vos billets

민지 수영 언니, 표(를) 챙겼어요?

수영 물론이지요.

매표원 표를 제시해 주세요.

수영 여기 있습니다.

매표원 오른쪽으로 가세요. 좌석은 다섯 번째[4] 줄입니다.

Min-ji	Soo-yeong, tu as pris les billets ?
Soo-yeong	Bien sûr.
Guichetière	Veuillez présenter vos billets, s'il vous plaît.
Soo-yeong	Les voici.
Guichetière	Dirigez-vous vers la droite. Votre siège se trouve dans la cinquième rangée.

> La forme « –아/어 주시기 바랍니다 » permet de formuler une demande de manière polie : « je vous prie de bien vouloir ; ayez l'obligeance de ; veuillez ... s'il vous plaît ». Elle s'emploie dans un contexte formel, par exemple entre un employé et un client. Elle est plus polie que la forme « –아/어 주세요 » que nous avons abordée dans la partie G7.4.

Leçon 16

D16.3 Le concert se termine vers quelle heure ?

마리옹 수영 씨, 지금 통화할 수 있어요? 주위가 참 시끄럽네요.

수영 선생님 죄송하지만, 지금 콘서트(를) 보고 있는데 콘서트(가) 끝나고 다시 전화 드리면 안 될까요[5]?

마리옹 몇 시쯤에 끝나는데요?

수영 일곱 시부터 여덟 시 반까지라서 한 시간 정도 더 걸릴 것 같습니다.

마리옹 알겠어요. 콘서트가 끝나면 꼭 전화해 주세요.

Marion	Soo-yeong, est-ce que l'on peut discuter au téléphone maintenant ? C'est vraiment bruyant autour de toi.
Soo-yeong	Excusez-moi professeure, mais je suis en train de regarder un concert. Puis-je vous rappeler une fois le concert terminé ?
Marion	Il se termine vers quelle heure ?
Soo-yeong	C'est de sept heures à huit heures et demie, donc je crois que ça va durer encore près d'une heure.
Marion	Entendu. Appelle-moi sans faute une fois le concert terminé.

Nous connaissons le suffixe –쯤 pour indiquer une approximation. Le nom 정도 remplit également cette fonction. Placé après une nom exprimant une quantité, il signifie « environ ; à peu près ».

La copule –이다 se place généralement après un nom, mais elle peut également être précédée d'une particule, comme c'est le cas dans cette phrase avec la particule –까지 :

일곱 시부터 여덟 시 반까지**라서** 한 시간 정도 더 걸릴 것 같습니다.

Ici, la terminaison –라서 correspond à la forme combinée de la copule –이다 et du suffixe de cause –아서/어서 (voir G11.4).

1	콘서트	concert	2	챙기다	prendre (avec soi), emporter	3	주위	alentours, environs, autour
	그룹	groupe (de musique)		제시하다	présenter, montrer		정도	environ, à peu près
	예약하다	réserver, faire une réservation			(= 제시를 하다)		꼭	absolument, sans faute
		(= 예약을 하다)		번째	-ième			
				줄	rang, rangée			

À un concert 콘서트에서

Dialogues

D16.4 J'ai passé un bon moment

마리옹 어제 퇴근하고 뭐 하셨어요?

준수 어젯밤에 잠실운동장으로 콘서트를 보러 갔어요.

마리옹 어느 가수(의) 콘서트(를) 보셨어요?

준수 자우림 콘서트를 봤어요. 자우림 아세요? 한국에서 가장 인기 있는 록 그룹 중의 하나예요.

마리옹 네, 자우림 잘 알고 있어요. 혼자 가셨어요?

준수 아니요, 제 형과 친구 한 명이랑 같이 갔어요.

마리옹 콘서트는 볼 만했어요?

준수 네, 정말 훌륭한 공연이었어요. 그렇지만³ 한 시간 밖에⁶ 안 했어요.

마리옹 그래요³? 가격이 얼마였는데요?

준수 십만 원이나 냈어요. 그래서³ 조금 실망했지만 좋은 시간(을) 보냈어요.

마리옹 그래도³ 좋은 시간(을) 보내셔서 다행이네요.

Marion	Qu'avez-vous fait après le travail hier ?
Joon-soo	Hier soir je suis allé voir un concert au stade de Jamsil.
Marion	Quel chanteur êtes-vous allé voir en concert ?
Joon-soo	J'ai vu le concert de Jaurim. Vous connaissez Jaurim ? C'est un des groupes de rock les plus populaires en Corée.
Marion	Oui, je connais bien Jaurim. Vous y êtes allé seul ?
Joon-soo	Non, j'y suis allé avec mon grand frère et un ami.
Marion	Le concert valait-il le coup (d'être vu) ?
Joon-soo	Oui, c'était un spectacle remarquable. Mais il n'a duré qu'une heure.
Marion	Vraiment ? Combien ça coûtait ?
Joon-soo	J'ai payé cent mille wons ! Donc j'étais un peu déçu, mais j'ai passé un bon moment.
Marion	Heureusement que vous avez tout de même passé un bon moment !

Leçon 16

D16.5 Le concert est complet

민지	안녕하세요? 금요일 빅뱅 콘서트 표 두 장을 예약하려고 하는데요.
매표원	죄송하지만 표가 매진되었습니다.
민지	토요일 콘서트는 표가 남아 있어요?
매표원	한 장 밖에 남지 않았는데요. 하지만 다음 주 금요일 콘서트 표는 남아 있습니다.
민지	그럼 다음 주 금요일 콘서트 표 두 장 예약할게요.
매표원	어느 좌석으로 하시겠습니까?
민지	가장 싼 좌석은 뭐예요?
매표원	가장 싼 좌석은 S석인데요 가격은 4만 원입니다.
민지	그러면 S석으로 해 주세요.
매표원	8만 원(이) 되겠습니다.

Min-ji	Bonjour, je voudrais réserver deux billets pour le concert de Big Bang vendredi.
Guichetière	Je suis désolée, mais le concert est complet.
Min-ji	Reste-t-il des places pour le concert de samedi ?
Guichetière	Il n'en reste qu'une. Mais il reste des billets pour le concert de vendredi prochain.
Min-ji	Alors je vais réserver deux billets pour vendredi prochain.
Guichetière	Quelles places prendrez-vous ?
Min-ji	Quelles sont les places les moins chères ?
Guichetière	Les places les moins chères sont en catégorie S, le prix est de 40 000 wons.
Min-ji	Alors je vais prendre deux places en catégorie S.
Guichetière	Cela fait 80 000 wons.

> Le suffixe –석 signifie « place ; siège ». Il s'emploie pour désigner les différentes catégories de places disponibles pour un spectacle. Voici les catégories de places courantes en Corée du Sud, selon l'ordre décroissant de prix :
> - VIP석 : catégorie VIP
> - R석 : catégorie « royale »
> - S석 : catégorie « spéciale »
> - 일반석 : catégorie standard

4
운동장	stade
인기(가) 있다	être populaire
록	rock
공연	représentation, spectacle, concert
그렇지만	mais, pourtant
–밖에 + nég.	seulement, ne ... que
내다	payer
그래서	alors, donc
실망하다	être déçu(e) (= 실망을 하다)
다행이다	c'est une chance que, heureusement que

5
매진되다	être épuisé(e), écoulé(e), complet (spectacle)
–석	place

À un concert 콘서트에서

Grammaire

G16.1 —(으)ㄹ래 : proposition, intention

La terminaison –(으)ㄹ래 a plusieurs fonctions :

- dans une phrase interrogative, elle permet de faire une proposition à son interlocuteur, ou de lui demander sa volonté, son intention : « veux-tu … ; que dis-tu de … ; et si … ». Contrairement à la terminaison –(으)ㄹ까 (voir G13.3), la terminaison –(으)ㄹ래 ne s'emploie qu'à la seconde personne. Mais puisqu'il s'agit de l'intention immédiate de l'interlocuteur, le locuteur est souvent implicitement inclus dans la suggestion.

이 치마 입어 보실래요?	Voulez-vous essayer cette jupe ?
뭐 먹을래?	Tu veux manger quoi ?
같이 점심을 먹을래요?	Et si on déjeunait ensemble ?
내일 영화 보러 갈래요?	Voulez-vous aller voir un film demain ? / Et si on allait voir un film demain ?

- dans une phrase déclarative, elle exprime l'intention ou le souhait immédiat du locuteur : « je vais … ; je veux … ». Dans ce cas, elle s'emploie uniquement avec la première personne.

나는 집에 갈래.	Je vais rentrer chez moi (maintenant).
나는 비빔밥을 먹을래.	Je vais manger un *bibimbap*.
저는 이 모자 살래요.	Je vais acheter ce chapeau.
저는 가고 싶지 않아요. 여기 있을래요.	Je n'ai pas envie d'y aller. Je reste ici.

G16.2 —(으)ㄴ데/는데 : étonnement, requête

La terminaison –(으)ㄴ데/는데 employée en fin de phrase marque l'étonnement, une demande ou un regret. Il peut s'agir d'une observation que le locuteur se fait à lui-même, ou bien d'une remarque qui appelle une réaction de l'interlocuteur.

La forme –(으)ㄴ데/는데 est très souvent utilisée pour faire une demande de manière implicite. Cette forme est souvent employée par un client pour entamer le dialogue avec un commerçant tout en lui exposant sa requête, c'est-à-dire la raison de sa venue ou de son appel.

날씨가 좀 추운데.	Il fait (quand même) un peu froid.
나는 이 식당이 괜찮은데.	Moi, je trouve ce restaurant pas mal.
예약을 하려고 전화하는데요.	J'appelle pour faire une réservation.
안녕하세요? 표 찾으러 왔는데요.	Bonjour. Je suis venu(e) chercher mon billet.

G16.3 Adverbes de conjonction

Les adverbes de conjonction permettent de marquer un lien logique entre deux phrases : lien de coordination, de cause, de condition, de contraste, d'opposition, de restriction, ou encore de concession. Chaque adverbe a son équivalent sous la forme d'une terminaison permettant de relier les deux phrases.
Nous avons déjà abordé certains de ces adverbes, les voici regroupés :

Adverbe	Emploi	Signification	Terminaison associée
그렇지만	contraste, opposition	« mais ; pourtant »	−지만 (voir G3.7)
그리고	coordination, simultanéité	« et ; ensuite ; et puis »	−고 (voir G6.4)
그래서	cause, raison	« alors ; donc »	−아서/어서 (voir G11.4)
그런데	explication, contraste	« mais ; pourtant »	−ㄴ데/는데 (voir G13.4)
그러면	condition	« alors ; ainsi »	−(으)면 (voir G13.6)
그래도	concession	« néanmoins ; quand même »	−아/어도 (voir G19.3)

Exemple	Équivalent avec terminaison
8시에 일어났어요. 그리고 샤워를 했어요. Je me suis levé(e) à 8h. Puis je me suis brossé les dents.	8시에 일어나고 샤워를 했어요.
날씨가 따뜻해요. 그래서 티셔츠를 입고 나갔어요. Le temps est doux. Donc je suis sorti(e) en T-shirt.	날씨가 따뜻해서 티셔츠를 입고 나갔어요.
그 이야기는 거짓말 같아요. 그렇지만 사실이에요. Cette histoire paraît invraisemblable. Mais c'est la vérité.	그 이야기는 거짓말 같지만 사실이에요.
8시간이나 잤어요. 그런데 피곤해요. J'ai dormi 8 heures. Pourtant je suis fatigué(e).	8시간이나 잤는데 피곤해요.
5분 동안 걸어가세요. 그러면 은행이 있을 거예요. Marchez pendant 5 minutes. Alors il y aura une banque.	5분 동안 걸어가면 은행이 있을 거예요.
한국어가 어려워요. 그래도 배우겠어요. Le coréen est difficile. Néanmoins, je vais l'apprendre.	한국어가 어려워도 배우겠어요.

G16.4 −번째 : -ième (fois)

Le nom dépendant 번째 indique l'ordre ou la répétition d'un fait : « -ième (fois) ». Il s'emploie après un adjectif numéral ou un déterminant (몇 ; 첫).

첫 번째	le premier	여섯 번째 줄	la sixième rangée
두 번째	le second, le deuxième	여덟 번째 주	la huitième semaine
세 번째	le troisième	열다섯 번째 생일	le quinzième anniversaire

Grammaire

G16.5 −(으)면 안 되다 : interdiction

La forme −(으)면 안 되다 exprime une interdiction : « ne pas pouvoir ; ne pas être autorisé(e) à ».

Il s'agit de l'opposé de la forme −(으)면 되다 (voir G8.6) exprimant la possibilité, mais aussi de la forme −아도/어도 되다 (voir G19.1) indiquant la permission.

Employée dans une phrase interrogative, −(으)면 안 되다 permet également de demander l'autorisation pour faire quelque chose qui n'est à l'origine pas envisagé : « ne serait-il pas possible de … ; ne pourrais-je pas plutôt … ».

−면 안 되다 s'emploie avec un verbe dont le radical se termine par une voyelle ou par la consonne ㄹ, et −으면 안 되다 avec un verbe dont le radical se termine par toute autre consonne.

나는 티셔츠를 입고 출근하면 안 돼.	Je ne peux pas aller au bureau en T-shirt.
공연 중에 사진을 찍으시면 안 됩니다.	Vous n'êtes pas autorisé(e) à prendre de photos durant le spectacle.
그러면 안 되지요.	Tu sais bien qu'il ne faut pas faire cela !
숙제는 내일 하면 안 될까요?	Ne pourrais-je pas faire mes devoirs demain ?

G16.6 −밖에 + nég. : seulement, ne … que

La particule −밖에 signifie « à part ; en dehors de ». Elle indique une limite à la locution précédente.

−밖에 est toujours suivie soit par un verbe à la forme négative (marquée par la construction −지 않다 ou par l'adverbe de négation 안), soit par un verbe ayant une connotation négative (없다, 모르다, etc.).

Ainsi, la forme « −밖에 + *forme négative* » correspond en français à « seulement ; ne … que ».

이 근처에는 호텔이 하나밖에 없어요.	Il n'y a qu'un hôtel près d'ici.
10분밖에 안 기다렸어요.	Je n'ai attendu que 10 minutes.
한국어를 조금밖에 못 해요.	Je ne parle coréen qu'un peu.
그것밖에 몰라요.	C'est tout ce que je sais. *(litt. : En dehors de cela, je ne sais pas.)*

Vocabulaire — Leçon 16

Nom / 명사

거짓말	mensonge 거짓말 같다 : être invraisemblable	운동장	stade
공연	représentation, spectacle, concert	인기	popularité, succès 인기(가) 있다 : être populaire
그룹	groupe (de musique)	정도	environ, à peu près
다행	chance, bonne fortune 다행이다 : c'est une chance que, heureusement que	주위	alentours, environs, autour
록	rock	줄	range, rangée
모자	chapeau, bonnet, casquette	치마	jupe
사실	vérité, fait, réalité	콘서트	concert
–석	place	티셔츠	T-shirt
여자친구	petite amie	호텔	hôtel

Déterminant / 관형사

첫	premier(ère)

Particule / 조사

–밖에 + nég.	seulement, ne … que

Verbe / 동사

나가다	sortir	제시하다	présenter, montrer (= 제시를 하다)
내다	payer	찾다	chercher, trouver, aller chercher
매진되다	être épuisé(e), écoulé(e), complet (spectacle) (= 매진이 되다)	챙기다	prendre (avec soi), emporter
실망하다	être déçu(e) (= 실망을 하다)	출근하다	se rendre au travail (= 출근을 하다)
예약하다	réserver, faire une réservation (= 예약을 하다)		

Adverbe / 부사

그래서	alors, donc	꼭	absolument, sans faute
그렇지만	mais, pourtant		

C'est un fait : les Coréens du Sud savent s'amuser. Lorsque l'on vit dans un pays où le nombre d'heures passées au travail est l'un des plus élevés au monde, il est essentiel d'exploiter au mieux son temps libre pour se changer les idées.

Cela dit, les loisirs des sud-Coréens ne sont pas très différents de ceux d'autres pays : friands de cinéma, ils passent aussi beaucoup de temps devant la télévision, et aiment se relaxer autour d'un verre après le travail. Passons en revue quelques traits particuliers du divertissement à la sauce coréenne.

- **노래방, le karaoké coréen**

Le karaoké est sans conteste l'activité favorite des Coréens de tout âge en soirée. Et pour preuve, on trouve ces établissements à tous les coins de rue, en sous-sol ou dans les étages des bâtiments commerçants.

Le *noraebang* (노래방), la version coréenne du karaoké, est différente de celui que l'on trouve en Occident. Il se pratique en groupe d'amis ou entre collègues dans des salles privatives que l'on loue à l'heure ou pour toute la nuit.

Le principe est simple : un répertoire pour repérer le numéro de la chanson de son choix, une télécommande pour faire la programmation et des micros pour passer à l'action. Dans la salle, on trouve également des accessoires pour égayer l'atmosphère : tambourins, maracas et autres déguisements.

Salle de karaoké coréen (노래방)

- **Les sud-Coréens, de grands « cinévores »**

Les Coréens aiment les films. Ils se rendent en moyenne près de dix fois par an au cinéma, un chiffre bien supérieur à la fréquentation des salles dans les pays européens. La grande majorité des cinémas sont des multiplexes détenus par des conglomérats. La diversité des films proposés est donc relativement limitée : il est difficile d'y trouver des films d'art et d'essai.

Séoul et les grandes villes du pays disposent de nombreuses salles de cinéma ultra-modernes : salles IMAX, 3D, 4D (avec effets sensoriels : vent, odeurs, mouvements, eau et lumière), salles « VIP » avec sièges haut de gamme et nourriture à disposition, ou encore des salles conçues spécialement pour les rendez-vous amoureux avec des sièges deux places.

Salle de cinéma haut de gamme avec canapés et grands poufs

Se divertir comme un Coréen

• *Drama* et comédie : le divertissement à la télévision

Le dimanche soir, une grande partie des sud-Coréens sont devant leur écran de télévision pour suivre les dernières aventures de leurs comédiens favoris. La télévision coréenne regorge de programmes de divertissement en tous genres : jeux proposant des défis tous plus loufoques les uns que les autres, télé-crochets mettant en scène des chanteurs en herbe ou encore des gens disposant d'un talent insolite. Bien souvent, les émissions sont agrémentées de rires enregistrés et de nombreux commentaires affichés en surimpression sur l'écran, ce qui peut repousser au premier abord.

Gag Concert (개그콘서트), émission de divertissement basée sur des sketchs

Deep Rooted Tree (뿌리깊은 나무), *drama* populaire mettant en scène le roi Sejong

Mais les programmes stars de la télévision, ce sont bien sûr les *drama* (드라마), ces feuilletons diffusés le soir sur les principales chaînes du pays. Ces séries, généralement découpées en épisodes d'une heure, traitent pour la plupart de problèmes familiaux ou professionnels auxquels peut s'identifier la population. Les *drama* ont joué un rôle primordial dans la diffusion de la culture sud-coréenne en Asie, au cours de la première « vague » culturelle des années 1990.

• Étape par étape …

Au cours d'une soirée, les salariés et étudiants ont l'habitude de fréquenter plusieurs lieux d'affilée, on dit qu'ils enchaînent les « étapes », ou « 차 » (1차 : première étape, 2차 : deuxième étape, et ainsi de suite). La soirée peut débuter au restaurant, continuer dans un bar, se poursuivre dans un karaoké… la suite dépendra des humeurs du groupe.

Il n'est pas nécessaire de faire des kilomètres pour se déplacer d'une « étape » à une autre : les rues avoisinant les universités ou les tours de bureaux sont remplies de restaurants, bars, karaokés, discothèques et autres salles d'arcade ou de billard.

Ces rues sont un feu d'artifice de lumières et de couleurs. Les néons éblouissent tellement que l'on pourrait se croire en plein jour. Les rues les plus animées de Séoul se situent près de la station *Gangnam* (강남), dans le quartier étudiant de *Hongdae* (홍대) et dans le quartier de *Myeong-dong* (명동).

Quartier commerçant la nuit, sud de Séoul

Culture et société
L'importance des relations sociales

La société coréenne est imprégnée de confucianisme, une doctrine philosophique qui régit les relations entre les individus et répartit les rôles dans la société. Une société confucianiste apparaît souvent comme patriarcale, les droits étant octroyés au père et au mari, et les devoirs à la femme. En réalité, le sexe féminin n'est pas considéré comme inférieur au sexe masculin : les hommes et les femmes ont chacun leur propre rôle qu'ils doivent assumer pour maintenir l'harmonie de la société. Tandis que l'homme gère tout ce qui est en dehors du foyer (le gagne-pain, la gestion de l'État, etc.), la femme détient le pouvoir à l'intérieur de la maison (gestion des dépenses, éducation des enfants, etc.).

Voilà pour la théorie, mais qu'en est-il réellement ? La société coréenne, comme toute société, a évolué au fil des siècles et n'adhère plus à ce mode de pensée d'un autre âge. Cependant, le modèle social coréen montre encore quelques signes qui ont trait au confucianisme : le respect des ancêtres, l'obéissance aux aînés, la piété filiale et une certaine dose de patriarcat.

Portrait de Confucius

Le clivage des sexes se vérifie dès le plus jeune âge lorsque les enfants sont envoyés dans des écoles séparées. Jusqu'à un certain âge, n'en ayant pas l'opportunité, il est rare qu'un garçon se lie d'amitié avec une fille. Parfois, cette séparation des sexes peut aller jusqu'à l'enseignement supérieur : deux des plus prestigieuses universités du pays, Ehwa et Sookmyung, sont des écoles pour femmes. Cependant, au cours des dernières décennies, les collèges et lycées mixtes se sont multipliés et représentent désormais plus de la moitié des établissements.

Au-delà de la relation entre les sexes, le confucianisme a influencé les relations entre tous les individus de la société. La Corée du Sud valorise l'appartenance de l'individu à des groupes de personnes liées par un intérêt commun : la famille, l'école, la profession, la religion, le goût pour la cuisine ou la photographie, entre autres.

Il est important pour chacun de construire et maintenir un réseau, et cela commence dès l'école : les associations d'anciens élèves sont nombreuses et très actives. Au sein de l'entreprise, il est préférable de participer aux activités de groupe organisées régulièrement, et notamment les *hoeshik* (회식), ces repas entre collègues généralement bien arrosés.

Repas entre collègues (회식), souvent arrosé de *soju* et de bière

Autre signe témoignant de l'importance des relations sociales en Corée : les mariages. Les Coréens se rendent généralement à plusieurs mariages tout au long de l'année, parfois de personnes qu'ils n'ont jamais croisées dans leur vie (le fils du patron ou le collègue du conjoint, par exemple). Dans tous les cas, il est de coutume d'apporter une contribution financière (un minimum de 50 000 wons, que l'on insère dans une enveloppe prévue à cet effet) pour aider à couvrir les frais exorbitants de la cérémonie.

Leçon 17

Au supermarché
슈퍼마켓에서

But de la leçon
Savoir faire ses courses au supermarché, connaître les principaux plats et ingrédients.

Grammaire
- -ㄹ/을 : suffixe du futur
- -아야/어야 하다 / 되다 : il faut que
- -(이)나 : ou
- -아서/어서 : suffixe de continuité
- -아/어 보이다 : sembler, avoir l'air

Dialogues

D17.1   Je n'ai rien à manger chez moi

민지   수영 언니, 뭐 하고 있어요?

수영   집에 먹을[1] 게 없어서 장(을) 보고 있어요.

민지   보통 장(을) 보러 어디로 가요?

수영   집 근처 슈퍼마켓으로 가요.

Min-ji	Soo-yeong, que fais-tu ?
Soo-yeong	Je fais les courses car je n'ai rien à manger chez moi.
Min-ji	D'habitude, où vas-tu pour faire les courses ?
Soo-yeong	Je vais au supermarché près de chez moi.

Voici différents types de commerce de détail :
- 편의점 : supérette généralement ouverte 24 heures sur 24
- 슈퍼마켓 : supermarché
- 할인점, 할인마트 : grande surface, hypermarché
- 백화점 : grand magasin

D17.2   Qu'est-ce qu'il te faut ?

민지   뭐가 필요해요?

수영   과일이랑 야채(를) 사야 돼요[2].

민지   밥은 안 필요해요?

수영   네, 집에 밥(이) 남아 있어요.

Min-ji	Qu'est-ce qu'il te faut ?
Soo-yeong	Je dois acheter des fruits et des légumes.
Min-ji	Tu n'as pas besoin de riz ?
Soo-yeong	Non, il me reste du riz à la maison.

Le nom associé au verbe 필요하다 (« être nécessaire ; avoir besoin de ») prend la particule de sujet.

     돈이 필요하다   Avoir besoin d'argent

Pour préciser l'entité qui a « besoin de » quelque chose, il faut employer la particule de thème (−은/는) ou la particule de complément d'objet indirect (−에게, voir G18.2).

     저는/저에게 돈이 필요해요.   J'ai besoin d'argent.

Leçon 17

D17.3   Je vais en prendre 250 grammes

마리옹	안녕하세요? 당근 네 개하고 감자 큰 걸로 여섯 개 주세요.
직원	여기 있습니다.
마리옹	상추 한 봉에 얼마예요?
직원	1,490원이에요.
마리옹	쇠고기 100그램에 얼마예요?
직원	2,450원이에요.
마리옹	250그램 주세요.
직원	여기 있습니다.
마리옹	혹시 케첩이나[3] 토마토 소스(가) 있나요?
직원	네, 조미료 코너에 있습니다.

Marion	Bonjour. Je voudrais quatre carottes et six grosses pommes de terre.
Employée	Voilà.
Marion	Combien coûte un sachet de laitue ?
Employée	C'est 1 490 wons.
Marion	Combien coûtent les 100 grammes de bœuf ?
Employée	C'est 2 450 wons.
Marion	Je vais en prendre 250 grammes.
Employée	Voilà.
Marion	Auriez-vous du ketchup ou de la sauce tomate, par hasard ?
Employée	Oui, il y en a dans le rayon assaisonnement.

Voici une liste de fruits et légumes courants :

Carotte	당근	Banane	바나나
Chou	양배추	Clémentine	귤
Concombre	오이	Fraise	딸기
Courgette	애호박	Melon / Melon jaune	멜론 / 참외
Laitue	상추	Orange	오렌지
Oignon	양파	Pamplemousse	자몽
Pomme de terre	감자	Pomme	사과
Tomate	토마토	Raisin	포도

1
보통	d'habitude, généralement

2
야채	légume
과일	fruit
필요하다	être nécessaire, avoir besoin de

3
당근	carotte	케첩	ketchup
감자	pomme de terre	-(이)나	ou
상추	laitue	토마토	tomate
봉	sachet (classificateur)	소스	sauce
쇠고기	(viande de) bœuf	조미료	assaisonnement, condiment
그램	gramme	코너	rayon (de magasin)
혹시	(est-ce que) par hasard		

Au supermarché 슈퍼마켓에서

Dialogues

D17.4 Y a t-il des fraises en cette saison ?

토마   딸기 파이를 만들고 싶은데 한국에 딸기가 있어요?

수영   네, 한국에 딸기는 있는데 프랑스보다 비싸요.

토마   얼마 정도 해요?

수영   1킬로그램에 2만원이나[3] 될 거예요.

토마   조금 비싸네요.

수영   그런데 이 계절에 딸기가 있을까요?

토마   슈퍼마켓에 가서[4] 확인하는 게 어때요?

(슈퍼마켓에서)

토마   딸기 있어요?

직원   가을에는 딸기가 없습니다.

토마   제가 딸기를 사야 하는데[2] 어디에서 구할 수 있을까요?

직원   냉동 식품 코너에 가시면 냉동 딸기가 있을 겁니다.

토마   감사합니다.

Thomas	J'ai envie de faire une tarte aux fraises, y a-t-il des fraises en Corée ?
Soo-yeong	Oui, il y a des fraises en Corée, mais c'est plus cher qu'en France.
Thomas	C'est combien environ ?
Soo-yeong	Ca doit faire 20 000 wons le kilo.
Thomas	C'est un peu cher !
Soo-yeong	Au fait, je me demande s'il y a des fraises en cette saison.
Thomas	Et si on allait voir au supermarché ?
	(au supermarché)
Thomas	Avez-vous des fraises ?
Employée	Nous n'avons pas de fraises en automne.
Thomas	Il faut que j'achète des fraises, où pourrais-je en trouver ?
Employée	Si vous allez au rayon surgelés, vous trouverez des fraises surgelées.
Thomas	Merci.

De même que les unités de longueur (voir D6.5), les unités de masse utilisées couramment proviennent de l'anglais :
- 그램 : gramme
- 킬로그램 (forme abrégée : 킬로) : kilogramme

D17.5   Le maquereau a l'air frais

직원   생선 50프로 할인해 드립니다!
토마   고등어는 할인해서[4] 얼마예요?
직원   고등어 한 마리에 1,990원입니다.
토마   두 마리 주세요.
직원   여기 있습니다.
토마   고등어가 신선해 보이네[5]. 맛있겠네.
민지   생선(을) 어떻게 조리할 거예요?
토마   구워서[4] 먹을 거야.

Employée	Je fais cinquante pour cent de réduction sur le poisson !
Thomas	Combien coûte le maquereau avec la réduction ?
Employée	C'est 1 990 wons le maquereau.
Thomas	Donnez-m'en deux.
Employée	Voilà.
Thomas	Le maquereau a l'air frais. Ca va être délicieux !
Min-ji	Comment vas-tu cuisiner le poisson ?
Thomas	Je vais le faire griller.

Voici une liste de produits alimentaires courants :

(Viande de) bœuf	쇠고기	Poivre	후추
Kimchi	김치	(Viande de) porc	돼지고기
Lait	우유	(Viande de) poulet	닭고기
Mandu (ravioli coréen)	만두	Pousses de soja	콩나물
Nouilles	국수	Riz (cru)	쌀
Nouilles instantanées	라면	Riz (cuit)	밥
Œuf	달걀, 계란	Sauce de soja	간장
Sauce de piment rouge	고추장	Sel	소금
Poisson	생선	Viande	고기

4
딸기	fraise
파이	tarte
킬로그램	kilogramme
확인하다	vérifier, confirmer (= 확인을 하다)
구하다	chercher, obtenir, trouver
냉동	congélation
식품	aliment, produits alimentaire
냉동 식품	plat surgelé

5
생선	poisson
프로	pour cent (= 퍼센트)
할인하다	faire une réduction (= 할인을 하다)
고등어	maquereau
신선하다	être frais, fraîche
조리하다	cuisiner, préparer (des aliments) (= 조리를 하다)
굽다	rôtir, griller (une viande, un poisson)

Grammaire

G17.1 −ㄹ/을 : suffixe du futur

Le suffixe −ㄹ/을 placé après le radical d'un verbe transforme ce verbe au participe futur. Il indique une action qui n'a pas encore été réalisée, ou un état pas encore atteint.
−ㄹ/을 permet de construire des propositions correspondant en français à la proposition relative avec pronom relatif sujet : « les gens qui seront présents » ; « les étudiants qui étudieront le coréen » ou complément d'objet direct : « le plat que je mangerai », « le film que je regarderai ».
Ce suffixe correspond également aux prépositions « à ; de ; pour » lorsqu'elles introduisent une action pas encore réalisée : « du travail à faire » ; « une lettre à écrire » ; « l'heure de dormir ».
−ㄹ s'emploie avec un verbe dont le radical se termine par une voyelle, et −을 avec un verbe dont le radical se termine par une consonne.

이게 제가 살 가방이에요.	Ceci est le sac que je vais acheter.
제가 할 일이 많아요.	J'ai beaucoup de choses à faire.
집에 먹을 게 없어요.	Il n'y a rien à manger chez moi.
이것은 제가 내일까지 읽어야 할 책이에요.	C'est le livre que je dois lire jusqu'à demain.
잘 시간이에요.	C'est l'heure de dormir.
이번 주말에 스키를 타러 같이 갈 사람을 찾고 있어요.	Je recherche des personnes pour aller skier ensemble ce week-end.
다음 학기에 한국어를 공부할 학생들이 많아요.	Il y a beaucoup d'étudiants qui vont étudier le coréen au prochain semestre.

> −ㄹ/을 est l'équivalent au futur des suffixes −는 (voir G7.5) et −ㄴ/은 (voir G10.2). Ce suffixe est présent dans plusieurs formes grammaticales que nous avons déjà abordées : −(으)ㄹ 것이다, −(으)ㄹ 수 있다/없다, −(으)ㄹ게, −(으)ㄹ까, −(으)ㄹ 만하다, −(으)ㄹ 때, −(으)ㄹ래.

Les cas particuliers suivants s'appliquent pour ce suffixe :

Cas particulier	Exemple	
Radical du verbe en ㅂ	돕다	도우 + ㄹ → 도울
Radical du verbe en ㄹ	팔다	팔 + ㄹ → 팔

G17.2 —아야/어야 하다/되다 : il faut que

La forme —아야/어야 하다 (ou —아야/어야 되다) exprime l'obligation, elle correspond en français aux verbes « devoir ; falloir ».
—아야 하다 s'emploie avec les verbes dont la voyelle finale est ㅏ ou ㅗ, et —어야 하다 s'emploie avec tous les autres verbes.

이 영화를 꼭 봐야 해요.	Il faut absolument que tu vois ce film.
저는 하루에 여덟 시간 일해야 돼요.	Je dois travailler huit heures par jour.
내일 시험이 있어서 공부해야 돼.	J'ai un examen demain, donc je dois étudier.
내일 오빠 생일이라서 선물을 사야 해.	Demain c'est l'anniversaire de mon frère, donc je dois acheter un cadeau.

Les cas particuliers suivants s'appliquent pour cette forme :

Cas particulier	Exemple	
Radical du verbe en ㅏ	가다	가 + 아야 해요 → 가야 해요
Radical du verbe en ㅗ	보다	보 + 아야 해요 → 봐야 해요
Radical du verbe en ㅜ	주다	주 + 어야 해요 → 줘야 해요
Radical du verbe en ㅣ	마시다	마시 + 어야 해요 → 마셔야 해요
Radical du verbe en ㅂ (1)	가깝다	가까우 + 어야 해요 → 가까워야 해요
Radical du verbe en ㅂ (2)	돕다	도오 + 아야 해요 → 도와야 해요
Radical du verbe en 르	모르다	모르라 + 아야 해요 → 몰라야 해요
Verbe 하다		하 + 여야 해요 → 하여야 해요 / 해야 해요
Suffixe honorifique 시	계시다	계시 + 어야 해요 → 계셔야 해요

G17.3 —(이)나 : ou

La particule —(이)나 permet de lister plusieurs éléments de même type, tout en indiquant qu'un seul de ces éléments est envisageable à la fois. Elle correspond en français à la conjonction de coordination « ou ».
—나 s'emploie après un élément se terminant par une voyelle, et —이나 après un élément se terminant par une consonne.

피자나 파스타를 먹고 싶어요.	J'ai envie de manger une pizza ou des pâtes.
봄이나 여름에 여행을 갈 거예요.	Je partirai en voyage au printemps ou en été.

Grammaire

La particule –(이)나 permet également de mettre l'accent sur une quantité ou un degré plus élevé qu'attendu. Elle se place après une expression numérique (un nombre, un classificateur, un adjectif numéral).

어젯밤에 맥주 5병이나 마셨어.	La nuit dernière, j'ai bu 5 bouteilles de bière !
친구를 한 시간이나 기다렸어.	J'ai attendu mon ami pendant une heure !
이 컴퓨터는 200만 원이나 해요.	Cet ordinateur coûte deux millions de wons !

G17.4   –아서/어서 : suffixe de continuité

Dans la partie G11.4, nous avons vu que la terminaison –아서/어서 exprime la cause ou la raison. Cette terminaison exprime également la continuité chronologique entre deux propositions. Souvent, l'action de la seconde proposition n'est réalisable qu'une fois que l'action de la première proposition est accomplie. Dans tous les cas, l'action de la seconde proposition intervient après celle de la première proposition. Cette terminaison correspond en français à « et ; puis ».

–아서/어서 s'ajoute directement après le radical du verbe, et est incompatible avec les marqueurs de passé (–았–/–었–) et de futur (–겠–).

–아서 s'emploie avec les verbes dont la voyelle finale est ㅏ ou ㅗ. Tous les autres verbes prennent la terminaison –어서.

친구를 만나서 같이 저녁을 먹었어요.	J'ai rencontré mon ami *et* nous avons dîné ensemble.
여기에 앉아서 잠깐만 기다리세요.	Asseyez-vous ici *et* patientez un instant.
저는 도서관에 가서 공부할 거예요.	J'irai étudier à la bibliothèque. *(litt. : J'irai à la bibliothèque et j'étudierai.)*

> Voir la partie G17.2 pour les cas particuliers.

G17.5 –아/어 보이다 : sembler, avoir l'air

La forme –아/어 보이다 s'emploie après un adjectif afin d'exprimer la manière dont on perçoit quelqu'un ou quelque chose : « il semble que ; on dirait que ; avoir l'air de ». 보이다 (« paraître ; sembler ; se montrer ») est la forme passive du verbe 보다 (« voir »).

–아 보이다 s'emploie avec les adjectifs dont la voyelle finale est ㅏ ou ㅗ. Tous les autres adjectifs prennent la forme –어 보이다.

할아버지께서 건강해 보이세요.	Grand-père semble être en bonne santé.
왜 그렇게 피곤해 보이지?	Mais pourquoi as-tu l'air si fatigué ?
시험이 어려워 보여요.	L'examen semble difficile.
이것이 그것보다 더 좋아 보여요.	Celui-ci a l'air mieux que celui-là.

> Voir la partie G17.2 pour les cas particuliers.

Vocabulaire

Nom / 명사

간장	sauce de soja	소스	sauce
감자	pomme de terre	쇠고기	(viande de) bœuf
계란	œuf (= 달걀)	식품	aliment, produits alimentaires
고기	viande	쌀	riz (cru)
고등어	maquereau	애호박	courgette
고추장	pâte de piment rouge	야채	légume
과일	fruit	양배추	chou
국수	nouilles	양파	oignon
귤	clémentine	오렌지	orange
그램	gramme	오이	concombre
김치	kimchi	우유	lait
냉동	congélation	자몽	pamplemousse
냉동 식품	plat surgelé	조미료	assaisonnement, condiment
닭고기	(viande de) poulet	참외	melon jaune
당근	carotte	케첩	ketchup
돼지고기	(viande de) porc	코너	rayon (de magasin)
딸기	fraise	콩나물	pousses de soja
라면	nouilles instantanées	킬로그램	kilogramme
만두	mandu (ravioli coréen)	토마토	tomate
멜론	melon	파스타	pâtes
바나나	banane	파이	tarte
백화점	grand magasin	편의점	supérette
–봉	sachet (classificateur)	포도	raisin
사과	pomme	프로	pour cent (= 퍼센트)
상추	laitue	학기	semestre
생선	poisson	할인점	grande surface, hypermarché
소금	sel	후추	poivre

Particule / 조사

–(이)나	ou

Adjectif (verbe descriptif) / 형용사

신선하다	être frais, fraîche	필요하다	être nécessaire, avoir besoin de

Verbe / 동사

구하다	chercher, obtenir, trouver	할인하다	faire une réduction (= 할인을 하다)
굽다	rôtir, griller (une viande, un poisson)	확인하다	vérifier, confirmer (= 확인을 하다)
조리하다	cuisiner, préparer (des aliments) (= 조리를 하다)		

Adverbe / 부사

보통	d'habitude, en général	혹시	(est-ce que) par hasard

Leçon 18

À la banque et à la poste
은행과 우체국에서

But de la leçon
Savoir se débrouiller à la poste et à la banque.

Grammaire
- -한테서 / -에게서 : de la part de
- -한테 / -에게 / -께 : à, de
- -(으)니까 : suffixe de cause, explication
- -(으)려고 : suffixe d'intention
- -(으)십시오 / (으)세요 : impératif

Dialogues

D18.1 J'ai reçu une lettre de mes parents

니콜라 오늘 편지를 받았어.

민지 누구한테서¹ 편지(를) 받았어?

니콜라 부모님한테서 받았어.

민지 진짜? 부모님한테서 편지를 받아서 정말 기쁘겠네!

Nicolas	J'ai reçu une lettre aujourd'hui.
Min-ji	Tu as reçu une lettre de qui ?
Nicolas	De mes parents.
Min-ji	Vraiment ? Ça doit te faire vraiment plaisir de recevoir une lettre de tes parents.

Les trois expressions suivantes sont des termes familiers permettant d'exprimer l'étonnement (« vraiment ? ; c'est vrai ? ; tu es sérieux ? ») :
- 그래?
- 정말? (ou 정말로?)
- 진짜? (ou 진짜로?)

정말 et 진짜 s'emploient également comme adverbe :

너를 정말 사랑해.   Je t'aime vraiment.

영화가 진짜 재미없어.   Le film est vraiment ennuyeux.

D18.2 À qui vas-tu envoyer cette lettre ?

수영 뭐 하고 있어요?

토마 편지를 쓰고 있어요.

수영 이 편지를 누구한테² 보낼 거예요?

토마 부모님께² 보낼 거예요. 부모님한테서 편지를 받았으니까³ 답장(을) 하려고 해요⁴.

Soo-yeong	Qu'est-ce que tu es en train de faire ?
Thomas	Je suis en train d'écrire une lettre.
Soo-yeong	À qui vas-tu envoyer cette lettre ?
Thomas	Je vais l'envoyer à mes parents. J'ai reçu une lettre de mes parents, alors j'aimerais leur répondre.

Leçon 18

D18.3   J'aimerais me rendre à la poste

마리옹   실례지만 우체국에 가려고 하는데⁴ 길을 안내해 주시겠어요?

행인   여기서 세 블록을 걸어가서 오른쪽으로 가시면 맞은편에 우체국이 있을 거예요.

마리옹   거기까지 얼마나 걸리나요?

행인   20분 정도 걸리니까³ 걷기에는 좀 멀어요.

마리옹   네, 그러면 버스 타고 갈게요. 감사합니다.

Marion	Excusez-moi, j'aimerais me rendre à la poste, pouvez-vous m'indiquer le chemin ?
Passante	Marchez jusqu'à la troisième rue puis prenez à droite, la poste sera en face.
Marion	Combien de temps cela prend-il ?
Passante	Cela prend environ 20 minutes, c'est donc un peu loin pour s'y rendre à pied.
Marion	Oui, dans ce cas je vais prendre un bus. Merci.

> Nous connaissons le suffixe –쯤 pour indiquer une approximation. Le nom 정도 remplit également cette fonction. Placé après un nom exprimant une quantité, il signifie « environ ; à peu près ».

D18.4   Envoyez-la par courrier rapide

(우체국에서)

마리옹   안녕하세요? 이 편지를 프랑스로 부치려고⁴ 왔는데요.

창구 직원   보통 우편으로 보내시겠습니까? 빠른 우편으로 보내시겠습니까?

마리옹   보통 우편으로 보내면 얼마나 걸리나요?

창구 직원   일주일 정도 걸립니다.

마리옹   그러면 빠른 우편으로 보내 주세요.

1			2			3		
	편지	lettre		쓰다	écrire, rédiger		우체국	(bureau de) poste
	받다	recevoir		–한테	à (complément d'objet indirect)		길	route, rue
	–한테서	de, à, de la part de		보내다	envoyer		블록	pâté de maisons, bloc d'immeubles
	진짜	vraiment		–께	à (complément d'objet indirect)		맞은편	côté opposé, en face
	–에게서	de, à, de la part de		답장하다	répondre (à une lettre) (= 답장을 하다)			
	기쁘다	être heureux(se), satisfait(e)						

À la banque et à la poste 은행과 우체국에서

Dialogues

(à la poste)
Marion Bonjour. J'aimerais expédier cette lettre en France.
Guichetier Souhaitez-vous l'envoyer par courrier ordinaire ou par courrier rapide ?
Marion Combien de temps cela prend-il par courrier ordinaire ?
Guichetier Cela prend environ une semaine.
Marion Alors envoyez-la par courrier rapide, s'il vous plaît.

Voici les principaux types de courrier :
- 보통 우편 : courrier ordinaire,
- 등기 우편 : lettre recommandée,
- 빠른 우편 : courrier rapide,
- 이엠에스 (de l'anglais « EMS » pour « Express Mail Service ») : courrier rapide vers l'international

D18.5 Veuillez remplir ce formulaire

(은행에서)

은행원 어서 오세요.

수영 안녕하세요. 통장을 만들려고 하는데요.

은행원 신분증(을) 좀 제시해 주시겠습니까?

수영 여기 있습니다.

은행원 체크카드도 만들어 드릴까요?

수영 네, 만들어 주세요.

은행원 이 서류를 작성해 주시고 아래에 서명해 주십시오[5].

수영 그런데요, 비용이 얼마인가요?

은행원 통장과 체크카드 모두 무료입니다.

(à la banque)
Employé de banque Bienvenue.
Soo-yeong Bonjour. J'aimerais créer un livret de compte.
Employé de banque Pouvez-vous me présenter votre carte d'identité, s'il vous plaît ?
Soo-yeong La voici.
Employé de banque Souhaitez-vous aussi une carte de débit ?
Soo-yeong Oui, faites-en moi une.
Employé de banque Veuillez remplir ce formulaire et signer en bas, s'il vous plaît.
Soo-yeong À propos, combien ça coûte ?
Employé de banque Le livret de compte et la carte de débit sont gratuits tous les deux.

D18.6 Combien souhaitez-vous retirer ?

수영   통장에서 돈을 찾으려고 하는데요.

은행원   통장하고 신분증(을) 가지고 계십니까?

수영   네, 여기 있습니다.

은행원   얼마(를) 인출하시겠습니까?

수영   10만 원 주세요.

은행원   여기에 성함(을) 적어 주시고 사인해 주십시오.

Soo-yeong	J'aimerais retirer de l'argent de mon livret.
Employé de banque	Avez-vous votre livret et votre pièce d'identité ?
Soo-yeong	Oui, les voici.
Employé de banque	Combien souhaitez-vous retirer ?
Soo-yeong	Donnez-moi cent mille wons.
Employé de banque	Veuillez noter votre nom et signer ici, s'il vous plaît.

Il est plus pratique de retirer de l'argent à un distributeur de billets qu'au guichet de la banque. Il y a plusieurs manières de désigner cette machine :

- 에이티엠 (de l'anglais « ATM » pour « Automated Teller Machine »)
- 현금 인출기 ou 현금 지급기 (la particule –기 désigne une machine)

Le verbe 가지다 employé avec la forme « –고 있다 » a le même sens que le verbe 있다 : « avoir ; posséder » (voir G5.4). En revanche, tandis que le nom associé au verbe 있다 prend la particule de sujet, le nom associé au verbe 가지다 prend la particule d'objet :

저는 자동차**가 있어요**.   J'ai une voiture. / Je possède une voiture.

저는 자동차**를 가지고 있어요**.   J'ai une voiture. / Je possède une voiture.

4
부치다	expédier, envoyer (une lettre)
보통	ordinaire, normal(e)
우편	courrier, poste
일주일	une semaine

5
통장	livret de compte
신분증	carte d'identité
체크카드	carte de débit
서류	document, papier, formulaire
작성하다	rédiger, établir (= 작성을 하다)
비용	frais, dépense, coût
무료이다	être gratuit(e)

6
찾다	récupérer, retirer (de l'argent)
가지다	avoir, posséder
인출하다	retirer (de l'argent) (= 인출을 하다)
적다	écrire, noter
사인하다	signer (= 사인을 하다)

À la banque et à la poste 은행과 우체국에서

Grammaire

G18.1 —한테서 / —에게서 : de la part de

Les particules –한테서 et –에게서 indiquent la provenance, l'origine d'une action. Elles correspondent généralement aux prépositions « de ; à » ou à la locution « de la part de » en français.
Ces particules s'emploient uniquement après un nom désignant une personne ou un animal. Pour les objets, on emploie la particule de lieu –에서 introduite dans la partie G6.1.
Les particules –한테서 et –에게서 sont interchangeables. Toutefois, –한테서 a une connotation plus familière.

이 편지 친구한테서 받은 거야.	J'ai reçu cette lettre de la part d'un ami.
그걸 누구한테서 들었지?	De qui as-tu entendu cela ?
어머니에게서 돈을 빌렸어요.	J'ai emprunté de l'argent à ma mère.
민지에게서 선물을 받았어요.	J'ai reçu un cadeau de la part de Min-ji.

G18.2 —한테 / —에게 / —께 : à, de

Les particules –한테, –에게, et –께 marquent le complément d'objet indirect. Elles correspondent souvent en français à la préposition « à » et indiquent l'objet, la cible d'une action. Ces particules s'emploient uniquement après un nom désignant une personne ou un animal. Pour les objets, on emploie la particule de lieu –에 introduite dans la partie G2.4.
Les particules –한테 et –에게 sont interchangeables. Toutefois, –한테 a une connotation plus familière.
–께 est la particule honorifique, on l'emploie lorsque la cible (le destinataire) de l'action est une personne envers laquelle on souhaite exprimer le respect.

이 편지를 친구한테 보낼 거야.	Je vais envoyer cette lettre à un ami.
엄마가 나에게 용돈을 줬어.	Maman m'a donné de l'argent de poche.
레미에게 말을 하지 않을게요.	Je ne le dirai pas à Rémi.
할머니께 드릴 선물을 준비하고 있어요.	Je prépare un cadeau pour donner à ma grand-mère.

> Les particules –한테, –에게 et –께 peuvent également, selon le contexte, indiquer la provenance ou l'origine d'une action (de la même manière que les particules –한테서 et –에게서, voir G18.1). C'est le cas lorsque le verbe qui suit indique une action subie ou impliquant l'existence d'une source (contrairement à une cible) :
>
> | | |
> |---|---|
> | 그 이야기를 엄마한테 들었어요. | J'ai entendu cette histoire de ma mère. |
> | 친구에게 책을 빌렸어요. | J'ai emprunté un livre à un ami. |
> | 할아버지께 편지를 받았어요. | J'ai reçu une lettre de mon grand-père. |

G18.3 –(으)니까 : suffixe de cause, d'explication

Le suffixe –(으)니까 indique que l'action ou l'état indiqué par la proposition précédente est la cause ou la raison de l'action ou l'état indiqué par la proposition suivante : « donc ; comme ; puisque ; car ».
Tandis que la terminaison –아서/어서 (voir G11.4) indique une cause ou une raison d'ordre général, le suffixe –(으)니까 est d'ordre subjectif, il implique une déduction logique de la part du locuteur. La proposition qui suit correspond souvent à un ordre, une suggestion ou une remarque subjective.
Contrairement à la terminaison –아서/어서, le suffixe –(으)니까 peut se placer après les marqueurs de passé (–았–/–었–) et de futur (–겠–).

날씨가 따뜻하니까 기분이 좋아요.	Comme le temps est doux, je me sens bien.
이제 6시니까 내일 계속하시지요.	Puisqu'il est maintenant 6 heures, continuons demain.
약속을 했으니까 해야 해요.	Puisque je l'ai promis, je dois le faire.

Le suffixe –(으)니까 permet également de marquer un lien temporel entre la proposition précédente et la proposition suivante. Le fait énoncé dans la proposition suivante est constaté par le locuteur une fois l'action de la proposition précédente réalisée : « quand ; lorsque ; maintenant que ».

서울에 도착하니까 벌써 날이 어두워졌어요.	Quand je suis arrivé(e) à Séoul, il faisait déjà nuit.
선생님이 들어오시니까 방이 조용해졌어요.	Lorsque le professeur entra, le silence se fit dans la salle.
네 목소리 들어 보니까 어제 노래방에 간 것 같네.	Vu ta voix, tu as dû aller au karaoké hier !
에펠탑을 실제로 보니까 그렇게 크지 않네요.	En réalité, la tour Eiffel n'est pas si grande que cela.

G18.4 –(으)려고 : suffixe d'intention

Le suffixe –(으)려고 permet d'exprimer l'intention ou le but : « pour ; afin de ; dans l'intention de ». Il est précédé d'un verbe marquant l'action que le sujet souhaite accomplir.
Tandis que le suffixe –(으)러 que nous avons abordé dans la partie G11.1 ne peut être suivi que des verbes 가다 et 오다, –(으)려고 introduit une proposition totalement indépendante qui peut prendre n'importe quel verbe.
–려고 s'emploie avec un verbe dont le radical se termine par une voyelle ou par la consonne ㄹ, et –으려고 avec un verbe dont le radical se termine par toute autre consonne.

Grammaire

장보려고 슈퍼마켓에 갔어요.	Je suis allé(e) au supermarché pour faire des courses.
한국어를 배우려고 책을 샀어요.	J'ai acheté un livre afin d'apprendre le coréen.
박물관에 들어가려고 한 시간 기다렸어요.	J'ai attendu une heure pour entrer dans le musée.

La forme –(으)려고 하다 utilisée en fin de phrase permet d'exprimer une intention ou un projet à court terme : « avoir l'intention de ; vouloir ; tenter de ; être sur le point de ».

다비드는 한국어를 배우려고 해요.	David a l'intention d'apprendre le coréen.
여자친구한테 선물을 주려고 해요.	Je veux offrir un cadeau à ma petite amie.
올해 여름에 일본 여행을 가려고 해요.	J'ai l'intention de voyager au Japon cet été.

G18.5 –(으)십시오 / (으)세요 : impératif

En coréen, le mode impératif se distingue des autres modes (déclaratif et interrogatif) par la ponctuation à l'écrit, et par le ton à l'oral.

A l'écrit, de la même manière qu'il suffit de placer un point d'interrogation à la fin de la phrase pour en faire une phrase interrogative, il est possible (mais en aucun cas obligatoire) de placer un point d'exclamation pour transformer la phrase au mode impératif.

A l'oral, un ton plat indique le mode déclaratif, un ton montant le mode interrogatif, et un ton bref et sec l'impératif.

Voici comment une même terminaison peut être employée pour tous les modes :

Mode déclaratif	선생님이 학교에 계세요.	Le professeur est à l'école.
	할아버지께서 아직 살아 계세요.	Mon grand-père est toujours en vie.
Mode interrogatif	성함이 어떻게 되세요?	Comment vous appelez-vous ?
	어디로 가세요?	Où allez-vous ?
Mode impératif	잠깐만 기다려 주세요.	Veuillez patienter un instant.
	5분 동안 걸어가서 오른쪽으로 가세요.	Marchez pendant 5 minutes puis allez à droite.

La terminaison –(으)세요 n'est pas la seule permettant d'exprimer le mode impératif. La terminaison –아요/어요 dans le registre poli informel et la terminaison –아/어 dans le registre familier peuvent remplir cette fonction.

La terminaison –(으)십시오 s'emploie uniquement au mode impératif. Elle exprime un grand respect, et s'emploie généralement à l'égard d'un client ou d'un supérieur hiérarchique.

Leçon 18

Style familier	–아/어
Style poli informel	–아요/어요
Style poli informel + honorifique	–(으)세요
Style formel	–(으)십시오

7시까지 와.	Viens pour 7h.
이 편지를 부쳐 줘.	Poste cette lettre pour moi.
잠깐만 기다려요.	Patiente un instant.
공부 좀 해요.	Étudie un peu.
창문을 좀 열어 줘요.	Ouvre la fenêtre, s'il te plaît.
안녕히 주무세요.	Passez une bonne nuit.
다음 대화를 읽고 질문에 답하세요.	Lisez le dialogue suivant et répondez aux questions.
여기 앉으십시오.	Veuillez vous asseoir ici.
한 번 더 말씀해 주십시오.	Veuillez répéter, s'il vous plaît.

Vocabulaire

Nom / 명사

길	route, rue	에이티엠	distributeur de billets (« ATM »)
노래방	noraebang, karaoké coréen	용돈	argent de poche
대화	dialogue, conversation	우체국	(bureau de) poste
등기 우편	lettre recommandée	우편	courrier, poste
맞은편	côté opposé, en face	이엠에스	courrier rapide vers l'international (« EMS »)
무료	gratuité 무료이다 : être gratuit(e)	일주일	une semaine
보통	ordinaire, normal(e)	질문	question
블록	pâté de maison, bloc d'immeubles	체크카드	carte de débit
비용	frais, dépense, coût	통장	livret de compte
서류	document, papier, formulaire	편지	lettre
소포	colis	현금 인출기	distributeur de billets
신분증	carte d'identité	현금 지급기	distributeur de billets

Particule / 조사

–께	à (complément d'objet indirect)	–한테	à (complément d'objet indirect)
–에게	à (complément d'objet indirect)	–한테서	de, à, de la part de
–에게서	de, à, de la part de		

Adjectif (verbe descriptif) / 형용사

기쁘다	être heureux(se), satisfait(e)

Verbe / 동사

가지다	avoir, posséder	사랑하다	aimer (quelqu'un) (= 사랑을 하다)
계속하다	continuer, poursuivre (= 계속을 하다)	사인하다	signer (= 사인을 하다)
답장하다	répondre (à une lettre) (= 답장을 하다)	쓰다	écrire, rédiger
들어가다	entrer, pénétrer (dans)	열다	ouvrir
받다	recevoir	인출하다	retirer (de l'argent) (= 인출을 하다)
배우다	apprendre	작성하다	rédiger, établir (= 작성을 하다)
보내다	envoyer	적다	écrire, noter
부치다	expédier, envoyer (une lettre)	찾다	récupérer, retirer (de l'argent)
빌리다	emprunter		

Adverbe / 부사

진짜	vraiment

Leçon 19
Dans une boutique
가게에서

But de la leçon
Savoir choisir, essayer et acheter des vêtements dans une boutique.

Grammaire
- -아도/어도 되다 : permission
- -아야/어야 : il faut ... pour
- -아도/어도 : suffixe de concession

Dialogues

D19.1 — J'aimerais essayer ce pantalon

점원   무엇을 도와 드릴까요?

수영   이 바지를 입어 보려고 하는데요.

점원   네, 탈의실은 계산대 오른쪽에 있습니다.

Vendeuse	En quoi puis-je vous aider ?
Soo-yeong	J'aimerais essayer ce pantalon.
Vendeuse	La cabine d'essayage se trouve à droite de la caisse.

Voici quelques habits courants.

bermuda	반바지	jupe	치마
chaussettes	양말	manteau	코트, 외투
chaussures	신발	pantalon	바지
chaussures de sport	운동화	pull	스웨터
chemise	셔츠	robe	원피스
costume	양복, 정장	T-shirt	티셔츠
jean	청바지	veste	재킷

D19.2 — Auriez-vous ce T-shirt en rouge ?

토마   이 티셔츠 빨간색으로 있나요?

점원   죄송하지만 빨간색으로는 없습니다. 주황색 티셔츠는 어떠세요?

토마   글쎄요. 주황색 티셔츠보다 파란색 티셔츠가 더 예뻐 보여요.

점원   그러면 파란색 티셔츠를 입어 보실래요?

토마   네, 입어 볼게요.

(토마는 탈의실에서 옷을 갈아입어요)

토마   파란색 티셔츠를 입어 보니까 주황색 티셔츠가 더 나을 것 같아요.

Thomas	Auriez-vous ce T-shirt en rouge ?
Vendeuse	Je suis désolé, mais nous ne l'avons pas en rouge. Que diriez-vous du T-shirt orange ?
Thomas	Eh bien... le T-shirt bleu a l'air plus joli que le T-shirt orange.
Vendeuse	Alors, voulez-vous essayer le T-shirt bleu ?
Thomas	Oui, je vais l'essayer.
(Thomas se change dans la cabine d'essayage)	
Thomas	Maintenant que j'ai essayé le T-shirt bleu, le T-shirt orange m'a l'air mieux.

Leçon 19

Voici quelques couleurs courantes.

blanc	흰색	orange	주황색, 오렌지색
bleu	파란색	rose	분홍색, 핑크색
gris	회색	rouge	빨간색
jaune	노란색	vert	녹색, 초록색
noir	검은색	violet	보라색

D19.3 Je cherche une chemise pour cet été

점원   어서 오세요. 찾고 계신 거 있으세요?

토마   네, 여름에 입을 셔츠를 찾고 있는데요.

점원   이 셔츠는 어떠세요? 요즘 유행이에요.

토마   입어 봐도 되나요[1]?

점원   네, 사이즈가 어떻게 되세요?

토마   100 사이즈를 입어요.

점원   여기 있습니다. 한번 입어보시고 사이즈가 안 맞으면 바꿔 드리겠습니다.

Vendeuse	Bienvenue. Cherchez-vous quelques chose (en particulier) ?
Thomas	Oui, je cherche une chemise pour (porter) cet été.
Vendeuse	Que dites-vous de cette chemise ? Elle est à la mode en ce moment.
Thomas	Puis-je l'essayer ?
Vendeuse	Oui, quelle est votre taille ?
Thomas	Je porte du 100.
Vendeuse	La voici. Essayez-la, je vous la changerai si la taille ne convient pas.

Les tailles de vêtements en Corée du Sud diffèrent des tailles européennes, américaines ou encore japonaises. Par exemple, une taille 100 pour une chemise correspond à une taille M aux États-Unis et 40 en France.
Toutefois, les franchises étrangères implantées en Corée du Sud, ou encore les boutiques de vêtements d'import indiquent souvent les tailles du pays d'origine.

1	탈의실	cabine d'essayage	**2**	빨간색	rouge, couleur rouge	**3**	유행이다 être à la mode
	계산대	caisse (de magasin)		주황색	orange, couleur orange		사이즈 taille (de vêtement), pointure
				파란색	bleu, couleur bleue		

Dans une boutique 가게에서

Dialogues

D19.4 — Est-ce que le costume me va bien ?

토마 이 양복(을) 좀 봐 봐요. 저에게 잘 어울릴까요?

수영 한번 입어 봐야² 알겠지요.

토마 잠깐만 기다려 봐요. 옷(을) 갈아입고 올게요.

(5분 후에)

토마 어때요?

수영 잘 어울리는데 소매가 좀 짧아요.

토마 맞아요. 더 큰 사이즈로 갈아입고 올게요.

(5분 후에)

토마 이제는 양복이 잘 맞아요?

수영 음… 이제 소매는 맞지만 품이 좀 커요.

토마 어휴, 옷을 고르는 게 참 힘드네요!

Thomas	Regarde voir ce costume. Penses-tu qu'il m'irait bien ?
Soo-yeong	Il faut l'essayer pour savoir.
Thomas	Attends voir une minute. Je vais me changer.
(5 minutes plus tard)	
Thomas	C'est comment ?
Soo-yeong	Ça te va bien, mais les manches sont un peu courtes.
Thomas	C'est vrai. Je vais essayer une taille plus grande.
(5 minutes plus tard)	
Thomas	Est-ce que le costume me va bien maintenant ?
Soo-yeong	Eh bien… maintenant les manches vont bien, mais il est un peu large.
Thomas	Pfiou ! C'est vraiment difficile de choisir des vêtements.

Le verbe 어울리다 (« aller bien ; s'entendre bien ») s'emploie souvent avec les particules de liaison –하고 et –와/과 pour indiquer qu'une chose va bien (ou non) avec une autre, ou encore qu'une personne s'entend bien (ou non) avec une autre.

> 그 신발은 제 바지**하고 어울리지 않아요**.
> Ces chaussures ne vont pas avec mon pantalon.

> 그는 그의 동료**와 잘 어울려요**.
> Il s'entend bien avec ses collègues.

Leçon 19

D19.5 Puis-je payer par carte ?

민지   수영 언니, 동대문에 쇼핑하러 갈래요?

수영   좋아요, 저도 겨울에 입을 옷을 사야 돼요.

(동대문 시장에서)

민지   저 모자 좀 봐 봐요.

수영   어머, 너무 예뻐요! 얼마예요?

민지   3만 원이에요. 좀 비싸도[3] 사고 싶어요.

수영   한번 써 봐요… 어머, 진짜 잘 어울려요!

민지   그래요? 그럼 살게요… 저기요! 카드로 내도 되나요?

Min-ji	Soo-yeong, ça te dit d'aller faire du shopping à Dongdaemun ?
Soo-yeong	D'accord, moi aussi je dois acheter des habits pour cet hiver.
(au marché de Dongdaemun)	
Min-ji	Regarde ce chapeau.
Soo-yeong	Oh là là, il est trop beau ! Il est à combien ?
Min-ji	Il est à 30 000 wons. C'est un peu cher, mais j'ai envie de l'acheter.
Soo-yeong	Essaie-le pour voir… Oh là là, il te va vraiment bien !
Min-ji	Vraiment ? Alors je l'achète… Excusez-moi ! Puis-je payer par carte ?

Voici quelques accessoires vestimentaires courants.

casquette	캡, 캡모자	cravate	넥타이
ceinture	벨트	écharpe	스카프, 목도리
chapeau	모자	gants	장갑

Pour interpeller un serveur au restaurant, ou un vendeur trop occupé pour prêter attention au client, on emploie l'expression « 저기요! » : « s'il vous plaît ! ; excusez-moi ! ».

4
어울리다	aller bien (avec, ensemble), s'entendre bien (avec, ensemble)	소매	manche (de vêtement)
옷	vêtement, habit	짧다	être court(e)
갈아입다	changer (de vêtements), se changer	어휴	pfiou, oh
		음	heu
		품	tour de poitrine

5
쇼핑하다	faire du shopping (= 쇼핑을 하다)
어머	oh là là, mon dieu
쓰다	mettre, porter (un chapeau, des lunettes)
저기요!	s'il vous plaît !, excusez-moi !

Dans une boutique 가게에서

Grammaire

G19.1 –아도/어도 되다 : permission

La forme –아도/어도 되다 indique la possibilité, la permission : « pouvoir (faire qqch) ; être possible de … ; avoir l'autorisation de … ». Elle se compose du suffixe de concession –아도/어도 (voir G19.3) suivi du verbe 되다 (« être possible ; pouvoir »).

Employée après un verbe à la forme négative, la forme –아도/어도 되다 permet d'exprimer l'absence d'obligation : « ne pas être obligé(e) de … ; pouvoir ne pas … ».

–아도 되다 s'emploie avec les verbes dont la voyelle finale est ㅏ ou ㅗ. Tous les autres verbes prennent la forme –어도 되다.

이 옷을 입어 봐도 되나요?	Puis-je essayer ce vêtement ?
사장님, 이제 퇴근해도 됩니까?	Monsieur, puis-je quitter le bureau à présent ?
들어가도 돼요?	Puis-je entrer ?
이 책을 빌려도 돼?	Je peux t'emprunter ce livre ?
이 컴퓨터를 써도 돼.	Tu peux utiliser cet ordinateur.
중요한 회의가 아니라서 안 가도 돼요.	Ce n'est pas une réunion importante, donc vous n'êtes pas obligé(e) d'y aller. *(litt. : Vous pouvez ne pas y aller.)*

G19.2 –아야/어야 : il faut … pour

Nous avons abordé la forme –아야/어야 하다/되다 dans la partie G17.2. Le suffixe –아야/어야 peut également être suivi d'autres verbes. Dans ce cas, il indique une condition préalable pour que l'action exprimée par le verbe suivant puisse être réalisée : « il faut … pour ».

–아야 s'emploie avec les verbes dont la voyelle finale est ㅏ ou ㅗ. Tous les autres verbes prennent la forme –어야.

한번 해 봐야 알겠어요.	Il faut essayer une fois pour savoir.
열심히 일해야 성공할 수 있지.	Il faut travailler dur pour réussir, tu sais.
사람은 먹어야 삽니다.	L'homme doit se nourrir pour vivre.

G19.3 —아도/어도 : suffixe de concession

La terminaison —아도/어도 indique que la proposition suivante est également vraie lorsque la proposition précédente est vraie, ou bien que la proposition précédente soit vraie : « même si ; bien que ».
—아도 s'emploie avec les verbes dont la voyelle finale est ㅏ ou ㅗ. Tous les autres verbes prennent la forme —어도.

피곤해도 출근해야 돼요.	Bien que je sois fatigué(e), je dois aller au bureau.
그는 키가 작아도 힘이 세요.	Bien qu'il soit petit, il est fort.
내일 비가 와도 등산하러 갈 거예요.	Même s'il pleut demain, j'irai faire de la randonnée.
이 음식은 냄새가 이상해도 맛있어요.	Ce plat a bon goût, même si son odeur est étrange.
배불러도 과자를 먹고 싶어요.	Bien que je n'aie plus faim, j'ai envie de manger des biscuits.

Vocabulaire

Nom / 명사

검은색	noir, couleur noire	옷	vêtement, habit
계산대	caisse (de magasin)	외투	manteau
과자	biscuit, gâteau	운동화	chaussures de sport
냄새	odeur	원피스	robe
넥타이	cravate	유행	mode 유행이다 : être à la mode
노란색	jaune, couleur jaune	장갑	gants
녹색	vert, couleur verte	재킷	veste
목도리	écharpe	정장	costume, tenue de soirée
반바지	bermuda	주황색	orange, couleur orange
벨트	ceinture	청바지	jean
보라색	violet, couleur violette	초록색	vert, couleur verte
분홍색	rose, couleur rose	캡	casquette
빨간색	rouge, couleur rouge	코트	manteau
사이즈	taille (de vêtement), pointure	탈의실	cabine d'essayage
소매	manche (de vêtement)	파란색	bleu, couleur bleue
스웨터	pull	품	tour de poitrine
스카프	écharpe	핑크색	rose, couleur rose
신발	chaussures	회색	gris
양말	chaussettes	흰색	blanc, couleur blanche
오렌지색	orange, couleur orange		

Adjectif (verbe descriptif) / 형용사

배부르다	ne plus avoir faim (= 배가 부르다)	짧다	être court(e)

Verbe / 동사

갈아입다	changer (de vêtements), se changer	쓰다	mettre, porter (un chapeau, des lunettes)
성공하다	réussir, avoir du succès (= 성공을 하다)	어울리다	aller bien (avec, ensemble), s'entendre bien (avec, ensemble)
쇼핑하다	faire du shopping (= 쇼핑을 하다)		

Exclamatif / 감탄사

어머	oh là là, mon dieu	음	heu
어휴	pfiou, oh		

Expression / 표현

저기요!	s'il vous plaît !, excusez-moi !

Leçon 20
Chez le médecin
병원에서

But de la leçon
Savoir décrire son état de santé, se rendre chez le médecin et à la pharmacie.

Grammaire
- Verbes irréguliers en ㅅ
- -(으)ㄴ 후에 : après avoir
- -기 전에 : avant de
- -지 말다 : impératif (forme négative)

Dialogues

D20.1 — J'ai mal à la tête

수영 어제 민호 생일 파티는 어땠어요?
토마 재미있었지만 술을 너무 많이 마셔서 머리가 아파요.
수영 술은 그렇게 마시면 안 되지요.

Soo-yeong	C'était comment l'anniversaire de Min-ho hier ?
Thomas	C'était bien, mais j'ai bu trop d'alcool donc j'ai mal à la tête.
Soo-yeong	Il ne faut pas boire autant, tu sais.

Voici les principales parties du corps humain.

bouche	입	nez	코
bras	팔	oreille	귀
cou	목	pied	발
dos	등	tête	머리
jambe	다리	ventre	배
main	손	yeux	눈

D20.2 — Je crois que j'ai attrapé un rhume

토마 많이 피곤해 보이네.
니콜라 네, 머리가 좀 아프고 기침을 해요. 감기에 걸린 것 같아요.
토마 추운 날씨에는 두꺼운 옷을 입고 나가야 해.
니콜라 아침에 따뜻해서 티셔츠를 입고 나갔는데 날씨가 추워졌네요.
토마 얼른 병원에 가.

Thomas	Tu as l'air bien fatigué.
Nicolas	Oui, j'ai un peu mal à la tête et je tousse. Je crois que j'ai attrapé un rhume.
Thomas	Il faut s'habiller chaudement par ce temps frais.
Nicolas	Il faisait doux ce matin, donc je suis sorti en T-shirt, mais le temps s'est rafraîchi.
Thomas	Va vite voir un médecin.

En Corée du Sud, lorsque l'on est malade, on se rend dans un hôpital ou dans une clinique où sont regroupés différents services médicaux. Ainsi, on ne dit pas « aller chez le docteur », mais « aller à l'hôpital » (병원에 가다).

Leçon 20

D20.3 Tu as pris des médicaments ?

민지   여보세요?

니콜라   민지, 니콜라야. 오늘 몸이 안 좋아서 학교에 못 갈 것 같아.

민지   정말? 어디 아파?

니콜라   응, 배 아프고 추워.

민지   약은 먹었어?

니콜라   안 먹었어. 그냥 집에서 쉴래.

민지   그러면 안 되지. 병원(에) 가야 돼.

니콜라   그래, 병원 가 볼게.

Min-ji	Allô ?
Nicolas	Min-ji, c'est Nicolas. Je ne me sens pas bien aujourd'hui, je crois que je ne pourrai pas aller à l'école.
Min-ji	Vraiment ? Tu es malade ?
Nicolas	Oui, j'ai mal au ventre et j'ai froid.
Min-ji	Tu as pris des médicaments ?
Nicolas	Je n'en ai pas pris. Je vais juste me reposer chez moi.
Min-ji	Tu ne peux pas faire ça. Il faut aller chez le médecin.
Nicolas	D'accord, je vais aller chez le médecin.

Le pronom interrogatif 어디 (« où ») peut être employé en tant que pronom de lieu indéfini : « quelque part ». Ainsi, selon le contexte et l'intonation employée, la formule « 어디 아파요? » peut signifier « où avez-vous mal ? » ou « avez-vous mal quelque part ? » :

어디 아파요?	Où avez-vous mal ?
목이 아파요.	J'ai mal à la gorge.
어디 아파요?	Avez-vous mal quelque part ?
네, 목이 아파요.	Oui, j'ai mal à la gorge.

1			2			3		
	술	alcool		기침하다	tousser (= 기침을 하다)		몸	corps
				감기	rhume		몸이 좋다	être en forme, se sentir bien
				걸리다	attraper (froid, une maladie)		약	médicament
				두껍다	être épais(se)		그냥	comme cela, juste
				얼른	vite, rapidement, sur-le-champ		쉬다	se reposer
							병원	hôpital, clinique

Chez le médecin 병원에서

Dialogues

D20.4 Je tousse depuis ce matin

(병원에서)

의사 안녕하세요? 어떻게 오셨어요?

니콜라 오늘 아침부터 목이 아프고 기침을 해요.

의사 머리는 안 아프세요?

니콜라 머리가 조금 어지러워요.

의사 열을 재 볼게요.

(의사 선생님은 니콜라의 열을 재 봅니다.)

의사 열이 좀 있네요. 목 좀 확인하겠습니다. 입을 열어 보세요.

(의사 선생님은 니콜라의 목을 확인합니다.)

의사 감기에 걸리신 것 같습니다. 감기약을 처방해 드리겠습니다. 금방 나을 거예요[1]. 이틀 후에도 좋아지지 않으면 다시 오세요.

(À l'hôpital)
Médecin Bonjour. Qu'est-ce qui vous amène ?
Nicolas J'ai mal à la gorge et je tousse depuis ce matin.
Médecin Vous n'avez pas mal à la tête ?
Nicolas J'ai la tête qui tourne un peu.
Médecin Je vais prendre votre température.
(Le médecin prend la température de Nicolas.)
Médecin Vous avez un peu de fièvre. Je vais vérifier votre gorge. Ouvrez la bouche.
(Le médecin vérifie la gorge de Nicolas.)
Médecin On dirait que vous avez attrapé un rhume. Je vais vous prescrire des médicaments contre le rhume. Vous allez guérir très vite. Si vous n'allez pas mieux dans deux jours, revenez.

L'adverbe interrogatif 어떻게 (« comment ») signifie dans certains cas « pour quelle raison ». Ainsi, selon le contexte et l'intonation employée, la formule « 어떻게 오셨어요? » peut signifier « comment êtes-vous venu(e) ? » ou « qu'est-ce qui vous amène ? » :

어떻게 오셨어요?	Comment êtes-vous venu(e) ?
버스로 왔어요.	Je suis venu(e) en bus.
어떻게 오셨어요?	Qu'est-ce qui vous amène ?
소포를 찾으러 왔어요.	Je suis venu(e) chercher un colis.

Leçon 20

D20.5 Avez-vous une ordonnance ?

(약국에서)

약사 어서 오세요.

니콜라 안녕하세요. 약을 사러 왔는데요.

약사 처방전을 가지고 계세요?

니콜라 네, 여기 있습니다.

약사 잠시만 기다려 주세요.

(잠시 후)

약사 약은 두 가지를 드리는데요, 빨간 캡슐은 저녁 식사를 하신 후에[2] 드시고 파란 캡슐은 하루에 두 번 드셔야 됩니다.

니콜라 파란 캡슐은 언제 먹어야 됩니까?

약사 아침 식사와 저녁 식사를 하기 전에[3] 드시면 됩니다.

(À la pharmacie)
Pharmacienne Bienvenue.
Nicolas Bonjour. Je suis venu acheter des médicaments.
Pharmacienne Avez-vous une ordonnance ?
Nicolas Oui, la voici.
Pharmacienne Un instant s'il vous plaît.
(Quelques instants plus tard)
Pharmacienne Je vous donne deux types de médicaments. Vous devez prendre la pilule rouge après avoir dîné, et la pilule bleue deux fois par jour.
Nicolas Quand dois-je prendre la pilule bleue ?
Pharmacienne Vous pouvez la prendre avant de prendre le petit-déjeuner et le dîner.

Comme vous avez pu le constater dans la leçon 19, les noms de couleurs se terminent par 색, un mot qui signifie « couleur ». Le nom 색 peut être omis lorsque le nom de la couleur est placé devant le nom d'une entité dans le but de caractériser cette entité :

파란색 → 파란 티셔츠   Un T-shirt bleu
빨간색 → 빨간 모자   Un chapeau rouge
흰색 → 흰 머리   Un (des) cheveu(x) blanc(s)

4
목 — coup, gorge
어지럽다 — avoir le vertige, la tête qui tourne
열 — température, fièvre
재다 — mesurer, prendre (la température)
입 — bouche
감기약 — médicament contre le rhume
처방하다 — prescrire (une ordonnance) (= 처방을 하다)
금방 — dans un instant, en un instant

5
약국 — pharmacie
처방전 — ordonnance
가지 — espèce, sorte, type
캡슐 — capsule, gélule

6
상태 — état, situation
몸조심하다 — prendre soin de soi, de sa santé (= 몸조심을 하다)
얇다 — être mince, peu épais(se), être léger(ère) (vêtement)
조심하다 — faire attention, prendre garde (= 조심을 하다)
주저하다 — hésiter (= 주저를 하다)
고마워 — merci (familier)

Chez le médecin 병원에서

Dialogues

D20.6 N'hésite pas et appelle-moi

마리옹 건강 상태가 많이 좋아진 것 같네요.

니콜라 네, 약을 먹으니까 감기가 나아졌습니다.

수영 이제는 몸조심해. 얇게 입고 나가지 마⁴.

니콜라 네, 앞으로 조심할게요.

토마 이번 주말에 다시 축구(를) 할래?

니콜라 좋아요.

준수 내일부터 학교로 돌아갈 거지요?

니콜라 네, 선생님.

민지 필요한 게 있으면 주저하지 말고⁴ 전화해.

니콜라 고마워, 민지야.

Marion	Votre état de santé a l'air de s'être beaucoup amélioré !
Nicolas	Oui, j'ai pris des médicaments, et mon rhume a guéri.
Soo-yeong	Désormais fais attention à toi. Ne sors pas habillé légèrement.
Nicolas	Oui, je ferai attention à présent.
Thomas	Et si on rejouait au foot ce week-end ?
Nicolas	D'accord.
Joon-soo	Vous reviendrez à l'école dès demain, n'est-ce pas ?
Nicolas	Oui, professeur.
Min-ji	Si tu as besoin de quelque chose, n'hésite pas et appelle-moi.
Nicolas	Merci, Min-ji.

Grammaire

G20.1 — Verbes irréguliers en ㅅ

Certains verbes dont le radical se termine par la consonne ㅅ sont irréguliers : la consonne finale ㅅ tombe lorsque la terminaison qui suit commence par une voyelle.

낫다	Style familier	Style poli informel	Style formel
Passé	나았어	나았어요	나았습니다
Présent	나아	나아요	낫습니다
Futur (1)	낫겠어	낫겠어요	낫겠습니다
Futur (2)	나을 거야	나을 거예요	나을 겁니다

낫다	Suffixe présent	Suffixe passé	Suffixe futur
	낫는	나은	나을

G20.2 — -(으)ㄴ 후에 : après avoir

La forme -(으)ㄴ 후에 indique que l'action qui suit a lieu après l'action exprimée par le verbe précédent : « après avoir ; après être ».

Le nom 후 peut également s'employer seul après un nom, dans ce cas il signifie « après ; dans ».

숙제가 끝난 후에 텔레비전을 봐도 돼.	Tu peux regarder la télévision après avoir terminé tes devoirs.
그는 여자친구와 헤어진 후에 그녀를 잊으려고 했어요.	Après s'être séparé de sa petite amie, il a essayé de l'oublier.
이십 분 후에 버스가 목적지에 도착해요.	Le bus arrive à destination dans vingt minutes.
퇴근 후에 밥을 같이 먹는 게 어때요?	Que dis-tu de manger ensemble après le travail ?
일주일 후에 방학이 시작돼요.	Les vacances scolaires commencent dans une semaine.

G20.3 — -기 전에 : avant de

La forme -기 전에 indique que l'action qui suit a lieu avant l'action exprimée par le verbe précédent : « avant de ».

Le nom 전 peut également s'employer seul après un nom, dans ce cas il signifie « avant ; il y a + *durée* ».

Grammaire

잠자기 전에 항상 책을 읽어요.	Avant de dormir, je lis toujours un livre.
퇴근하기 전에 일을 끝내야 해요.	Je dois terminer le travail avant de quitter le bureau.
서른 살이 되기 전에 결혼을 하고 싶어요.	J'ai envie de me marier avant d'avoir 30 ans.
출발 전에 짐을 확인하세요.	Vérifiez vos bagages avant le départ.
이틀 전부터 약을 먹고 있어요.	Je prends des médicaments depuis deux jours.

G20.4 –지 말다 : impératif (forme négative)

La forme –지 말다 correspond au mode impératif négatif, il exprime une interdiction : « ne fais pas ; veuillez ne pas ». –지 말다 se place après le radical du verbe indiquant l'action à ne pas faire.
Le verbe auxiliaire 말다 se décline selon le mode impératif que nous avons abordé dans la partie G18.5. Notez que la forme au style familier est irrégulière.
Les formes –지 말고 (courant) et –지 마시고 (honorifique) permettent d'introduire une alternative à l'interdiction dans la proposition qui suit.

Style familier	–지 마, –지 마라
Style poli informel	–지 말아요
Style poli informel + honorifique	–지 마세요
Style formel	–지 마십시오

내일 약속 잊지 마.	N'oublie pas le rendez-vous de demain.
이쪽으로 가지 말고 그쪽으로 가.	Ne va pas par ici, va par là.
걱정하지 마세요.	Ne vous inquiétez pas.
박물관에서 사진을 찍지 마십시오.	Veuillez ne pas prendre de photos dans le musée.
여기에서 담배를 피우지 마십시오.	Veuillez ne pas fumer ici.

Vocabulaire — Leçon 20

Nom / 명사

가지	espèce, sorte, type	상태	état, situation
감기	rhume	손	main
감기약	médicament contre le rhume	술	alcool
귀	oreille	약	médicament
눈	œil, yeux	약국	pharmacie
다리	jambe	열	température, fièvre
담배	cigarette	입	bouche
등	dos	처방전	ordonnance
목	coup, gorge	캡슐	capsule, gélule
목적지	destination	코	nez
몸	corps	텔레비전	télévision
발	pied	팔	bras
병원	hôpital, clinique		

Adjectif (verbe descriptif) / 형용사

두껍다	être épais(se)	어지럽다	avoir le vertige, la tête qui tourne
얇다	être mince, peu épais(se), être léger (vêtement)		

Verbe / 동사

걱정하다	s'inquiéter, se faire du souci (= 걱정을 하다)	잊다	oublier
걸리다	attraper (froid, une maladie)	재다	mesurer, prendre (la température)
기침하다	tousser (= 기침을 하다)	조심하다	faire attention, prendre garde (= 조심을 하다)
끝내다	finir qqch, terminer qqch	주저하다	hésiter (= 주저를 하다)
몸조심하다	prendre soin de soi, de sa santé (= 몸조심을 하다)	처방하다	prescrire (une ordonnance) (= 처방을 하다)
쉬다	se reposer	피우다	fumer (une cigarette)

Adverbe / 부사

그냥	comme cela, juste	얼른	vite, rapidement, sur-le-champ

Expression / 표현

고마워	merci (familier)	몸이 좋다	être en forme, se sentir bien

Chez le médecin 병원에서

Pratique

La gastronomie sera-t-elle au cœur d'une nouvelle vague coréenne ? Après ses appareils de haute technologie, son cinéma et sa musique, le pays du Matin clair pourrait bien faire de la cuisine le nouveau fer de lance de son développement sur le marché mondial.

De plus en plus de franchises de restauration tentent leur chance à l'étranger, avec l'aide du gouvernement qui entend bien faire passer la gastronomie coréenne au même rang que son équivalent chinois, italien, thaïlandais ou encore français.

A l'heure où la cuisine saine et équilibrée a le vent en poupe, la nourriture coréenne a toutes ses chances de réussir son entrée dans la cour des grands. Et pour cause, la cuisine coréenne fait la part belle aux céréales et aux légumes (et dans une moindre mesure, à la viande).

Les éléments indispensables de la table coréenne sont le riz, la soupe et le *kimchi* (김치), un mets à base de légumes fermentés (souvent du chou chinois) et de piment. A ce trio s'ajoute une multitude de petits plats d'accompagnement : les *banchan* (반찬).

배추김치
kimchi de choux chinois

Les ingrédients que l'on retrouve souvent dans la cuisine coréenne sont l'huile de sésame, le *doenjang* (된장), une pâte de soja fermenté, la sauce de soja, le sel, l'ail, le gingembre et le *gochujang* (고추장), un condiment fermenté à base de piment rouge, de soja et de riz gluant.

Le plat principal (주식 en coréen) est généralement à base de riz, parfois agrémenté de céréales diverses comme le millet, le blé ou les haricot rouges. Voici les principaux types de plats qui sont au cœur d'un repas coréen :

밥	Riz cuit à l'eau	만두	Ravioli coréen
죽	Bouillie de riz	떡국	Soupe de gâteaux de riz
국수	Nouilles	수제비	Soupe composée de morceaux de pâte

잡곡밥
Mélange de riz et autres céréales

떡만두국
Soupe de raviolis coréens et de gâteaux de riz

비빔밥
Riz mélangé avec de la viande et des légumes

Goûter la cuisine coréenne

Les plats d'accompagnement, que l'on nomme *bushik* (부식) ou *banchan* (반찬), sont plus variés. On en trouve à base de toutes sortes d'ingrédients et à toutes les cuissons. Pour vous aider à déchiffrer un menu au restaurant, en voici les principaux types :

국	Soupe	조림	Aliment cuit dans la sauce de soja
찌개	Ragoût	편육	Viande bouillie en tranches
구이	Grillade	나물	Plat à base de légumes verts et diverses épices
전	Galette	찜	Plat cuit à l'étouffée
볶음	Aliment sauté	전골	Ragoût de viande ou de fruits de mer cuit avec des légumes

Maintenant que vous connaissez les principaux types de plats, il ne vous reste qu'à réviser votre liste d'ingrédients (nous en avons listé quelques-uns dans la leçon 17).

Si vous souhaitez goûter un maximum de plats en même temps, quoi de mieux que le *hanjeongshik* (한정식) ? Cette table d'hôte coréenne qui trouve son origine dans les banquets servis dans les palais royaux inclut toutes sortes de ragoûts et de plats grillés, bouillis, frits ou cuits à la vapeur. Un vrai régal pour les yeux et pour les papilles !

한정식
Menu traditionnel composé d'un assortiment de plats

김치찌개
Ragoût de *kimchi* et de porc

갈비찜
Travers de bœuf mijoté à la sauce de soja avec des légumes

생선구이
Poisson grillé

Culture et société — La culture « *ppalli-ppalli* »

En Corée, tout va toujours très vite. Au restaurant, à la banque, dans les transports en commun, à domicile, dans la rue, partout où un service doit être rendu, tout doit être exécuté vite et bien.

Nul besoin de remonter aux dynasties ancestrales pour trouver l'origine de cette soif de vitesse. La culture de la hâte, ou culture du *ppalli-ppalli* (빨리빨리 : vite vite) émerge au lendemain de la guerre de Corée (1950-53) qui transforme le pays en un champ de ruines. Le seul moyen de sortir de la misère est alors d'unir les forces de la population pour rebâtir le pays.

La Corée du Sud ne serait pas devenue la puissance industrielle que l'on connaît sans ce dynamisme hors pair. Dans les années 1950, les industries sont anéanties, l'inflation et le chômage font rage. Il faudra un gouvernement militaire et autoritaire, celui de Park Chung-hee dans les années 1960 et 1970, pour donner le coup d'envoi d'une course effrénée au développement.

Park met en place une série de plans quinquennaux destinés à développer différents pans de l'économie, dont le textile, l'industrie lourde et la chimie. Park et ses successeurs contribuent à ce que l'on appelle le miracle économique sud-coréen : en à peine 40 ans, la Corée du Sud parvient à se hisser parmi les vingt pays les plus riches de la planète. Son PIB est alimenté par les revenus de conglomérats géants devenus leader dans leurs domaines : l'électronique et la construction pour Samsung, l'automobile pour Hyundai et Kia.

Publicité pour un service de livraison express : « 7j/7, livraison le jour même sur tout le territoire »

Cette période intense de l'histoire sud-coréenne aura laissé des marques indélébiles dans les esprits. Le sentiment de hâte, cette culture du *ppalli-ppalli*, se retrouve au quotidien dans tous les aspects de la société. Vous emménagez dans un nouvel appartement ? Le jour même, un technicien vient vous installer votre ligne internet à très haut débit. Vous avec un petit creux ? Passez un coup de fil au restaurant du coin qui vous livrera en un temps record.

Cette tendance à toujours accélérer, voire précipiter les choses, déconcertera plus d'une âme occidentale, habituée à plus de flegme. Certains visiteurs se sentiront peut-être oppressés de voir les gens terminer leur repas en cinq minutes chrono, alors que vous avez à peine eu le temps de goûter la soupe trop chaude. D'autres se plaindront de la conduite imprudente des conducteurs de bus et des chauffeurs de taxi.

Ceci dit, vitesse et précipitation ne sont pas synonymes de désordre ou de négligence. Tout service rendu, aussi hâté qu'il soit, sera généralement bien rendu. De même, si tout usager du bus est impatient de prendre place à bord et de démarrer au plus vite, ce n'est pas pour autant qu'il faudra jouer des coudes pour monter (il faut voir les files d'attente qui se forment devant les arrêts de bus pour le croire !).

Le *ppalli-ppalli* n'est pas synonyme de désordre : une file d'attente à un arrêt de bus

Exercices

연습

Préparation

1. Entraînez-vous à recopier les consonnes en respectant l'ordre de tracé des lettres.

ㄱ									
ㄴ									
ㄷ									
ㄹ									
ㅁ									
ㅂ									
ㅅ									
ㅇ									
ㅈ									
ㅊ									
ㅋ									
ㅌ									
ㅍ									
ㅎ									
ㄲ									
ㄸ									
ㅃ									
ㅆ									
ㅉ									

Préparation

2 — Entraînez-vous à recopier les voyelles en respectant l'ordre de tracé des lettres.

ㅏ									
ㅑ									
ㅓ									
ㅕ									
ㅗ									
ㅛ									
ㅜ									
ㅠ									
ㅡ									
ㅣ									
ㅐ									
ㅒ									
ㅔ									
ㅖ									
ㅘ									
ㅙ									
ㅚ									
ㅝ									
ㅞ									
ㅟ									
ㅢ									

Exercices 연습

Préparation

3. Agencez les lettres pour former une syllabe.

EXEMPLE ㄱ + ㅏ → 가

1) ㄴ + ㅗ → ☐
2) ㅅ + ㅐ → ☐
3) ㄲ + ㅓ → ☐
4) ㅎ + ㅕ → ☐
5) ㅍ + ㅛ → ☐
6) ㅈ + ㅐ → ☐
7) ㄸ + ㅣ → ☐
8) ㅇ + ㅡ → ☐

4. Agencez les lettres pour former une syllabe.

EXEMPLE ㄱ + ㅘ → 과

1) ㄴ + ㅘ → ☐
2) ㅅ + ㅚ → ☐
3) ㄱ + ㅟ → ☐
4) ㅇ + ㅙ → ☐
5) ㅆ + ㅣ → ☐
6) ㅁ + ㅝ → ☐
7) ㄱ + ㅞ → ☐
8) ㄸ + ㅟ → ☐

5. Agencez les lettres pour former une syllabe.

EXEMPLE ㄱ + ㅏ + ㄴ → 간

1) ㅁ + ㅣ + ㄴ → ☐
2) ㄹ + ㅏ + ㅇ → ☐
3) ㅁ + ㅗ + ㅅ → ☐
4) ㅊ + ㅓ + ㄴ → ☐
5) ㅇ + ㅝ + ㄴ → ☐
6) ㅎ + ㅢ + ㄴ → ☐
7) ㅂ + ㅚ + ㅂ → ☐
8) ㄲ + ㅘ + ㅇ → ☐

6 — Agencez les lettres pour former une syllabe.

EXEMPLE : ㄱ + ㅏ + ㅂ + ㅅ → 값

1) ㅈ + ㅓ + ㄹ + ㅁ →
2) ㅁ + ㅏ + ㄴ + ㅎ →
3) ㄲ + ㅡ + ㄹ + ㅎ →
4) ㅇ + ㅡ + ㄹ + ㅍ →
5) ㅂ + ㅏ + ㄹ + ㅂ →
6) ㅇ + ㅓ + ㅂ + ㅅ →
7) ㄸ + ㅜ + ㄹ + ㅎ →
8) ㄴ + ㅓ + ㄹ + ㅂ →

7 — Entourez la syllabe correspondant à la prononciation francisée entre crochets.

EXEMPLE : [ga] 가 나 다 마

1) [mi]   니 마 나 미
2) [bo]   므 보 브 모
3) [sé]   세 제 체 쩨
4) [lak]   랏 랕 랒 락
5) [tchou] 최 초 추 취
6) [myou] 뮤 며 먀 묘
7) [kal]   갈 칼 걸 컬
8) [pyé]   볘 볘 폐 폐

8 — Devinez quel prénom français se cache derrière chaque transcription en coréen.

EXEMPLE : 피에르 → Pierre

1) 다비드
2) 세실
3) 로익
4) 소피
5) 프레데릭
6) 엠마뉘엘
7) 세바스티앙
8) 알렉성드르

Leçon 1

1. Écrivez l'expression en coréen correspondant à la situation.

1) Vous partez et votre interlocuteur reste.
2) Vous saluez votre interlocuteur qui part.
3) Vous rencontrez quelqu'un pour la première fois.
4) Vous saluez votre meilleur ami.

2. Traduisez en coréen.

1) voiture
2) argent
3) fleur
4) parapluie
5) musique
6) cuisine

3. Complétez le dialogue avec les mots proposés. Attention à l'intrus.

반가워요   계세요   이름   안녕하세요   해요

다비드   안녕하세요?
소희   (   )?
다비드   이름이 뭐예요?
소희   저는 소희라고 (   ). (   )이 뭐예요?
다비드   저는 다비드예요. (   ).
소희   저도 반가워요.

4. Construisez les phrases suivantes avec la particule de sujet –이/가.

EXEMPLE
이름 / 뭐예요? → 이름이 뭐예요?
민지 / 대전에 살아요. → 민지가 대전에 살아요.

1) 돈 / 있어요?
2) 성함 / 어떻게 되세요?
3) 토마 / 서울에 가요.
4) 저 / 파리에 살아요.
5) 그녀 / 운동을 좋아해요.

5

Construisez les phrases suivantes avec la particule de thème –은/는.

EXEMPLE
제 이름 / 토마예요. → 제 이름은 토마예요.
그 / 한국 사람이에요. → 그는 한국 사람이에요.

1) 오늘 / 월요일이에요.
2) 아나이스 / 서울에 살아요.
3) 미나 / 친구가 많아요
4) 저것 / 우산이에요.
5) 민지 / 성격이 좋아요.

6

Construisez les phrases suivantes en déclinant la particule –이다 au style familier.

EXEMPLE
이것은 자동차 / 이다 → 이것은 자동차야.
나는 한국 사람 / 이다 → 나는 한국 사람이야.

1) 오늘은 목요일 / 이다
2) 수영이는 여자 / 이다
3) 그것은 꽃 / 이다
4) 우리는 중학생 / 이다
5) 이름이 뭐 / 이다?

7

Construisez les phrases suivantes en déclinant la particule –이다 au style poli informel.

EXEMPLE
이것은 자동차 / 이다 → 이것은 자동차예요.
저는 한국 사람 / 이다 → 저는 한국 사람이에요.

1) 준수는 남자 / 이다
2) 민지는 학생 / 이다
3) 이름이 뭐 / 이다?
4) 제 이름은 다비드 / 이다
5) 이것은 자동차 / 이다

Leçon 1

8 — Construisez les phrases suivantes en déclinant la particule –이다 au style formel.

EXEMPLE
이것은 자동차 / 이다 → 이것은 자동차입니다.
저는 한국 사람 / 이다 → 저는 한국 사람입니다.

1) 오늘은 수요일 / 이다
2) 제 이름은 준호 / 이다
3) 저도 학생 / 이다
4) 소피는 프랑스 사람 / 이다
5) 피에르는 회사원 / 이다

9 — Traduisez les phrases suivantes en coréen.

1) Bonjour.
2) Comment tu t'appelles ? (style familier)
3) Enchanté. (style poli informel)
4) Au revoir. (2 façons)
5) Salut !

10 — Lisez le texte suivant et répondez aux questions.

A 안녕하세요?
B 안녕하세요? 이름이 뭐예요?
A 제 이름은 소피예요, 이름이 뭐예요?
B 저는 서윤이예요. 반가워요.
A 네, 반가워요. 안녕히 계세요.
B 안녕히 가세요.

1) Comment s'appelle la personne A ?
2) Comment s'appelle la personne B ?
3) Qui s'en va en premier ?
4) Quel est le style (niveau de politesse) employé dans cette conversation ?

1. Reliez le nom du pays à son drapeau.

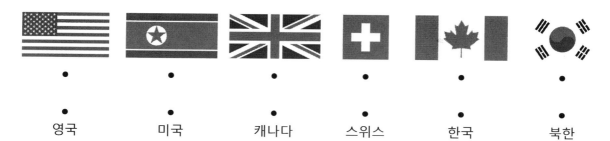

영국   미국   캐나다   스위스   한국   북한

2. Traduisez en coréen.

1) collégien
2) lycéen
3) étudiant
4) professeur
5) école élémentaire
6) cours

3. Complétez le dialogue avec les mots proposés. Attention à l'intrus.

–예요   사람   한국   –이에요   반가워요

파니   안녕하세요? 어느 나라 (　　　　)이에요?
유미   안녕하세요? 저는 일본 사람이에요. 이름이 뭐예요?
파니   저는 파니(　　　　). 대학생이에요?
유미   아니요, 대학생이 아니에요. 고등학교에 다녀요.
파니   아, 저는 대학생(　　　　). 반가워요.
유미   네, (　　　　).

4. Transformez les phrases suivantes à la forme négative.

EXEMPLE   토마는 프랑스 사람입니다. → 토마는 프랑스 사람이 아닙니다.

1) 사브리나는 영국 사람이야.
2) 우리는 대학생이에요.
3) 제 이름은 지우입니다.
4) 오늘은 목요일이야.
5) 그분은 선생님이세요.

Leçon 2

5 — Transformez les verbes à la forme honorifique.

EXEMPLE 선생님은 수업이 있어요. → 선생님은 수업이 있으세요.

1) 사장님은 파리에 가요.
2) 성함이 어떻게 됩니까?
3) 선생님은 서울에 살아요.
4) 사장님은 회사에 있어요?
5) 어느 셔츠가 좋아요?

6 — Complétez les phrases suivantes avec 네 ou 아니요.

1) 오늘은 수요일이에요? _____ , 오늘은 수요일이 아니에요. 목요일이에요.
2) 이것은 우산입니까? _____ , 이것은 우산입니다.
3) 마리가 프랑스 사람이 아니에요? _____ , 프랑스 사람이에요.
4) 그분이 선생님이 아니세요? _____ , 선생님이 아니세요. 사장님이세요.
5) 자동차가 있어요? _____ , 자동차가 없어요.

7 — Dites si les phrases suivantes sont grammaticalement correctes ou incorrectes.

1) **A** 토마는 학생이에요?
   B 네, 토마는 학생이 아니에요.
2) **A** 이것은 우산이 아냐?
   B 아니, 이것은 우산이 아냐.
3) **A** 파올로는 스페인 사람이에요?
   B 네, 파올로는 스페인 사람이에요.
4) **A** 수영이는 여자가 아니에요?
   B 아니요, 수영이는 여자예요.
5) **A** 그녀는 이름이 소피가 아니에요?
   B 아니요, 그녀는 이름이 마리예요.

8 — Traduisez les phrases suivantes en coréen selon le style demandé.

1) Je suis étudiant. (style poli informel)
2) Enchantée de faire votre connaissance. (style formel)
3) Êtes-vous professeur ? (style formel, forme honorifique)
4) Je vais au collège. / Je suis collégien. (style familier)
5) Aujourd'hui, c'est jeudi. (style poli informel)

9 — Mettez les éléments suivants dans le bon ordre pour construire une phrase.

1) 스위스 / 저도 / –이에요 / 사람
2) 나라 / –이에요 / 어느 / 사람
3) 일본 / 준수는 / 사람이 / 아니에요
4) 아니에요 / 그분은 / 선생님이 / 대학교

10 — Lisez le texte suivant et répondez aux questions.

우진 안녕하세요? 저는 우진이라고 해요. 중국 사람이에요.
아멜리 안녕하세요? 제 이름은 아멜리예요. 스위스 사람이에요. 대학생이에요?
우진 아니요, 고등학교에 다녀요. 아멜리는요?
아멜리 저도, 고등학생이에요. 반가워요.
우진 네, 반가워요.

1) 우진이는 한국 사람이에요?
2) 우진이는 고등학생이에요?
3) 아멜리는 대학생이에요?
4) 아멜리는 프랑스 사람이 아니에요?

Leçon 3

1 Trouvez l'intrus parmi les mots listés.

1) 너 / 우리 / 당신 / 네 / 저
2) 부산 / 중국 / 프랑스 / 스페인 / 영국
3) 농구 / 태권도 / 축구 / 독서 / 럭비
4) 파리 / 니스 / 울산 / 보르도 / 랭스

2 Complétez le dialogue avec les mots proposés. Attention à l'intrus.

–지 않아요   어디   한국어   –만   –이지만   친구

소피   안녕하세요? 이름이 뭐예요?
민정   민정이예요. (　　　　　)를 잘 해요?
소피   네, 한국어를 잘 해요.
민정   한국에 한국 (　　　　　)가 많아요?
소피   아니요, 많지 않아요.
민정   아, 그래요? 저도 한국 사람(　　　　　) 한국 친구가 많(　　　　　).
소피   저는 프랑스 친구(　　　　　) 있어요.

3 Construisez les phrases suivantes à la forme affirmative au présent, au style poli informel.

EXEMPLE
어디에 / 살다? → 어디에 살아요?
토마는 프랑스어를 / 하다 → 토마는 프랑스어를 해요.

1) 파리에 친구가 / 많다
2) 토마는 음악을 / 좋아하다
3) 한국 친구가 / 있다
4) 나는 고등학생이 / 아니다
5) 레미는 니스에 / 살다
6) 저녁에 파리에 / 도착하다
7) 학교에 / 가다
8) 어떻게 / 지내다?
9) 회사에 사장님이 / 계시다
10) 액션 영화를 자주 / 보다?

Leçon 3

4 Construisez les phrases suivantes avec la particule d'objet –을/를.

EXEMPLE
그는 물 / 마셔요. → 그는 물을 마셔요.
일본어 / 잘 해요. → 일본어를 잘 해요.

1) 이 셔츠 / 좋아해요.
2) 다비드는 이탈리아어 / 공부해요.
3) 매주 일요일에 축구 / 해요.
4) 존은 이 음악 / 좋아해요.
5) 학생이 수업 / 들어요.

5 Transformez les phrases suivantes en employant la forme –지 못하다.

EXEMPLE 저는 중국어를 해요. → 저는 중국어를 하지 못해요.

1) 니콜라는 수영을 해요.
2) 그녀는 테니스를 쳐요.
3) 저는 일본어를 해요.
4) 이 영화를 봐요.
5) 월요일에 회사에 가요.

6 Transformez les phrases suivantes en employant la forme 못 + *Verbe*.

EXEMPLE 저는 중국어를 하지 못해요. → 저는 중국어를 못 해요.

1) 그는 요리를 하지 못해요.
2) 수요일에 학교에 가지 못해요.
3) 레미는 일본어를 하지 못해요.
4) 미진이는 테니스를 잘 치지 못해요.
5) 한국어 공부를 하지 못해요.

Leçon 3

7 — Posez la question correspondant à chaque phrase en utilisant le pronom interrogatif 어디.

EXEMPLE   민지는 대전에 살아요. → 민지는 어디에 살아요?

1) 친구는 미국에 있어요.
2) 사장님은 회사에 계세요.
3) 브뤼노는 스위스에 살아요.
4) 자동차는 집에 있어요.
5) 한국어는 학교에서 공부해요.

8 — Complétez les phrases avec l'adverbe de conjonction 하지만.

EXEMPLE   파리가 좋아요. 사람이 많아요. → 파리가 좋아요. 하지만 사람이 많아요.

1) 벨기에에 살아요. 불어를 못 해요.
2) 준서는 대학생이에요. 대학교에 못 가요.
3) 서울이 좋아요. 날씨가 너무 추워요.
4) 스페인어를 공부해요. 잘 하지 않아요.
5) 이 셔츠가 좋아요. 비싸요.

9 — Reliez les deux phrases avec le suffixe de conjonction –지만.

EXEMPLE   파리가 좋아요. 사람이 많아요. → 파리가 좋지만 사람이 많아요.

1) 벨기에에 살아요. 불어를 못 해요.
2) 준서는 대학생이에요. 대학교에 안 가요.
3) 서울이 좋아요. 날씨가 너무 추워요.
4) 스페인어를 공부해요. 잘 하지 못해요.
5) 이 셔츠가 좋아요. 비싸요.

10. Traduisez les phrases suivantes en coréen au style poli informel (–아요/어요).

1) J'habite à Busan.
2) Parlez-vous bien français ?
3) C'est comment, Séoul ?
4) Min-ji étudie le français.
5) Joon-soo ne parle que le coréen.

11. Traduisez les phrases suivantes en coréen au style familier (–아/어).

1) Nous habitons à Lyon.
2) Tu es coréen ?
3) Je ne parle que français.
4) Thomas est lycéen.
5) Séoul me plaît, mais il y a beaucoup de monde.

12. Lisez le texte suivant et répondez aux questions.

서현	안녕하세요? 저는 서현이에요. 이름이 뭐예요?
민주	민주예요. 어디에 살아요?
서현	인천에 살아요. 하지만 학교는 수원에 있어요.
민주	그래요? 저도 인천에 살지만 학교는 서울에 있어요.
서현	서울에는 사람이 많지 않아요?
민주	사람이 너무 많아요.

1) 서현 씨는 어디에 살아요?
2) 민주 씨는 학생이에요?
3) 민주 씨는 학교가 어디예요?
4) 서울에는 사람이 많지 않아요?

Leçon 4

1 — Traduisez en coréen.

1) football
2) pêche
3) tennis
4) randonnée en montagne
5) natation
6) baseball
7) lecture
8) photographie
9) cinéma
10) cuisine
11) musique
12) jeux vidéo

2 — Complétez le dialogue avec les mots proposés. Attention à l'intrus.

뭐   도   –에   누구   –지만   –이라면

소피   취미가 (   )예요?
민정   저는 운동이 좋아요.
소피   어떤 운동을 좋아해요?
민정   운동(   ) 야구하고 축구를 좋아해요.
        매주 일요일(   ) 축구를 해요.
소피   야구(   ) 잘 해요?
민정   아니요, 축구는 잘 하(   ) 야구는 못 해요.

3 — Construisez les phrases suivantes avec –하고 et la particule de sujet ou d'objet selon le contexte.

EXEMPLE   농구 / 수영 / 좋아해요. → 농구하고 수영을 좋아해요.

1) 민수 씨 / 지현 씨 / 학교에 못 가요.
2) 저는 피아노 / 기타 / 못 쳐요.
3) 로메오는 스페인어 / 영어 / 잘 해요?
4) 그는 물 / 커피 / 마셔요.
5) 김 선생님 / 박 사장님 / 계세요.

4 — Transformez les phrases suivantes à la forme négative.

EXEMPLE 학교에 가요. → 학교에 가지 않아요.

1) 정숙 씨는 부산에 살아요.
2) 서울에는 사람이 많아요.
3) 이 자전거는 좋아요.
4) 그 학생은 이 학교에 있어요.
5) 이 자동차가 비싸요.

5 — Transformez les phrases suivantes à la forme négative.

EXEMPLE 잘 지내요. → 잘 지내지 않아요.

1) 프랑수아는 물을 마셔요.
2) 영화를 자주 봐요.
3) 토마는 프랑스어를 해요.
4) 선생님이 학교에 계세요.
5) 이 셔츠가 편해요.

6 — Posez la question correspondant à chaque phrase en utilisant l'adjectif interrogatif 어떤.

EXEMPLE 저는 액션 영화를 좋아해요. → (당신은) 어떤 영화를 좋아해요?

1) 프랑스 음식을 먹어요.
2) 그녀는 스릴러 영화를 자주 봐요.
3) 피에르는 팝송을 좋아해요.
4) 그 사람은 좋은 사람이에요.
5) 나는 축구를 해.

Leçon 4

7. Complétez les phrases suivantes avec le suffixe –라면/이라면 ou sa forme négative –이/가 아니라면.

EXEMPLE 음악이다 / 다 좋아해요. → 음악이라면 다 좋아해요.

1) 영화이다 / 로맨스를 좋아해요.
2) 음식이다 / 이탈리아 요리가 가장 좋아요.
3) 운동이다 / 배드민턴을 가장 자주 해요.
4) 그것이 꽃이 아니다 / 뭐예요?
5) 민주 씨가 대학생이 아니다 / 고등학생이에요?

8. Posez la question correspondant à chaque phrase en utilisant le pronom interrogatif 누구.

EXEMPLE 이분은 토마예요. → 이분은 누구예요?

1) 저는 가장 좋아하는 가수가 비예요.
2) 배우라면 손예진을 좋아해요.
3) 이 자동차는 선생님 자동차예요.
4) 나는 민지하고 영화를 봐.
5) 가수라면 마돈나가 가장 좋아.

9. Traduisez en coréen au style poli informel (–아요/어요).

1) Je vais à Séoul samedi.
2) Thomas aime le football et le handball.
3) Soo-yeong mange de la nourriture chinoise.
4) J'étudie le coréen tous les mercredis.
5) Je ne sais pas faire la cuisine. (2 façons)

10 Posez la question correspondant à la phrase en utilisant le mot interrogatif entre parenthèses.

1) 존은 캐나다 사람이에요. (어느)
2) 취미는 여행이에요. (뭐)
3) 한국어를 도서관에서 공부해요. (어디)
4) 미셸은 중국 요리를 좋아해요. (어떤)
5) 이분은 프랑수아예요. (누구)

11 Lisez le texte et dites si les affirmations suivantes sont vraies ou fausses.

아르노	취미가 뭐예요?
세실	취미는 기타예요.
아르노	기타는 잘 쳐요?
세실	아니요, 기타는 좋아하지만 잘 못 쳐요.
아르노	그래요? 저도 기타를 치지 못해요. 어떤 음악을 좋아해요?
세실	음악이라면 록하고 재즈가 좋아요.

1) 아르노는 취미가 기타예요.
2) 세실은 기타를 좋아해요.
3) 세실은 기타를 잘 쳐요.
4) 아르노는 기타를 잘 쳐요.
5) 세실은 재즈를 들어요.

Leçon 5

1 Écrivez les nombres ci-dessous en toutes lettres.

2   18   9   34   6   20

Nombre sino-coréen _____ _____ _____ _____ _____ _____

Nombre coréen _____ _____ _____ _____ _____ _____

2 Écrivez les nombres ci-dessous en chiffres.

1) 일곱
2) 하나
3) 십칠
4) 일
5) 열셋

6) 마흔아홉
7) 팔십구
8) 스물여덟
9) 삼십삼
10) 구십

3 Reliez l'heure au moment de la journée correspondant.

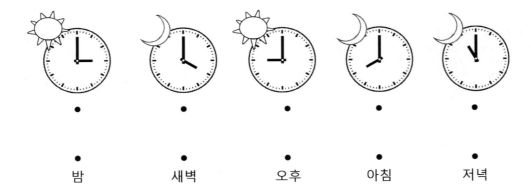

밤   새벽   오후   아침   저녁

Leçon 5

4 Écrivez l'heure en toutes lettres.

EXEMPLE 세 시 오 분

1) _____

2) _____

3) _____

4) _____

5) _____

6) _____

7)  _____

8) _____

5 Réécrivez les phrases suivantes en transposant l'heure en chiffres.

EXEMPLE   지금은 한 시 십분이에요. → 지금은 1시 10분이에요.

1) 삼십 분 후에 수업이 있어요.
2) 오늘은 유 월 이십구 일이에요.
3) 아침에는 일곱 시 이십 분에 일어납니다.
4) 오전 여덟 시 반에 회사에 가요.
5) 저는 서른세 살이에요.

Leçon 5

6 Transposez les dates suivantes au format coréen.

EXEMPLE Lundi 15 février 2021 → 2021년 2월 15일 월요일

1) 6 août 1990
2) Mercredi 30 juillet 2003
3) Vendredi 8 octobre
4) 14 mai 2012
5) Dimanche 23 février 2020

7 Construisez les phrases suivantes avec le verbe 있다 indiquant l'existence ou la possession.

EXEMPLE 집에 / 정원 → 집에 정원이 있어요.

1) 파리에 / 친구
2) 오후에 / 약속
3) 프랑수아는 / 자동차
4) 2시 반에 / 수업
5) 저는 민지하고 / 데이트

8 Construisez les phrases suivantes avec le verbe 있다 indiquant le lieu.

EXEMPLE 저는 / 집 → 저는 집에 있어요.

1) 선생님이 / 학교
2) 자동차가 / 주차장
3) 파리가 / 프랑스
4) 꽃이 / 정원
5) 나하고 내 친구가 / 영화관

Leçon 5

9. Répondez aux questions suivantes avec 있다 ou 없다 selon la réponse donnée entre parenthèses.

EXEMPLE
시간이 있어요? (네) → 네, 시간이 있어요.
시간이 있어요? (아니요) → 아니요, 시간이 없어요.

1) 오늘 약속이 있어요? (네)
2) 집에 사람이 있어요? (아니요)
3) 레미 씨는 자동차가 있어요? (네)
4) 월요일에 이탈리아어 수업이 있어요? (아니요)
5) 한국에 친구가 있어요? (아니요)

10. Construisez les phrases suivantes au style formel et à la forme affirmative.

EXEMPLE 토마는 대학교에 / 가다 → 토마는 대학교에 갑니다.

1) 수영 씨는 노래를 / 하다
2) 저는 한국어를 잘 / 하다
3) 그 사람이 내 친구 / –이다
4) 한국에 친구가 / 많다
5) 팝송을 자주 / 듣다

11. Construisez les phrases suivantes au style formel et à la forme interrogative.

EXEMPLE 토마는 대학교에 / 가다 → 토마는 대학교에 갑니까?

1) 기차가 저녁 8시 반에 / 도착하다
2) 지금은 10시 45분 / –이다
3) 음악을 / 좋아하다
4) 민지는 테니스를 잘 / 치다
5) 서울에 사람이 / 많다

Leçon 5

12 Transposez les phrases suivantes au style formel (–ㅂ니다/습니다).

EXEMPLE 저는 스릴러 영화를 좋아해요. → 저는 스릴러 영화를 좋아합니다.

1) 저는 중국 음식을 잘 먹어요.
2) 피에르는 팝송을 좋아해요.
3) 토마는 좋은 사람이에요.
4) 오늘 저녁에 시간이 있어요?
5) 사장님이 회사에 계세요?

13 Traduisez les phrases suivantes en coréen au style formel (–ㅂ니다/습니다).

1) J'aime le cinéma et la musique.
2) Min-ji ne sait pas nager.
3) J'ai un rendez-vous aujourd'hui.
4) L'avion part à 12 heures.
5) Aujourd'hui, nous sommes le mardi 29 décembre 2020.

14 Lisez l'emploi du temps de la semaine reproduit ci-dessous et répondez aux questions qui s'y rapportent.

일	월	화	수	목	금	토
10시 : 중국어 수업 6시 : 테니스	2시 : 쇼핑 10시 : 영화		5시 반 : 피아노		8시 : 축구	6시 : 테니스

1) 일요일에는 어떤 수업이 있어요?
2) 몇 시에 영화를 봐요?
3) 무슨 요일에 축구를 해요?
4) 언제 피아노 수업이 있어요?
5) 무슨 요일에 테니스를 쳐요?

Leçon 6

1 Écrivez pour chaque boule de billard sa position par rapport à la table à l'aide des mots proposés.

| 아래에 | 옆에 | 위에 | 뒤에 | 오른쪽에 | 왼쪽에 | 앞에 |

1) ❶ :
2) ❷ :
3) ❸ :
4) ❹ :
5) ❺ :
6) ❻ :

2 Traduisez les lieux suivants en coréen.

1) entreprise
2) école
3) restaurant
4) bibliothèque
5) librairie
6) mairie
7) cinéma
8) marché

3 Répondez aux questions suivantes en utilisant l'élément entre parenthèses.

EXEMPLE   당신은 어디에서 일을 해요? (파리) → 나는 파리에서 일을 해요.

1) 정욱 씨는 어디에서 와요? (부산)
2) 영화를 어디에서 봐요? (영화관)
3) 민지하고 어디에서 만나요? (시청 앞)
4) 회사에서 몇 시에 돌아와요? (일곱 시)
5) 집에서 학교까지 멀어요? (십 킬로미터 거리이다)

Exercices 연습 **281**

Leçon 6

4 Construisez les phrases suivantes en utilisant l'élément entre parenthèses.

EXEMPLE 도서관에 어떻게 가요? (자전거) → 도서관에 자전거로 가요.

1) 회사에 어떻게 갑니까? (자동차)
2) 이 음식을 어떻게 먹어요? (포크)
3) 한국어를 어떻게 공부해요? (책)
4) 서울에서 대전까지 어떻게 가? (기차)
5) 프랑스로 어떻게 가요? (비행기)

5 Reliez les phrases suivantes avec le suffixe de conjonction –고.

EXEMPLE 저는 수영이에요. 그는 니콜라예요. → 저는 수영이고 그는 니콜라예요.

1) 기차는 1시에 출발해요. 3시 반에 도착해요.
2) 토요일에 축구를 해요. 일요일에 테니스를 쳐요.
3) 음악을 듣습니다. 책을 봅니다.
4) 오른쪽으로 가세요. 직진하세요.
5) 마리옹 씨는 리옹에 살아요. 준수 씨는 부산에 살아요.

6 Construisez les phrases suivantes avec les particules de lieu –에서 et –까지.

EXEMPLE 여기 / 서점 / 멀어요? → 여기에서 시청까지 멀어요?

1) 여기 / 학교 / 가까워요?
2) 집 / 시내 / 버스로 어떻게 가요?
3) 명동 / 강남 / 버스가 있어요?
4) 아침에는 집 / 회사 / 자전거를 타요.
5) 여기 / 도서관 / 오백 미터 거리예요.

7 — Indiquez la distance qui sépare les deux endroits selon le modèle ci-dessous.

1)  서울에서 부산까지 삼백 킬로 거리입니다.

2)  서울에서 . . .

3)

4)

8 — Traduisez les phrases suivantes en coréen au style formel (–ㅂ니다/습니다).

1) La bibliothèque est proche de l'école.
2) Il y a un arrêt de bus devant la pizzeria.
3) Je m'appelle Thomas, et elle c'est Marion.
4) Paris est-il loin de Lyon ?
5) Je vais au cinéma en métro.

Leçon 6

9. Construisez les phrases suivantes avec les particules appropriées et au style poli informel (–아요/어요).

1) 도서관 앞 / 버스 정류장 / 있다
2) 학교 / 집 / 삼 킬로미터 거리이다
3) 이쪽 / 오 분 동안 걸어가다
4) 저는 오늘 밤 / 민지 씨 / 약속 / 있다
5) 마리 / 영화 / 보다 / 니콜라 / 피아노 / 치다

10. Lisez le texte et dites si les affirmations suivantes sont vraies ou fausses.

로익	안녕하세요? 죄송하지만 이 근처에 서점이 있습니까?
김정숙	네, 있습니다.
로익	여기에서 멉니까?
김정숙	아니요, 가깝습니다.
로익	어떻게 갑니까?
김정숙	버스 정류장 쪽으로 백 미터만 걸어가세요.

1) 로익 씨는 서점으로 가요.
2) 서점은 여기에서 멀어요.
3) 서점까지 100미터 거리예요.
4) 서점은 버스 정류장 아래에 있어요.

Leçon 7

1. Complétez les phrases suivantes avec les mots proposés. Attention à l'intrus.

말씀   성함   댁   드세요   주무세요   계셔요   이름

1) – (　　　　)이 어떻게 되십니까?
   – 제 (　　　　)은 프랑수아입니다.
2) – 사장님의 (　　　　)이 어디입니까?
   – 강남역 근처입니다.
3) – 선생님! 무엇을 (　　　　)?
   – 물만 마셔요.
4) – 문제가 있습니다.
   – 문제를 (　　　　)해 주세요.
5) – 몇 시에 (　　　　)?
   – 11시에 자요.

2. Transformez les phrases suivantes à la forme honorifique en utilisant les termes honorifiques.

EXEMPLE   이름이 뭐예요? → 성함이 어떻게 되세요?

1) 선생님이 학교에 있어요.
2) 나이가 어떻게 돼요?
3) 그는 피자를 먹어요.
4) 회사에서 사장님의 집까지 멀어요?
5) 답을 말해 줘.

3. Mettez les phrases suivantes au futur à l'aide du marqueur d'intention –겠–.

EXEMPLE   내일 다시 전화하다 → 내일 다시 전화하겠습니다.

1) 그 영화를 보지 않다
2) 이 음식을 잘 먹다
3) 오늘 오후에 다시 오다
4) 지금 내 숙제를 하다
5) 앞으로는 열심히 공부하다

Exercices 연습

Leçon 7

4 — Formulez une demande en utilisant la forme –아/어 주세요.

EXEMPLE 민지 씨 바꾸다 → 민지 씨 바꿔 주세요.

1) 이름을 말하다
2) 이쪽으로 보다
3) 그 일을 잊다
4) 이 책을 다 읽다
5) 저를 좀 돕다

5 — Exprimez votre intention ferme en utilisant la forme –아/어 드리겠습니다.

EXEMPLE 민지 씨 바꾸다 → 민지 씨 바꿔 드리겠습니다.

1) 한국어로 말씀하다
2) 이 책을 다 읽다
3) 어머니의 일을 돕다
4) 사장님 댁까지 모시다
5) 오늘은 요리를 하다

6 — Construisez les phrases suivantes avec le participe présent –는.

EXEMPLE 강남역으로 가다 / 버스가 있어요. → 강남역으로 가는 버스가 있어요.

1) 파리에 살다 / 프랑스 사람이 많아요.
2) 선주 씨가 마시다 / 와인이 맛있어요.
3) 저는 집 옆에 있다 / 식당에 있어요.
4) 제주도로 가다 / 비행기가 많아요.
5) 토마 씨는 재미있다 / 사람이에요.

7. Reliez les deux phrases avec le participe présent –는.

EXEMPLE 저는 영화를 봐요. / 이 영화가 재미있어요. → 저는 재미있는 영화를 봐요.

1) 저는 피자를 먹어요. / 이 피자가 맛있어요.
2) 저는 버스 안에 있어요. / 이 버스가 강남으로 가요.
3) 저는 책을 읽어요. / 이 책이 재미있어요.
4) 저는 학교에서 공부해요. / 이 학교에 도서관이 있어요.
5) 저는 일을 해요. / 이 일이 좋아요.

8. Traduisez les phrases suivantes en coréen.

1) Allô ?
2) Je vous passe Min-ji.
3) Ça fait longtemps (qu'on ne s'est pas vus).
4) Veuillez patienter un instant.
5) Il y a beaucoup de trains qui vont à Paris.
6) Le plat que je mange est très bon.
7) Je suis dans le bus qui va à Busan.
8) J'habite dans une ville où il n'y a pas de métro.

9. Lisez le texte et dites si les affirmations suivantes sont vraies ou fausses.

성호의 어머니	여보세요?
줄리앙	여보세요? 줄리앙이에요. 잘 지내세요?
성호의 어머니	아, 줄리앙 안녕? 응 잘 지내. 줄리앙은?
줄리앙	네, 잘 지내요. 성호는 집에 있어요?
성호의 어머니	아니. 지금 학교야.
줄리앙	몇 시에 와요?
성호의 어머니	저녁 7시에 와.
줄리앙	그럼 이따가 다시 전화하겠어요.

1) 전화하는 사람이 줄리앙이에요.
2) 성호는 집에 있어요.
3) 줄리앙은 성호의 어머니를 알아요.
4) 성호의 어머니는 저녁 7시에 집에 와요.

Leçon 8

1 — Traduisez en coréen avec le classificateur qui convient.

1) une femme
2) deux livres
3) un avion
4) 100 wons
5) un verre de vin
6) une feuille de papier
7) un chien
8) un bol de soupe
9) 35 degrés
10) deux verres de bière

2 — Écrivez les nombres ci-dessous en chiffres.

1) 육백
2) 이백이십이
3) 삼백육십오
4) 천오백십오
5) 이천십삼
6) 칠만 오천
7) 백오십만
8) 오천만
9) 일억 만 천백십일
10) 육십억

3 — Complétez les phrases suivantes avec le classificateur qui convient. Attention à l'intrus.

| 권 | 병 | 명 | 살 | 시 | 시간 |

1) 서점에서 책을 세 (   ) 샀어요.
2) 나이가 어떻게 돼요? 스물여덟 (   )이에요.
3) 두 (   ) 후에 학교에 갑니다.
4) 어제 내 친구하고 와인을 한 (   ) 마셨어.
5) 두 (   )에 학교에 갑니다.

4 — Complétez les phrases suivantes avec le classificateur qui convient. Attention à l'intrus.

| 도 | 대 | 분 | 분 | 장 | 잔 |

1) 오늘은 날씨가 너무 추워요. 5(   )예요.
2) 남자 세 (   )이 오셨어요.
3) 물 한 (   ) 주세요.
4) 집에 피아노가 두 (   ) 있어요.
5) 5(   ) 동안 기다려 주세요.

5 — Demandez le prix de chaque objet en utilisant l'expression 얼마예요?

EXEMPLE : 5,000(오천) 원이에요. (이 우산) → 이 우산은 얼마예요?

1) 1,500(천오백) 원이에요. (이 꽃)
2) 300,000(삼십만) 원이에요. (이 카메라)
3) 20,000(이만) 원이에요. (이것)
4) 1,000,000(백만) 원이에요. (이 컴퓨터)
5) 250,000(이십오만) 원이에요. (이 자전거)

6 — Construisez les phrases suivantes à la forme affirmative au passé, au style poli informel.

EXEMPLE : 잘 / 먹다 → 잘 먹었어요.

1) 영화가 / 재미있다
2) 어제는 토요일 / –이다
3) 아침에는 학교까지 / 걸어가다
4) 이 책을 다 / 읽다
5) 시장에서 사람이 / 많다

Leçon 8

7. Construisez les phrases suivantes à la forme affirmative au passé, au style poli informel.

EXEMPLE 잘 / 먹다 → 잘 먹었어요.

1) 어제는 피아노를 / 치다
2) 자동 발매기를 / 쓰다
3) 한 시간이 / 걸리다
4) 어머니의 일을 / 돕다
5) 자동차를 / 바꾸다

8. Transformez les phrases suivantes au passé.

EXEMPLE 친구를 만나요. → 친구를 만났어요.

1) 친구가 내 일을 도와 줘요.
2) 서울에 저녁 8시에 도착해요.
3) 버스에서 내립니다.
4) 물 한 잔 마십니다.
5) 명동역에서 지하철을 갈아타요.

9. Construisez les phrases suivantes en employant la forme –(으)면 돼요.

EXEMPLE 지하철을 강남역에서 / 타다 → 지하철을 강남역에서 타면 돼요.

1) 만 원 / 주다
2) 영어로 / 말하다
3) 지금 / 출발하다
4) 시청 앞에서 / 만나다
5) 친구의 일을 / 도와 주다

Leçon 8

10 Construisez les phrases suivantes à la forme honorifique et en employant la forme -(으)면 됩니다.

EXEMPLE 지하철을 강남역에서 / 타다 → 지하철을 강남역에서 타시면 됩니다.

1) 내일 오전 9시까지 / 오다
2) 이 길로 10분 동안 / 걸어가다
3) 표를 여기에서 / 사다
4) 집 앞에서 / 내려 주다
5) 광화문역에서 / 내리다

11 Mettez les éléments suivants dans le bon ordre pour construire une phrase.

1) 가는 / 됩니까? / 어디에서 / 강남으로 / 타면 / 버스를
2) 부산까지 / 걸려요? / 서울에서 / 자동차로 / 얼마나
3) 기차역 / 됩니다. / 내려 / 앞에서 / 주시면
4) 음식은 / 돼요. / 한국 / 젓가락으로 / 드시면
5) 했어요. / 테니스를 / 치고 / 어제는 친구하고 / 축구를

12 Traduisez les phrases suivantes en coréen.

1) Vous pouvez descendre à l'arrêt suivant.
2) Tu as attendu longtemps ?
3) Excusez-moi, comment aller à la station Gangnam en métro ?
4) Hier, j'ai acheté un costume.
5) Déposez-moi devant la bibliothèque, s'il vous plaît.

Leçon 8

13 Lisez le texte et répondez aux questions.

택시 운전사	어서 오세요!
마리	안녕하세요? 여기에서 명동역까지 멀어요?
택시 운전사	가깝습니다. 3킬로미터 가면 됩니다.
마리	그래요? 그럼 명동역까지 가 주세요.
택시 운전사	알겠습니다.
(10분 후에)	
택시 운전사	어디에서 내려 드리면 됩니까?
마리	명동역 3번 출구 앞에서 내려 주세요.
택시 운전사	3,500원입니다.
마리	여기 있습니다. 안녕히 가세요.

1) 마리 씨는 어디로 갔어요?
2) 마리 씨는 버스를 탔어요?
3) 마리 씨는 서점 앞에서 내렸어요?

Leçon 9

1 Complétez l'arbre généalogique avec les termes en coréen.

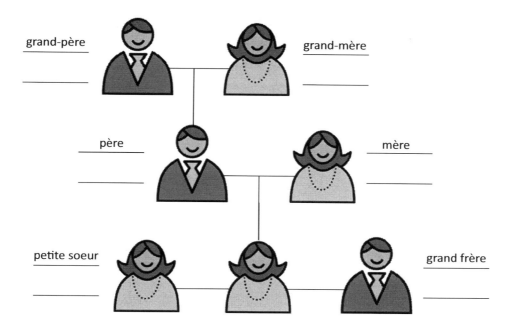

2 Complétez le dialogue avec les mots proposés. Attention à l'intrus.

여든세   오빠   연세   남매   그리고

다비드   몇 살이에요?
소희   열 다섯 살이에요.
다비드   (　　　　　)가 있어요?
소희   네, 우리 모두 넷이에요. 저와 동생 하나, 누나 하나 (　　　　　) 형 하나예요.
다비드   조부모께서 연세가 어떻게 되세요?
소희   할아버지께서는 (　　　　　) 살이시고 할머니께서는 돌아가셨어요.
다비드   할아버지께서 건강하세요?
소희   네, (　　　　　)가 많으시지만 건강하세요.

Exercices 연습 **293**

Leçon 9

3. Construisez les phrases suivantes avec la particule de liaison –와/과.

EXEMPLE 농구 / 테니스를 좋아해요. → 농구와 테니스를 좋아해요.

1) 오빠 / 언니는 결혼했어요.
2) 제 취미는 음악 / 영화입니다.
3) 내 가방 안에는 컴퓨터 / 카메라가 있어요.
4) 회사까지 2호선 / 3호선을 타요.
5) 할아버지 / 할머니의 연세는 예순 살 / 예순 두 살이에요.

4. Construisez les phrases suivantes avec la particule d'accompagnement –와/과.

EXEMPLE 어제는 친구 / 테니스를 쳤어요. → 어제는 친구와 테니스를 쳤어요.

1) 아침에는 다비드 / 학교에 왔어요.
2) 지난 주말에는 부모님 / 함께 고향으로 내려 갔어요.
3) 토요일 밤에 친구 / 약속이 있어요.
4) 내 오빠는 그의 여자친구 / 결혼했어요.
5) 엄마 / 함께 시장으로 갔어요.

5. Construisez les phrases suivantes avec le comparatif de supériorité –보다.

EXEMPLE 택시 / 버스 / 비싸요. → 택시는 버스보다 비싸요.

1) 카메라 / 컴퓨터 / 싸요.
2) 토마 씨 / 니콜라 씨 / 키가 커요.
3) 도서관 / 서점 / 가까워요.
4) 중국어 / 한국어 / 어려워요.
5) 식당에서 와인 한 잔 / 맥주 한 잔 / 비싸요.

6. Construisez les phrases suivantes avec le comparatif d'infériorité –보다 덜.

EXEMPLE 버스 / 택시 / 비싸요. → 버스는 택시보다 덜 비싸요.

1) 자전거 / 자동차 / 빨라요.
2) 부산 / 서울 / 추워요.
3) 할아버지 / 할머니 / 건강하세요.
4) 여기에서 명동 / 강남 / 멀어요.
5) 이번 주말 / 지난 주말 / 더워요.

7. Inversez les comparatifs suivants en utilisant le verbe de sens contraire donné entre parenthèses.

EXEMPLE 택시는 버스보다 비싸. (싸다) → 버스는 택시보다 싸.

1) 내 집은 네 집보다 가까워. (멀다)
2) 소피는 수미보다 키가 커. (작다)
3) 프랑스어는 스페인어보다 어려워. (쉽다)
4) 어제는 오늘보다 추워. (덥다)
5) 미국 영화는 프랑스 영화보다 재미있어. (재미없다)

8. Traduisez les phrases suivantes en coréen.

1) J'ai un petit frère et une petite sœur.
2) Ma mère a quarante-cinq ans. *(forme honorifique)*
3) Ma ville natale est Bruxelles.
4) J'ai trois ans de moins que mon frère. *(vous êtes une femme)*
5) L'appareil photo de Nicolas est plus cher que celui de Thomas.

Leçon 9

9 Transformez les phrases suivantes à la forme honorifique (particule de sujet et termes honorifiques).

1) 선생님이 집으로 갔어요.
2) 어제 밤에 할머니가 죽었어요.
3) 여자 한 명이 왔어요.
4) 어머니는 밤 11시에 자요.
5) 아버지가 수프를 먹었어요.

10 Lisez le texte et dites si les affirmations suivantes sont vraies ou fausses.

수미	남매가 있어요?
서윤	네, 남동생 한 명과 언니 한 명 있어요.
수미	모두 몇 살이에요?
서윤	우리 동생은 열일곱 살이고 언니는 스물네 살이에요.
수미	언니는 결혼했어요?
서윤	아니요, 가족과 함께 살아요.

1) 서윤 씨는 남자예요.
2) 서윤 씨의 남매는 두 명이에요.
3) 서윤 씨는 가족에서 가장 나이가 어려요.
4) 서윤 씨의 언니는 혼자 살아요.

Leçon 10

1. Traduisez en français ces différentes étapes de la vie quotidienne.

1) 버스를 기다리다
2) 숙제를 하다
3) 수업을 듣다
4) 일어나다
5) 퇴근하다
6) 책을 읽다
7) 지하철을 타다
8) 아침을 먹다
9) 이를 닦다
10) 자다

2. Transformez et reliez les phrases suivantes avec le suffixe du passé –ㄴ/은.

EXEMPLE 제가 가방을 샀어요. / 이 가방은 비싸요. → 제가 산 가방은 비싸요.

1) 제가 영화를 봤어요. / 이 영화는 재미있어요.
2) 제가 서점에 갔어요 / 이 서점은 가까워요.
3) 민지 씨가 버스를 탔어요. / 이 버스는 140번이에요.
4) 친구가 선물을 준비했어요. / 이 선물은 아주 커요.
5) 제가 꽃을 받았어요. / 이 꽃은 예뻐요.

3. Transformez et reliez les phrases suivantes avec le suffixe du présent –ㄴ/은.

EXEMPLE 제가 가방을 샀어요. / 이 가방은 비싸요. → 제가 비싼 가방을 샀어요.

1) 제가 영화를 봤어요. / 이 영화는 재미있어요.
2) 제가 서점에 갔어요 / 이 서점은 가까워요.
3) 저는 약속이 있어요. / 이 약속은 중요해요.
4) 그는 남자예요. / 이 남자는 건강해요.
5) 어제 파티에서 사람들을 만났어요. / 이 사람들이 많았어요.

Exercices 연습

Leçon 10

4. Mettez les phrases suivantes au futur avec la forme –(으)ㄹ 거예요.

EXEMPLE 토요일 밤에 제 친구를 만나다 → 토요일 밤에 제 친구를 만날 거예요.

1) 내일은 토마의 생일 파티에 가다
2) 다음 주 월요일에 수업이 있다
3) 영화는 2시간 후에 끝나다
4) 오늘 밤에는 술을 안 마시다
5) 불어로 말하지 않다

5. Mettez les phrases suivantes au futur avec la forme –(으)ㄹ 거다 en respectant le registre de langue employé.

EXEMPLE 토요일 밤에 제 친구를 만납니다. → 토요일 밤에 제 친구를 만날 겁니다.

1) 나는 예쁜 여자와 결혼해.
2) 비싼 가방을 안 사요.
3) 오래 걸리지 않습니다.
4) 오늘은 일찍 자.
5) 내일 서울로 돌아갑니다.

6. Transformez les phrases suivantes en utilisant le superlatif.

EXEMPLE 제가 산 가방은 비싸요. → 제가 산 가방은 가장 비싸요.
제가 산 가방은 비싸요. → 제가 산 가방은 제일 비싸요.

1) 2시쯤에 날씨가 더워요.
2) 서울은 한국에서 인구가 많은 도시예요.
3) 다비드 씨는 키가 작은 남자예요.
4) 기차역 앞에 있는 서점이 가까워요.
5) 엄마가 해 주시는 음식은 맛있어요.

Leçon 10

7. Traduisez les phrases suivantes en coréen.

1) Le gâteau d'anniversaire de Thomas est le plus délicieux.
2) Le livre que j'ai lu hier est intéressant.
3) J'ai un cours de mathématiques à partir de 14 heures.
4) Il n'y aura pas de gros problème.
5) Tu as fais tes devoirs avant de venir ?

8. Lisez l'emploi du temps de la semaine reproduit ci-dessous et répondez aux questions qui s'y rapportent.

일	월	화	수	목	금	토
10시 : 중국어 수업 6시 : 테니스	2시 : 쇼핑 10시 : 영화		5시 반 : 피아노	**오늘**	8시 : 축구	6시 : 테니스

1) 오늘은 무슨 요일이에요?
2) 토요일에 뭐 할 거예요?
3) 무슨 요일에 영화를 봤어요?
4) 무슨 요일에 축구를 할 거예요?
5) 일요일에 어떤 수업이 있을 거예요?

9. Réécrivez le texte suivant au futur avec la forme –(으)ㄹ 거예요.

민주는 오전 7시에 일어나요. 아침을 먹고 이를 닦아요. 8시에 버스를 타고 학교에 가요. 9시부터 12시까지 수학 수업이 있어요. 12시 반에 점심을 먹어요. 2시부터 4시까지 불어 수업을 들어요. 수업이 끝나고 친구들과 함께 축구를 해요. 7시쯤에 저녁 식사를 하고 친구들하고 한 잔 마셔요. 9시에 지하철을 타고 집으로 돌아가요. 세수를 하고 자요.

Leçon 11

1. Reliez chaque mot au verbe correspondant.

le téléphone	la montagne	la musique	le bus	le petit-déjeuner	la piscine
먹다	듣다	오르다	타다	수영하다	통화하다

2. Reliez chaque mot à l'adjectif correspondant.

la voiture	la fleur	la montagne	le prix	la nourriture	le film
예쁘다	재미있다	높다	빠르다	싸다	맛있다

3. Complétez le dialogue avec les suffixes proposés. Attention à l'intrus.

−네요   −어서   −쯤   −께서   −러   −에

사라: 이번 주말(   ) 뭐 할 거예요?
장원: 할머니(   ) 편찮으셔서 고향으로 내려갈 거예요. 사라 씨는요?
사라: 어제 눈이 많이 와서 스키를 타(   ) 산에 갈 거예요.
장원: 재미있겠(   ). 저는 스키를 탄 지 오래 됐어요.
사라: 저는 스키를 한 번도 탄 적이 없(   ) 걱정이 돼요.

Leçon 11

4 Construisez les phrases suivantes avec le suffixe de but –(으)러.

EXEMPLE 민지는 장을 보다 / 슈퍼마켓에 갔어요. → 민지는 장을 보러 슈퍼마켓에 갔어요.

1) 마리는 한국어를 공부하다 / 도서관에 가고 있어요.
2) 토마는 옷을 사다 / 백화점에 갔어요.
3) 저는 친구를 만나다 / 명동으로 갈 거예요.
4) 선생님이 점심을 드시다 / 식당에 가셨어요.
5) 제 친구는 저를 돕다 / 왔어요.

5 Construisez les phrases suivantes à la forme interrogative avec la forme –(으)ㄹ 수 있다.

EXEMPLE 한국말을 하다 → 한국말을 할 수 있어요?

1) 월요일부터 시작하다
2) 우리 모두 자동차를 타다
3) 숙제를 혼자서 하다
4) 내일 오전 9시까지 오다
5) 더 일찍 출발하다

6 Répondez aux questions suivantes avec la forme –(으)ㄹ 수 있다/없다.

EXEMPLE 한국말을 할 수 있어요? (네) → 네, 한국말을 할 수 있어요.
한국말을 할 수 있어요? (아니요) → 아니요, 한국말을 할 수 없어요.

1) 민지의 생일 파티에 갈 수 있어요? (네)
2) 함께 비디오 게임을 할 수 있어요? (아니요)
3) 기차를 타고 갈 수 있어요? (네)
4) 명동도 구경할 수 있어요? (네)
5) 한라산에 오를 수 있어요? (아니요)

Leçon 11

7. Reliez les deux phrases avec le suffixe de cause –아서/어서.

EXEMPLE 어젯밤에 못 잤어요. 피곤해요. → 어젯밤에 못 자서 피곤해요.

1) 날씨가 좋아요. 운동을 하러 갔어요.
2) 머리가 아파요. 학교에 못 갔어요.
3) 너무 바쁩니다. 일찍 퇴근할 수 없습니다.
4) 제가 아는 사람들이 많아요. 편해요.
5) 이 음식은 맛이 없어요. 못 먹겠어요.

8. Reliez les deux phrases avec le suffixe de cause –(이)라서.

EXEMPLE 제 생일이에요. 파티할 거예요. → 제 생일이라서 파티할 거예요.
중요한 수업이 아니에요. 안 듣겠어요. → 중요한 수업이 아니라서 안 듣겠어요.

1) 오늘은 토요일이에요. 학교에 안 가요.
2) 6시예요. 퇴근할 수 있어요.
3) 그는 제가 아는 사람이 아니에요. 함께 안 가겠어요.
4) 제가 좋아하는 음식이에요. 혼자 다 먹었어요.
5) 여기에서 가까운 곳이에요. 걸어가면 됩니다.

9. Répondez aux questions suivantes avec la forme –(으)ㄴ 지 ... 되었다.

EXEMPLE 한국에 온 지 얼마나 됐어요? (일 년) → 한국에 온 지 일 년이 됐어요.

1) 자동차를 산 지 얼마나 됐어요? (삼 년)
2) 결혼한 지 얼마나 됐어요? (두 달)
3) 마티유는 프랑스로 돌아간 지 얼마나 됐어요? (오래)
4) 아빠가 장보러 간 지 얼마나 됐어요? (한 시간)
5) 이 회사에서 일을 하신 지 얼마나 됐습니까? (십이 년)

| **10** | Traduisez les phrases suivantes en coréen. |

1) Tu peux aller jusqu'au supermarché à pied.
2) Êtes-vous déjà allée en France ?
3) Je suis allé au cinéma pour voir un film.
4) Je me suis couché tôt la nuit dernière, donc je ne suis pas fatigué.
5) Cela fait deux ans que j'habite à Séoul.

| **11** | Lisez le texte suivant et répondez aux questions. |

레아	윤미 씨 일본에 간 적이 있어요?
윤미	네, 올해 봄에 갔어요.
레아	어디를 구경했어요?
윤미	도쿄를 구경했고 후지산을 등산했어요.
레아	도쿄는 어땠어요?
윤미	날씨도 좋고 친구와 함께 가서 즐거웠어요. 레아 씨는 일본에 간 적이 있어요?
레아	저는 도쿄에 간 적이 없지만 일본으로 여행을 간 적이 있어요.
윤미	일본에서 어디를 구경했어요?
레아	교토하고 오사카를 구경했어요.

1) 윤미 씨는 일본에 언제 갔어요?
2) 윤미 씨는 뭐 하러 후지산에 갔어요?
3) 윤미 씨는 혼자 일본에 갔어요?
4) 레아 씨는 도쿄에 간 적이 있어요?
5) 레아 씨도 일본에 간 적이 있어요?

Leçon 12

1. Trouvez la saison correspondant à la définition.

1) 날씨가 무더워요.
2) 눈이 오고 매우 추워요.
3) 3월에 시작해요.
4) 날씨가 맑고 따뜻해요.

2. Trouvez l'intrus parmi les mots listés.

1) 가을, 겨울, 날씨, 봄, 여름
2) 흐리다, 따뜻하다, 덥다, 춥다, 쌀쌀하다
3) 자동차, 기차, 장마철, 비행기, 지하철
4) 예쁘다, 크다, 재미있다, 시작하다, 덥다

3. Complétez les phrases suivantes avec les mots proposés. Attention à l'intrus.

매우   어제   날씨   계절   눈   재미

1) (　　　　　)부터 비가 계속 오고 있어요.
2) 프랑스에서는 가을이 비가 가장 많이 오는 (　　　　　)이에요.
3) 저 나무는 (　　　　　) 크네요.
4) 토마는 많은 것을 알고 있어서 (　　　　　)있어요.
5) 오늘은 (　　　　　)가 맑지만 내일부터 비가 올 거예요.

4. Construisez les phrases suivantes avec la forme –기에 selon le modèle ci-dessous.

EXEMPLE 스키를 타다 / 날씨가 좋다 → 스키를 타기에 좋은 날씨예요.

1) 여행을 가다 / 계절이 좋다
2) 이 식당은 점심을 먹다 / 식당이 좋다
3) 산책을 가다 / 날이 좋다
4) 지금은 장보다 / 시간이 좋다

5 — Construisez les phrases suivantes avec la forme –고 있다.

EXEMPLE 영화를 보다 → 영화를 보고 있어요.

1) 저녁 식사를 준비하다
2) 우리 동네에서 산책하다
3) 슈퍼마켓에서 장보다
4) 학교 앞에서 버스를 기다리다
5) 도서관 쪽으로 걸어가다

6 — Transformez les phrases suivantes avec le suffixe –네.

EXEMPLE 날씨가 추워요. → 날씨가 춥네요.

1) 철수 씨는 키가 커요.
2) 집에 사람이 없어요.
4) 눈이 와요.
5) 파티에 사람들이 많이 왔어요.
5) 할머니께서 건강하세요.

7 — Traduisez les phrases suivantes en coréen.

1) Il fait frais ce matin.
2) Il neige sans arrêt depuis le week-end dernier.
3) Cette tour là-bas est très grande !
4) Ce livre-ci est vraiment très intéressant !
5) Je suis en train de me promener.

Leçon 12

8. Traduisez les phrases suivantes en coréen.

1) Aujourd'hui il fait beau, mais il va neiger dès demain.
2) C'est un beau temps pour se promener.
3) Soo-yeong est en train de faire les courses.
4) Le film est en train de commencer.
5) Notre quartier est vraiment très propre.

9. Les phrases suivantes sont grammaticalement incorrectes. Réécrivez chaque phrase correctement.

1) 겨울은 스키를 타기에 좋는 계절이에요.
2) 가을에는 비를 많이 오지 않아요.
3) 오늘은 날씨가 맑지만 내일부터 좀 흐릴 거에요.
4) 이 자동차가 조용해서 타기에 좋네요.

10. Lisez le texte et dites si les affirmations suivantes sont vraies ou fausses.

남희 세실, 요즘 파리는 날씨가 어때?
세실 이번 주부터 계속 비가 오고 있어.
남희 프랑스에서는 겨울에도 비가 많이 와?
세실 응, 많이 와. 그런데 프랑스에서 비가 가장 많이 오는 계절은 가을이야.
남희 그래? 한국은 달라. 가을에 비가 별로 안 와.
세실 좋겠네. 그럼 요즘 뭐 해?
남희 날씨가 좋아서 자주 산책하러 가. 지금도 집 동네에서 산책하고 있어. 너는?
세실 나는 날씨가 안 좋아서 계속 집에 있어. 하지만 내일 영화 보러 갈 거야.

1) 지금 세실은 산책하고 있어요.
2) 내일 세실은 계속 집에 있을 거예요.
3) 지금 남희는 등산하고 있어요.
4) 한국에서는 가을에 비가 많이 오지 않아요.

Leçon 13

1. Retrouvez l'origine de chaque plat en vous aidant des mots proposés. Attention à l'intrus.

일식   한식   중식   이탈리아 음식   미국 음식   프랑스 음식   벨기에 음식

1) Le bibimbap 비빔밥
2) Les moules-frites 물 프리트
3) Le cassoulet 카술레
4) Le sushi 초밥
5) Le hamburger 햄버거
6) Les spaghettis 스파게티

2. Traduisez les boissons suivantes en coréen.

1) cola
2) café
3) bière
4) eau
5) vin

3. Formulez une demande avec la forme –아/어 주시겠어요?

EXEMPLE   집 앞에 내리다 → 집 앞에 내려 주시겠어요?

1) 테이블을 안내하다
2) 제 가방을 보다
3) 제 일을 돕다
4) 저를 좀 더 기다리다
5) 문을 열다

4. Construisez les phrases suivantes avec la forme –(으)ㄹ게.

EXEMPLE   저는 비빔밥으로 하다 → 저는 비빔밥으로 할게요.

1) 5분 후에 시작하다
2) 10시까지 집으로 돌아가다
3) 저는 다음 정류장에서 내리다
4) 널 좀 더 기다리다
5) 저녁은 이따가 먹다

Leçon 13

5 Construisez les phrases suivantes avec la forme –(으)ㄹ까?

EXEMPLE 산책하러 / 가다 → 산책하러 갈까요?

1) 민지가 몇 시에 / 오다
2) 버스 타고 / 가다
3) 수업이 곧 / 끝나다
4) 기차는 버스보다 / 빠르다
5) 부산에 가면 날씨가 / 덥다

6 Reliez les deux phrases avec la forme –(으)ㄴ데/는데.

EXEMPLE 비가 와요. 영화 볼까요? → 비가 오는데 영화 볼까요?

1) 날씨가 좋아요. 운동하러 갈까요?
2) 머리가 아파요. 학교에 갈 수 있을까요?
3) 중요한 회의이다. 너무 바빠서 못 갈 거예요.
4) 카메라를 샀어요. 어떻게 쓰는지 모르겠어요.
5) 파티에 갔어요. 사람이 너무 많아서 집에 돌아왔어요.

7 Complétez les phrases suivantes en transformant l'adjectif entre parenthèses en adverbe avec le suffixe –게.

EXEMPLE 영화를 봤어요. (재미있다) → 영화를 재미있게 봤어요.

1) 학교까지 걸어갔어요. (빠르다)
2) 그는 서울에서 살아요. (바쁘다)
3) 이 카메라를 샀어요. (싸다)
4) 점심을 먹었어요. (맛있다)
5) 주말을 보냈어요. (즐겁다)

Leçon 13

8 Reliez les deux phrases avec la forme -(으)면.

EXEMPLE 내일 날씨가 좋아. 산책하러 가겠어. → 내일 날씨가 좋으면 산책하러 가겠어.

1) 한식을 좋아해요. 비빔밥을 추천해요.
2) 일이 끝나요. 영화 보러 갈 거예요.
3) 수업이 시작해요. 핸드폰을 쓰지 못 해요.
4) 수업을 잘 들어요. 쉽게 이해할 수 있어요.
5) 이 버튼을 눌러요. 프로그램이 시작해요.

9 Traduisez les phrases suivantes en coréen.

1) J'ai déjeuné dans un restaurant coréen.
2) Et si on commandait une pizza ?
3) Je vais régler en espèces.
4) Si tu ne te couches pas tôt ce soir, tu seras fatigué demain.
5) Pourriez-vous m'indiquer le restaurant le plus proche ?

10 Mettez les éléments suivants dans le bon ordre pour construire une phrase.

1) 좋아하시면 / 이탈리아 음식을 / 추천합니다. / 파스타를
2) 시간이 / 갈까요? / 있으면 / 같이
3) 가게를 / 살 수 있는 / 싸게 / 자전거를 / 알아요?
4) 맛이 / 피자를 / 없었어요. / 먹었는데 / 별로
5) 매운 / 실수로 닭갈비를 / 못 / 주문했어요. / 음식을 / 먹는데

11 Les phrases suivantes sont grammaticalement incorrectes. Réécrivez chaque phrase correctement.

1) 가방이 싸게 파는 가게를 알아요?
2) 꽃을 사러 꽃집에 갔은데 돈이 없어서 꽃을 못 샀어요.
3) 수업 시간이는데 선생님께서 오시지 않았어요.
4) 장보러 어디에서 갈까요?
5) 5분만 더 기다러 주시겠어요?

Exercices 연습

Leçon 14

1. Complétez le dialogue avec les mots proposés. Attention à l'intrus.

좌석   가운데   표   상영   가격   다음

수정   영화 트와일라잇 표 두 장 주세요.
매표원 몇 시 (　　　　　)으로 하시겠습니까?
수정   다음 상영으로 해 주세요.
매표원 네. (　　　　　) 상영은 2시 30분입니다. 어느 (　　　　　)으로 해 드릴까요?
수정   (　　　　　) 좌석으로 해 주세요.
매표원 (　　　　　)은 19,000원입니다. 멤버십카드 있으세요?
수정   네, 여기 있습니다.
매표원 표 여기 있습니다. 2시 30분까지 5관으로 들어가세요.
수정   네, 감사합니다.

2. Construisez les phrases suivantes en utilisant le suffixe de cause –아서/어서 et la terminaison –고 싶다.

EXEMPLE   피곤하다 / 자다 → 피곤해서 자고 싶어요.

1) 다리가 아프다 / 앉다
2) 날씨가 무덥다 / 집에 돌아가다
3) 영화가 재미있다 / 다시 보다
4) 중요한 시험이다 / 좀 더 공부하다
5) 배가 고프다 / 밥을 먹다

3. Reliez les deux phrases avec la forme –는 것이.

EXEMPLE   식당에서 먹어요. 비싸요. → 식당에서 먹는 것이 비싸요.

1) 일찍 일어나요. 힘들어요.
2) 지하철을 타고 가요. 편해요.
3) 매일 운동해요. 좋아요.
4) 영화를 같이 봐요. 어때요?
5) 서울에서 살아요. 편리해요.

Leçon 14

4 — Transformez les phrases suivantes avec la forme –는 것을 selon le modèle ci-dessous.

EXEMPLE 영화를 봐요. → 영화 보는 것을 좋아해요.

1) 집에서 요리를 해요.
2) 여행을 가요.
3) 음악을 들어요.
4) 친구들과 통화해요.
5) 퇴근하고 동료들과 한잔해요.

5 — Transformez les phrases suivantes en utilisant la particule –마다.

EXEMPLE 한 시간에 한 번 전화가 울려요. → 한 시간마다 전화가 울려요.

1) 일 년에 한 번 한국에 가요.
2) 한 달에 한 번 축구를 해요.
3) 이틀에 한 번 장을 봐요.
4) 이 주에 한 번 부모님을 만나러 가요.
5) 두 시간에 한 번 수업이 있어요.

6 — Construisez les phrases suivantes avec la forme –아/어 있다.

EXEMPLE 이 가방은 가죽으로 / 되다 → 이 가방은 가죽으로 되어 있어요.

1) 오빠가 소파에 / 앉다
2) 그는 혼자 부산에 / 오다
3) 오늘의 파티가 / 준비되다
4) 이 카메라는 플라스틱으로 / 되다
5) 이 아이는 컴퓨터 앞에 / 붙다

Leçon 14

7. Posez la question associée à chaque réponse en utilisant la terminaison –지.

EXEMPLE 응, 영화가 재미있었어. → 영화가 재미있었지?

1) 응, 민지의 동생은 나이가 어려.
2) 응, 시험이 너무 어려웠어.
3) 응, 이 가수가 귀여워.
4) 응, 오늘은 날씨가 쌀쌀해.
5) 응, 10시에 퇴근하는 게 너무 늦어.

8. Traduisez les phrases suivantes en coréen.

1) Il y a beaucoup de monde, n'est-ce-pas ?
2) J'ai envie de visiter la Corée du Sud.
3) J'aime bien jouer au tennis.
4) Je me lève à 8 heures tous les matins.
5) J'aime tout sauf les films de guerre.

9. Lisez le texte et dites si les affirmations suivantes sont vraies ou fausses.

장 오늘 저녁에 민우 씨하고 영화를 보러 가는데 은하 씨도 같이 가는 게 어때요?
은하 좋아요. 저는 아직 회사에 있는데 일찍 퇴근할 수 있으면 같이 갈게요.
장 그런데 어떤 영화를 보고 싶어요?
은하 글쎄요, 저는 액션 영화 빼고 다 좋아해요. 장 씨는 영화를 고르면 돼요.
장 그러면 코미디 영화를 볼까요?
은하 그래요. 그런데 극장에 몇 시에 갈 거예요?
장 저녁 8시 영화를 보러 갈 건데 은하 씨가 퇴근하면 전화해 줘요.
은하 알겠어요. 이따가 봐요.

1) 은하 씨는 일을 하고 있어요.
2) 은하 씨는 액션 영화를 좋아하지 않아요.
3) 장 씨는 오전 상영을 보고 싶어요.
4) 은하 씨가 일찍 퇴근할 수 없으면 장 씨는 혼자 영화를 보러 갈 거예요.

Leçon 15

1 Traduisez en coréen.

1) outil
2) sculpture
3) peinture
4) musée d'art
5) bijou
6) exposition
7) éventail
8) musée

2 Complétez les phrases suivantes avec les mots proposés. Attention à l'intrus.

할인   입장료   전시회   학생   학생증   사진

다비드 어떤 (　　　　)가 재미있을까요?
민정 글쎄요, (　　　　) 전시회가 재미있을 것 같은데 그걸 보는 게 어때요?
다비드 좋아요. (　　　　)는 얼마지요?
민정 가격은 만 원인데 (　　　　)이 있으면 50프로 (　　　　)이 돼요.
다비드 아, 그래요? 그러면 싸네요.

3 Construisez les phrases suivantes avec la forme au présent –(으)ㄴ 것 같다.

EXEMPLE 토마는 피곤하다 → 토마는 피곤한 것 같아요.

1) 수영이는 심심하다
2) 토마 씨는 키가 작다
3) 이 음식은 너무 맵다
4) 수지 씨는 나이보다 젊어 보이다
5) 수학 시험이 어렵다

Leçon 15

4 Construisez les phrases suivantes avec la forme au futur –(으)ㄹ 것 같다.

EXEMPLE   비가 오다 → 비가 올 것 같아요.

1) 회의가 곧 시작하다
2) 친구가 저를 도와 주다
3) 일이 끝나면 퇴근할 수 있다
4) 서점까지 20분 걸리다
5) 기차가 한 시간 늦게 도착하다

5 Construisez les phrases suivantes avec la forme –아/어 보다 selon le modèle ci-dessous.

EXEMPLE   이 바지를 한번 입다 → 이 바지를 한번 입어 보세요.

1) 비빔밥을 드시다
2) 보라색 티셔츠를 입다
3) 한 번 더 생각하다
4) 프랑스 와인인데 한번 마시다
5) 레미한테 한번 전화하다

6 Transformez les phrases suivantes avec la forme –아지다/어지다 selon le modèle ci-dessous.

EXEMPLE   날씨가 맑습니다. → 날씨가 맑아졌습니다.

1) 방이 조용합니다.
2) 숙제가 어렵습니다.
3) 상황이 많이 다릅니다.
4) 도시가 큽니다.
5) 슈퍼마켓에 사람이 많습니다.

7 Reliez les deux phrases avec la forme -(으)ㄹ 때.

EXEMPLE 제가 일을 해요. 제가 음악을 들어요. → 제가 일을 할 때 음악을 들어요.

1) 제가 자고 있었어요. 전화가 울렸어요.
2) 도착했어요. 비가 왔어요.
3) 그를 처음 만났어요. 그가 마음에 들었어요.
4) 밥을 먹어요. 텔레비전을 봐요.
5) 집에 있어요. 공부를 못 해요.

8 Traduisez les phrases suivantes en coréen.

1) J'ai pris le train pour aller à Busan.
2) Quand je suis arrivé à Busan, il était en train de pleuvoir.
3) Ce quartier a l'air bruyant.
4) Ce livre vaut le coup d'être lu.
5) J'ai relu le livre afin de bien le comprendre.

9 Les phrases suivantes sont grammaticalement incorrectes. Réécrivez chaque phrase correctement.

1) 떡볶이는 먹는 만한 음식이에요.
2) 케이크를 만들기 위했어 슈퍼마켓에 장보러 갔어요.
3) 이 가수는 유명하는 것 같아요.
4) 밥을 먹은 때마다 텔레비전을 봐요.
5) 경복궁을 구경해 봐써요?

Leçon 16

1 Complétez les phrases suivantes avec les adverbes de conjonction proposés.

그렇지만   그리고   그래서   그러면   그래도

1) – 어젯밤에 뭐 했어요?
   – 9시에 퇴근했어요. (   ) 집에 돌아갔어요.
2) – 가방을 샀어요?
   – 돈이 없어요. (   ) 가방을 못 샀아요.
3) – 콘서트는 어땠어요?
   – 사람이 너무 많아서 듣기가 힘들었어요. (   ) 좋은 시간을 보냈어요.
4) – 우체국에 어떻게 갈 수 있어요?
   – 이 길을 500미터 걸어가세요. (   ) 우체국이 보일 거예요.
5) – 같이 영화 보러 갈래요?
   – 저도 같이 가고 싶어요. (   ) 내일 시험이 있어서 못 가요.

2 Complétez le dialogue avec les mots proposés. Attention à l'intrus.

전화   입장료   지하철   무료   시험   그룹

소희   이번 주말에 할 게 없는데 뭐 재미있는 게 없을까요?
정숙   토요일에는 서울대학교 운동장에서 (   ) 콘서트가 있어요.
       심심하면 한번 가 봐요.
소희   서울대학교까지 어떻게 갈 수 있지요?
정숙   (   ) 2호선 서울대입구역에서 내리고 버스를 타면 돼요.
소희   홍대에서 좀 머네요. 어떤 콘서트인데요?
정숙   록 (   )인데 재미있을 것 같아요.
소희   정숙 씨도 갈 거예요?
정숙   저는 다음 주 (   )이 있어서 못 갈 것 같아요.
소희   알겠어요. 시간이 되면 (   )해 줘요.

3   Construisez les phrases suivantes avec la forme –(으)ㄹ래?

EXEMPLE   점심을 같이 / 먹다 → 점심을 같이 먹을래?

1) 산책하러 / 가다
2) 몇 시에 / 출발하다
3) 내일 같이 축구 / 하다
4) 커피 한 잔 / 마시다
5) 나도 명동으로 가는데 같이 택시 / 타다

4   Répondez aux questions en utilisant l'élément entre parenthèses.

EXEMPLE   무엇을 먹을래요? (비빔밥) → 비빔밥을 먹을래요.

1) 무엇을 살래요? (이 재킷)
2) 어디에 갈래요? (집)
3) 무엇을 할래요? (쇼핑)
4) 언제 시작할래요? (10분 후에)
5) 무엇을 마실래요? (와인)

5   Construisez les phrases suivantes avec la forme –(으)면 안 되다 selon le modèle ci-dessous.

EXEMPLE   회사에서 티셔츠를 / 입다 → 회사에서 티셔츠를 입으면 안 돼요.

1) 박물관에서 사진을 / 찍다
2) 여기서 버스를 / 타다
3) 친구 데리고 / 오다.
4) 어른들에게 반말을 / 하다.
5) 그 남자를 다시 / 만나다.

Leçon 16

6. Transformez les phrases suivantes avec la forme –밖에 + *nég*.

EXEMPLE 걸어서 10분만 걸려요. → 걸어서 10분밖에 안 걸려요.

1) 맥주 한 병만 마셨어요.
2) 내가 사랑하는 사람은 너만 있어.
3) 돈이 천 원만 있어요.
4) 시험이 하나만 남았어.
5) 그 학생은 공부만 알아요.

7. Répondez aux questions avec la forme –밖에 + *nég*.

EXEMPLE 서울에서 도쿄까지 비행기로 얼마나 걸려요? (두 시간) → 두 시간밖에 안 걸려요.

1) 서울에서 대전까지 자동차로 얼마나 걸려요? (한 시간 반)
2) 올해는 책을 몇 권 읽었어요? (두 권)
3) 키는 어떻게 돼요? (백오십 센티)
4) 집에 개가 몇 마리 있어요? (한 마리)
5) 크리스마스가 며칠 남았어요? (일주일)

8. Traduisez les phrases suivantes en coréen.

1) Voulez-vous essayer ce T-shirt ?
2) Vous n'êtes pas autorisé à vous asseoir ici.
3) Il n'y a que deux personnes dans la salle.
4) Et si on allait voir un concert ce week-end ?
5) Il n'y a que des plats épicés dans ce restaurant.

9 — Réécrivez le texte suivant en remplaçant les adverbes de conjonction par la terminaison équivalente.

콘서트 보러 가고 싶었어요. 그래서 인터넷에서 찾았어요. 그렇지만 콘서트는 모두 가격이 너무 비쌌어요. 그래서 표를 못 샀어요.
어떤 친구가 학교 앞에서 콘서트를 해요. 그 친구가 밴드에서는 기타를 쳐요. 그리고 노래를 해요. 저를 초대했어요. 그런데 비가 와요. 그래서 별로 가고 싶지 않아요. 그렇지만 좋은 친구예요. 그래서 꼭 갈 거예요.

Leçon 17

1. Traduisez les fruits suivants en coréen.

1) raisin
2) pomme
3) orange
4) melon jaune
5) banane
6) fraise

2. Traduisez les légumes suivants en coréen.

1) pomme de terre
2) tomate
3) laitue
4) oignon
5) chou
6) carotte

3. Traduisez les plats ou aliments suivants en coréen.

1) poulet
2) fromage
3) œuf
4) poisson
5) ravioli coréen
6) riz cuit

4. Trouvez l'intrus parmi les mots listés.

1) 귤 / 자몽 / 감자 / 포도 / 참외
2) 상추 / 양파 / 오이 / 당근 / 소금
3) 편의점 / 서점 / 슈퍼마켓 / 할인점 / 할인마트
4) 비빔밥 / 피자 / 닭갈비 / 김치 / 만두

5. Transformez les phrases suivantes avec le suffixe marquant une action future ㄹ/을.

EXEMPLE 저는 가방을 살 거예요. 이 가방은 비싸요. → 제가 살 가방은 비싸요.

1) 다음 학기부터 대학교에 갈 거예요. 이 대학교는 우리 집에서 멀어요.
2) 저는 책을 읽어야 해요. 이 책은 재미없어요.
3) 저는 백화점에서 옷을 살 거예요. 이 옷은 좀 비싸요.
4) 오후에 한국어 수업을 들을 거예요. 이 수업은 참 어려워요.
5) 저는 사과 파이를 만들 거예요. 이 파이를 같이 먹는 게 어때요?

Leçon 17

6 Construisez les phrases suivantes avec la forme –아야/어야 하다.

EXEMPLE 내일은 일찍 / 일어나다 → 내일은 일찍 일어나야 해요.

1) 12시까지 집에 / 돌아가다
2) 중요한 일이라서 빨리 / 끝내다
3) 둘 중에 하나를 / 고르다
4) 집에서 먹을 게 없어서 / 장보다
5) 집에 가서 숙제를 / 하다

7 Transformez les phrases suivantes avec la particule –(이)나.

EXEMPLE 내 친구를 한 시간 기다렸어. → 내 친구를 한 시간이나 기다렸어.

1) 서울에서 부산까지 자동차로 다섯 시간 걸려요.
2) 닭갈비를 혼자 이 인분 먹었어요.
3) 토마 생일 파티에 스무 명 올 거야.
4) 내가 여행을 안 간 지 4년 됐어요.
5) 오늘 할 일이 많아서 12시간 일을 했어요.

8 Reliez les deux phrases avec le suffixe de continuité –아서/어서.

EXEMPLE 도서관에 갈 거예요. 그리고 공부할 거예요. → 도서관에 가서 공부할 거예요.

1) 매일 8시에 일어나요. 그리고 샤워를 해요.
2) 수업이 끝날 거예요. 그리고 친구를 만날 거예요.
3) 장을 볼 거예요. 그리고 저녁 식사를 준비할 거예요.
4) 친구를 만났어요. 그리고 같이 영화 보러 갔어요.
5) 더 열심히 공부할 거야. 그리고 다시 시험 볼 거야.

Leçon 17

9. Construisez les phrases suivantes avec la forme –아/어 보이다.

EXEMPLE 할아버지께서 건강하다 → 할아버지께서 건강해 보여요.

1) 언니가 피곤하다
2) 엄마가 해 준 음식이 맛있다
3) 수학 시험이 좀 어렵다
4) 민지의 방이 깨끗하다
5) 피에르가 다비드보다 키가 크다.

10. Traduisez les phrases suivantes en coréen.

1) Il faut que j'aille à l'école.
2) J'ai acheté un ticket et pris le métro.
3) Et si on buvait une bière ou un cola ?
4) Ce plat à l'air épicé.
5) C'est le train que je dois prendre.

11. Lisez le texte suivant et répondez aux questions.

레미	저녁 식사를 만들어야 하는데 집에 먹을 게 없네요.
소영	같이 슈퍼마켓에 가서 장볼까요?
레미	소영 씨도 장봐야 해요?
소영	네, 야채를 사야 돼요.
레미	어떤 야채가 필요해요?
소영	양배추하고 양파를 사야 돼요. 레미는 뭐가 필요해요?
레미	비빔밥을 만들고 싶은데 뭐가 필요할까요?
소영	밥, 고추장, 달걀 그리고 야채를 사면 돼요.

1) 레미 씨는 어떤 요리를 만들 거예요?
2) 소영 씨는 뭐가 필요해요?
3) 소영 씨는 어디에 가서 장볼 거예요?
4) 비빔밥에는 뭐가 있어요?

Leçon 18

1. Trouvez l'intrus parmi les mots listés.

1) 그래 / 진짜 / 정말 / 좀 / 참
2) 재미없다 / 기쁘다 / 즐겁다 / 괜찮다 / 좋다
3) 아름답다 / 예쁘다 / 곱다 / 귀엽다 / 재미있다
4) 등기우편 / 맞은편 / 우체국 / 소포 / 편지

2. Complétez le dialogue avec les mots proposés. Attention à l'intrus.

| 서류 | 우편 | 등기 | 소포 | 이엠에스 | 가장 | 킬로 |

소피 　 안녕하세요? 이 (　　　　)를 벨기에로 부치려고 하는데요.
창구 직원 　 어떻게 보내시겠습니까?
소피 　 이번 주말까지 도착해야 하는데 (　　　　) 빠른 방법이 뭐예요?
창구 직원 　 가장 빠른 방법은 이엠에스예요. 이엠에스로 보내시면 이틀 걸립니다.
소피 　 그러면 (　　　　)로 보내 주세요.
창구 직원 　 네. 이 (　　　　)를 작성해 주십시오.
소피 　 가격이 얼마예요?
창구 직원 　 일 (　　　　)까지는 이만 원입니다.

3. Construisez les phrases suivantes avec le complément d'objet indirect –에게 selon le modèle ci-dessous.

EXEMPLE 　 토마 / 편지를 보내다 → 토마에게 편지를 보낼 거예요.

1) 엄마 / 이야기를 하지 않다
2) 친구 / 전화하다
3) 민지 / 돈을 주다
4) 토마 / 소포를 부치다
5) 그녀 / 재미있는 영화를 추천하다

Leçon 18

4. Construisez les phrases suivantes avec le complément d'objet indirect –에게서 selon le modèle ci-dessous.

EXEMPLE 친구 / 편지를 받다 → 친구에게서 편지를 받았어요.

1) 친구 / 선물을 받다
2) 수영 / 돈을 빌리다
3) 그 / 책을 받다
4) 레미 / 이야기를 듣다
5) 선생님 / 한국어를 배우다

5. Transformez les phrases suivantes en inversant le sujet et le COI selon le modèle ci-dessous.

EXEMPLE 민지는 토마한테 편지를 보냈어요. → 토마는 민지한테서 편지를 받았어요.

1) 저는 그분한테 돈을 보낼 거예요.
2) 남자는 여자친구한테 꽃을 보냈어요.
3) 다비드 씨는 지현 씨한테 소포를 보냈습니다.
4) 레오는 엘로디한테 메일을 보냈어.
5) 저는 오빠에게 우편으로 책을 보낼 거예요.

6. Construisez les phrases suivantes en utilisant le suffixe d'intention –(으)려고.

EXEMPLE 장보다 / 슈퍼마켓에 가고 있다 → 장보려고 슈퍼마켓에 가고 있어요.

1) 산책하다 / 공원으로 가고 있다
2) 일찍 퇴근하다 / 빨리 일하고 있다
3) 엄마가 돈을 찾다 / 은행에 가 있다
4) 맛있는 음식을 먹다 / 집에서 직접 요리하다
5) 케이크를 만들다 / 장보고 있다

7
Construisez les phrases suivantes en utilisant la forme –(으)려고 하다.

EXEMPLE 올해는 일본 여행을 가다 → 올해는 일본 여행을 가려고 해요.

1) 내일은 일찍 일어나다
2) 친구의 생일 파티에 가다
3) 10분 후에 출발하다
4) 다음 학기에는 피아노를 배우다
5) 서울 시내에 가까운 동네에서 살다

8
Construisez les phrases suivantes au mode impératif et au style formel avec la terminaison –(으)십시오.

EXEMPLE 여기 앉다 → 여기 앉으십시오.

1) 이 서류를 작성해 주다
2) 5분만 기다려 주다
3) 제 말을 잘 듣다
4) 제 선물을 받다
5) 필요하시면 전화해 주다

9
Traduisez les phrases suivantes en coréen.

1) J'ai l'intention de visiter le palais de Gyeongbok.
2) J'ai reçu 10 000 wons de la part de Thomas.
3) Papa va m'envoyer un colis.
4) Veuillez poster cette lettre, s'il vous plaît.
5) J'ai téléphoné à Minji pour lui emprunter un livre.

10
Les phrases suivantes sont grammaticalement incorrectes. Réécrivez chaque phrase correctement.

1) 신분증을 제시해 주십시오.
2) 날씨가 좀 더운데요.
3) 이 편지를 누구한테서 보낼 거예요?
4) 통장에서 돈을 찾을려고 하는데요.

Leçon 19

1. Traduisez les vêtements ou accessoires suivants en coréen.

1) veste
2) chemise
3) chaussettes
4) jean
5) bermuda
6) jupe
7) T-shirt
8) cravate
9) chaussures de sport
10) manteau

2. Trouvez l'intrus parmi les mots listés.

1) 양말 / 바지 / 양복 / 모자 / 양식
2) 흰색 / 회색 / 회사 / 녹색 / 주황색
3) 어머 / 좀 / 어휴 / 음 / 글쎄
4) 토마토 / 딸기 / 케첩 / 고추장 / 상추

3. Écrivez la couleur correspondant au mot.

1) 바나나
2) 라벤더 (lavande)
3) 사파이어 (saphir)
4) 눈 (neige)
5) 코끼리 (éléphant)
6) 오이
7) 딸기
8) 오렌지

4. Construisez les phrases suivantes à la forme interrogative et avec la forme –아도/어도 되다.

EXEMPLE 이 셔츠를 입어 보다 → 이 셔츠를 입어 봐도 돼요?

1) 오늘 좀 일찍 퇴근하다
2) 방이 더운데 창문을 열다
3) 책 두 권이나 빌리다
4) 내가 영화 보러 같이 가다
5) 언니의 옷을 입다

5

Répondez aux questions suivantes selon l'élément donné entre parenthèses.

EXEMPLE
이 셔츠를 입어 봐도 됩니까? (네) → 네, 이 셔츠를 입어 봐도 됩니다.
이 셔츠를 입어 봐도 됩니까? (아니요) → 아니요, 이 셔츠를 입어 보면 안 됩니다.

1) 이 책을 빌려도 됩니까? (아니요)
2) 여기 앉아도 됩니까? (네)
3) 집에 가도 됩니까? (아니요)
4) 아파트에서 저녁에 피아노를 쳐도 됩니까? (아니요)
5) 이번 숙제를 안 해도 됩니까? (네)

6

Reliez les deux phrases avec le suffixe –아야/어야.

EXEMPLE 열심히 공부해야 돼요. 그래야 성공할 수 있어요. → 열심히 공부해야 성공할 수 있어요.

1) 7시 반까지 도착해야 돼요. 그래야 들어갈 수 있어요.
2) 서로 마음이 맞아야 해요. 그래야 함께 살 수 있어요.
3) 먹어 봐야 돼요. 그래야 맛을 알아요.
4) 일을 빨리 끝내야 돼요. 그래야 쉴 수 있어요.

7

Traduisez les phrases suivantes en coréen.

1) Bien que ces chaussures soient chères, je vais les acheter.
2) Puis-je prendre des photos dans le musée ?
3) Aujourd'hui tu n'es pas obligé de faire tes devoirs.
4) Puis-je essayer le pantalon gris ?
5) J'irai à la montagne même s'il neige.

Leçon 19

8 Lisez le texte et dites si les affirmations suivantes sont vraies ou fausses.

점원	무엇을 도와 드릴까요?
민정	신발 사려고 하는데요.
점원	이 모델이 유행인데 어떠세요?
민정	글쎄요... 저는 검은색 신발보다 빨간색 신발이 좋아요.
점원	그러면 이 모델을 보세요. 어떠세요?
민정	마음에 들어요. 신어 볼 수 있어요?
점원	사이즈가 어떻게 되세요?
민정	270이요.
점원	잠깐만 기다려 주세요... 여기 있습니다.
민정	사이즈는 잘 맞는 것 같아요. 가격은 얼마예요?
점원	20프로 할인해서 15만 원입니다.
민정	그러면 이 신발을 살게요.

1) 민정 씨는 옷 가게에 있어요.
2) 민정 씨는 검은색 신발을 사려고 해요.
3) 민정 씨는 발 사이즈가 이백칠십이에요.
4) 민정 씨가 살 신발 가격은 십만 원보다 싸요 .

Leçon 20

1 Écrivez le nom de chaque partie du corps.

2 Trouvez l'intrus parmi les mots listés.

1) 등 / 발 / 목 / 팔 / 술
2) 병원 / 서점 / 우체국 / 처방전 / 은행
3) 얼른 / 빨리 / 금방 / 곧 / 진짜

3 Reliez les deux phrases avec la forme –(으)ㄴ 후에.

EXEMPLE 숙제를 끝날 거예요. 집에 돌아갈 거예요. → 숙제를 끝난 후에 집에 돌아갈 거예요.

1) 다시 한 번 확인할 거 예요. 연락 드리겠습니다.
2) 그녀와 결혼했어요. 행복해졌어요.
3) 남자친구와 헤어졌어요. 다시 만나지 않았어요.
4) 저녁 식사를 했어요. 커피 한 잔 마셨어요.
5) 체크카드를 만드세요. 돈을 찾을 수 있으세요.

Leçon 20

4. Reliez les deux phrases avec la forme –기 전에.

EXEMPLE 잠을 자요. 항상 책을 읽어요. → 잠을 자기 전에 항상 책을 읽어요.

1) 회의가 시작해요. 컴퓨터를 준비하세요.
2) 여행을 가요. 호텔 예약해야 돼요.
3) 아침을 먹어요. 운동을 해요.
4) 서른 살 돼요. 결혼하고 싶어요.
5) 잠을 자요. 세수를 해요.

5. Construisez les phrases suivantes avec la forme –지 마세요.

EXEMPLE 사진을 찍다 → 사진을 찍지 마세요.

1) 이 컴퓨터를 / 쓰다
2) 표를 챙기는 것을 / 잊다
3) 그 이야기를 / 믿다
4) 추우니까 창문을 / 열다
5) 술을 드시고 감기약을 / 드시다

6. Traduisez les phrases suivantes en coréen.

1) Je vous rappellerai après avoir vérifié.
2) Vérifie l'état de la voiture avant de l'acheter.
3) N'oubliez pas de prendre vos médicaments.
4) Ne sois pas trop déçu.
5) Le concert débute dans 30 minutes.

7. Les phrases suivantes sont grammaticalement incorrectes. Réécrivez chaque phrase correctement.

1) 퇴근 후에 밥을 같이 먹는 것을 어때요?
2) 잠을 자기 전에 이를 닦습니다.
3) 저 방에는 들어가지 말세요.
4) 감기약 먹으면 금방 낫을 거야.

Corrigés

정답

Corrigés

Préparation

3
1) 노
2) 새
3) 꺼
4) 혀
5) 표
6) 재
7) 띠
8) 으

4
1) 놔
2) 쇠
3) 귀
4) 왜
5) 씨
6) 뭐
7) 궤
8) 뛰

5
1) 민
2) 랑
3) 못
4) 천
5) 원
6) 흰
7) 뵙
8) 꽝

6
1) 젊
2) 많
3) 끓
4) 읊
5) 밟
6) 없
7) 뚫
8) 넓

7
1) 미
2) 보
3) 세
4) 락
5) 추
6) 뮤
7) 칼
8) 폐

8
1) David
2) Cécile
3) Loïc
4) Sophie
5) Frédéric
6) Emmanuel
7) Sébastien
8) Alexandre

Leçon 1 — Salutations 인사

1
1) 안녕히 계세요.
2) 안녕히 가세요.
3) 반갑습니다.
4) 안녕!

2
1) 자동차
2) 돈
3) 꽃
4) 우산
5) 음악
6) 요리

3
다비드: 안녕하세요?
소희: 안녕하세요?
다비드: 이름이 뭐예요?
소희: 저는 소희라고 해요. 이름이 뭐예요?
다비드: 저는 다비드예요. 반가워요.
소희: 저도 반가워요.

4
1) 돈이 있어요?
2) 성함이 어떻게 되세요?
3) 토마가 서울에 가요.
4) 제가 파리에 살아요.
5) 그녀가 운동을 좋아해요.

5
1) 오늘은 월요일이에요.
2) 아나이스는 서울에 살아요.
3) 미나는 친구가 많아요.
4) 저것은 우산이에요.
5) 민지는 성격이 좋아요.

6
1) 오늘은 목요일이야.
2) 수영이는 여자야.
3) 그것은 꽃이야.
4) 우리는 중학생이야.
5) 이름이 뭐야?

7
1) 준수는 남자예요.
2) 민지는 학생이에요.
3) 이름이 뭐예요?
4) 제 이름은 다비드예요.
5) 이것은 자동차예요.

8
1) 오늘은 수요일입니다.
2) 제 이름은 준호입니다.
3) 저도 학생입니다.
4) 소피는 프랑스 사람입니다.
5) 피에르는 회사원입니다.

9
1) 안녕하세요?
2) 이름이 뭐야?
3) 반가워요.
4) 안녕히 가세요 / 안녕히 계세요.
5) 안녕!

10
1) 소피 (Sophie)
2) 서윤
3) 소피
4) Style poli informel (해요체)

Corrigés

Leçon 2 — Nationalité et profession 국적과 직업

1
영국 미국 캐나다 스위스 한국 북한

2
1) 중학생
2) 고등학생
3) 대학생
4) 선생님
5) 초등학교
6) 수업

3
파니: 안녕하세요? 어느 나라 사람이에요?
유미: 안녕하세요? 저는 일본 사람이에요. 이름이 뭐예요?
파니: 저는 파니예요. 대학생이에요?
유미: 아니요, 대학생이 아니에요. 고등학교에 다녀요.
파니: 아, 저는 대학생이에요. 반가워요.
유미: 네, 반가워요.

4
1) 사브리나는 영국 사람이 아니야.
2) 우리는 대학생이 아니에요.
3) 제 이름은 지우가 아닙니다.
4) 오늘은 목요일이 아니야.
5) 그분은 선생님이 아니세요.

5
1) 사장님은 파리에 가세요.
2) 성함이 어떻게 되십니까?
3) 선생님은 서울에 사세요.
4) 사장님은 회사에 계세요?
5) 어느 셔츠가 좋으세요?

6
1) 아니요
2) 네
3) 아니요
4) 네
5) 아니요

7
1) Incorrecte (아니요, 토마는 학생이 아니에요.)
2) Incorrecte (응, 이것은 우산이 아냐.)
3) Correcte
4) Correcte
5) Incorrecte (네, 그녀는 이름이 마리예요.)

8
1) (저는) 학생이에요.
2) 처음 뵙겠습니다.
3) (당신은) 선생님이십니까?
4) (나는) 중학교에 다녀.
5) 오늘은 목요일이에요.

9
1) 저도 스위스 사람이에요.
2) 어느 나라 사람이에요?
3) 준수는 일본 사람이 아니에요.
4) 그분은 대학교 선생님이 아니에요.

10
1) 아니요, 우진이는 한국 사람이 아니에요. (우진이는 중국 사람이에요.)
2) 네, 우진이는 고등학생이에요.
3) 아니요, 아멜리는 대학생이 아니에요. (아멜리는 고등학생이에요.)
4) 네, 아멜리는 프랑스 사람이 아니에요. (아멜리는 스위스 사람이에요.)

Leçon 3 — Ville et langue 도시와 언어

1
1) 네 n'est pas un pronom personnel
2) 부산 n'est pas un pays
3) 독서 n'est pas un sport
4) 울산 n'est pas une ville française

2
소피: 안녕하세요? 이름이 뭐예요?
민정: 민정이에요. 한국어를 잘 해요?
소피: 네, 한국어를 잘 해요.
민정: 한국에 한국 친구가 많아요?
소피: 아니요, 많지 않아요.
민정: 아, 그래요? 저도 한국 사람이지만 한국 친구가 많지 않아요.
소피: 저는 프랑스 친구만 있어요.

7
1) 친구는 어디에 있어요?
2) 사장님은 어디에 계세요?
3) 브뤼노는 어디에 살아요?
4) 자동차는 어디에 있어요?
5) 한국어는 어디에서 공부해요?

8
1) 벨기에에 살아요. 하지만 불어를 못 해요.
2) 준서는 대학생이에요. 하지만 대학교에 못 가요.
3) 서울이 좋아요. 하지만 날씨가 너무 추워요.
4) 스페인어를 공부해요. 하지만 잘 하지 않아요.
5) 이 셔츠가 좋아요. 하지만 비싸요.

Corrigés

3
1) 파리에 친구가 많아요.
2) 토마는 음악을 좋아해요.
3) 한국 친구가 있어요.
4) 나는 고등학생이 아니에요.
5) 레미는 니스에 살아요.
6) 저녁에 파리에 도착해요.
7) 학교에 가요.
8) 어떻게 지내요?
9) 회사에 사장님이 계세요.
10) 액션 영화를 자주 봐요.

4
1) 이 셔츠를 좋아해요.
2) 다비드는 이탈리아어를 공부해요.
3) 매주 일요일에 축구를 해요.
4) 존은 이 음악을 좋아해요.
5) 학생이 수업을 들어요.

5
1) 니콜라는 수영을 하지 못해요.
2) 그녀는 테니스를 치지 못해요.
3) 저는 일본어를 하지 못해요.
4) 이 영화를 보지 못해요.
5) 월요일에 회사에 가지 못해요.

6
1) 그는 요리를 못 해요.
2) 수요일에 학교에 못 가요.
3) 레미는 일본어를 못 해요.
4) 미진이는 테니스를 잘 못 쳐요.
5) 한국어 공부를 못 해요.

9
1) 벨기에에 살지만 불어를 못 해요.
2) 준서는 대학생이지만 대학교에 못 가요.
3) 서울이 좋지만 날씨가 너무 추워요.
4) 스페인어를 공부하지만 잘 하지 않아요.
5) 이 셔츠가 좋지만 비싸요.

10
1) (저는) 부산에 살아요.
2) (당신은) 프랑스어를 잘 해요?
3) 서울은 어때요?
4) 민지는 프랑스어를 공부해요.
5) 준수는 한국어만 해요.

11
1) 우리는 리옹에 살아.
2) (너는) 한국 사람이야?
3) (나는) 프랑스어만 해.
4) 토마는 고등학생이야.
5) 서울이 좋지만 사람이 너무 많아.

12
1) 서현 씨는 인천에 살아요.
2) 네, 민주 씨는 학생이에요.
3) 민주 씨는 학교가 서울에 있어요.
4) 아니요, 서울에는 사람이 (너무) 많아요.

Leçon 4 — Intérêts et loisirs 관심과 취미

1
1) 축구
2) 낚시
3) 테니스
4) 등산
5) 수영
6) 야구
7) 독서
8) 사진
9) 영화
10) 요리
11) 음악
12) 비디오 게임

2
소피 : 취미가 뭐예요?
민정 : 저는 운동이 좋아요.
소피 : 어떤 운동을 좋아해요?
민정 : 운동이라면 야구하고 축구를 좋아해요. 매주 일요일에 축구를 해요.
소피 : 야구도 잘 해요?
민정 : 아니요, 축구는 잘 하지만 야구는 못 해요.

3
1) 민수 씨하고 지현 씨가 학교에 못 가요.
2) 저는 피아노하고 기타를 못 쳐요.
3) 로메오는 스페인어하고 영어를 잘 해요?
4) 그는 물하고 커피를 마셔요.
5) 김 선생님하고 박 사장님이 계세요.

7
1) 영화라면 로맨스를 좋아해요.
2) 음식이라면 이탈리아 요리가 가장 좋아요.
3) 운동이라면 배드민턴을 가장 자주 해요.
4) 그것이 꽃이 아니라면 뭐예요?
5) 민주 씨가 대학생이 아니라면 고등학생이에요?

8
1) (당신은) 가장 좋아하는 가수가 누구예요?
2) 배우라면 누구를 좋아해요?
3) 이 자동차는 누구 자동차예요?
4) (너는) 누구하고 영화를 봐?
5) 가수라면 누가 가장 좋아?

9
1) (저는) 토요일에 서울에 가요.
2) 토마는 축구하고 핸드볼을 좋아해요.
3) 수영이는 중국 음식을 먹어요.
4) (저는) 매주 수요일에 한국어를 공부해요.
5) (저는) 요리를 하지 못해요 / (저는) 요리를 못 해요.

Corrigés

4
1) 정숙 씨는 부산에 살지 않아요.
2) 서울에는 사람이 많지 않아요.
3) 이 자전거는 좋지 않아요.
4) 그 학생은 이 학교에 있지 않아요.
5) 이 자동차가 비싸지 않아요.

5
1) 프랑수아는 물을 마시지 않아요.
2) 영화를 자주 보지 않아요.
3) 토마는 프랑스어를 하지 않아요.
4) 선생님이 학교에 계시지 않아요.
5) 이 셔츠가 편하지 않아요.

6
1) (당신은) 어떤 음식을 먹어요?
2) 그녀는 어떤 영화를 자주 봐요?
3) 피에르는 어떤 음악을 좋아해요?
4) 그 사람은 어떤 사람이에요?
5) (너는) 어떤 운동을 해?

10
1) 존은 어느 나라 사람이에요?
2) 취미는 뭐예요? / 취미가 뭐예요?
3) 한국어를 어디에서 공부해요?
4) 미셸은 어떤 요리를 좋아해요?
5) 이분은 누구예요?

11
1) Incorrect (세실은 취미가 기타예요.)
2) Correct
3) Incorrect (세실은 기타를 잘 못 쳐요.)
4) Incorrect (아르노는 기타를 치지 못해요.)
5) Correct

Leçon 5 — Temps et heure 때와 시간

1
2 : 이 / 둘
18 : 십팔 / 열여덟
9 : 구 / 아홉
34 : 삼십사 / 서른넷
6 : 육 / 여섯
20 : 이십 / 스물

2
1) 7   6) 49
2) 1   7) 89
3) 17 8) 28
4) 1   9) 33
5) 13 10) 90

3 밤 / 새벽 / 오후 / 아침 / 저녁

4
1) 네 시 십오 분
2) 일곱 시 오십 분
3) 열한 시
4) 열한 시 오십오 분
5) 세 시 삼십오 분
6) 여섯 시 삼십 분
7) 열두 시
8) 세 시 이십오 분

5
1) 30분 후에 수업이 있어요.
2) 오늘은 6월 29일이에요.
3) 아침에는 7시 20분에 일어납니다.
4) 오전 8시 반에 회사에 가요.
5) 저는 33살이에요.

8
1) 선생님이 학교에 있어요.
2) 자동차가 주차장에 있어요.
3) 파리가 프랑스에 있어요.
4) 꽃이 정원에 있어요.
5) 나하고 내 친구가 영화관에 있어요.

9
1) 네, 약속이 있어요.
2) 아니요, 집에 사람이 없어요.
3) 네, 레미 씨는 자동차가 있어요.
4) 아니요, 월요일에 이탈리아어 수업이 없어요.
5) 아니요, 한국에 친구가 없어요.

10
1) 수영 씨는 노래를 합니다.
2) 저는 한국어를 잘 합니다.
3) 그 사람이 내 친구입니다.
4) 한국에 친구가 많습니다.
5) 팝송을 자주 듣습니다.

11
1) 기차가 저녁 8시 반에 도착합니까?
2) 지금은 10시 45분입니까?
3) 음악을 좋아합니까?
4) 민지는 테니스를 잘 칩니까?
5) 서울에 사람이 많습니까?

12
1) 저는 중국 음식을 잘 먹습니다.
2) 피에르는 팝송을 좋아합니다.
3) 토마는 좋은 사람입니다.
4) 오늘 저녁에 시간이 있습니까?
5) 사장님이 회사에 계십니까?

Corrigés

6
1) 1990년 8월 6일
2) 2003년 7월 30일 수요일
3) 10월 8일 금요일
4) 2012년 5월 14일
5) 2020년 2월 23일 일요일

7
1) 파리에 친구가 있어요.
2) 오후에 약속이 있어요.
3) 프랑수아는 자동차가 있어요.
4) 2시 반에 수업이 있어요.
5) 저는 민지하고 데이트가 있어요.

13
1) (저는) 영화하고 음악을 좋아합니다.
2) 민지는 수영을 못 합니다.
3) 오늘은 약속이 있습니다.
4) 비행기는 12시에 출발합니다.
5) 오늘은 2020년 12월 29일 화요일입니다.

14
1) 일요일에는 중국어 수업이 있어요.
2) 10시에 영화를 봐요.
3) 금요일에 축구를 해요.
4) 수요일 5시 반에 피아노 수업이 있어요.
5) 토요일하고 일요일에 테니스를 쳐요.

Leçon 6 — Chemin et directions 길과 방향

1
1) 아래에
2) 왼쪽에
3) 앞에
4) 뒤에
5) 오른쪽에
6) 위에

2
1) 회사
2) 학교
3) 식당
4) 도서관
5) 서점
6) 시청
7) 영화관
8) 시장

3
1) 정욱 씨는 부산에서 와요.
2) 영화를 영화관에서 봐요.
3) 민지하고 시청 앞에서 만나요.
4) 회사에서 일곱 시에 돌아와요.
5) 집에서 학교까지 십 킬로미터 거리예요.

4
1) 회사에 자동차로 갑니다.
2) 이 음식을 포크로 먹어요.
3) 한국어를 책으로 공부해요.
4) 서울에서 대전까지 기차로 가.
5) 프랑스로 비행기로 가요.

5
1) 기차는 1시에 출발하고 3시 반에 도착해요.
2) 토요일에 축구를 하고 일요일에 테니스를 쳐요.
3) 음악을 듣고 책을 봅니다.
4) 오른쪽으로 가(시)고 직진하세요.
5) 마리옹 씨는 리옹에 살고 준수 씨는 부산에 살아요.

6
1) 여기에서 학교까지 가까워요?
2) 집에서 시내까지 버스로 어떻게 가요?
3) 명동에서 강남까지 버스가 있어요?
4) 아침에는 집에서 회사까지 자전거를 타요.
5) 여기에서 도서관까지 오백 미터 거리예요.

7
1) 서울에서 부산까지 삼백 킬로 거리입니다.
2) 서울에서 광주까지 이백오십 킬로 거리입니다.
3) 서점에서 집까지 삼 킬로 거리입니다.
4) 집에서 버스 정류장까지 백오십 미터 거리입니다.

8
1) 도서관은 학교에서 가깝습니다.
2) 피자집 앞에 버스 정류장이 있습니다.
3) 제 이름은 토마이고 그녀는 마리옹입니다.
4) 파리는 리옹에서 멉니까?
5) (저는) 영화관에 지하철로 갑니다.

9
1) 도서관 앞에 버스 정류장이 있어요.
2) 학교에서 집까지 십 킬로미터 거리예요.
3) 이쪽으로 오 분 동안 걸어가요.
4) 저는 오늘 밤에 민지 씨하고 약속이 있어요.
5) 마리는 영화를 보고 니콜라는 피아노를 쳐요.

10
1) Vrai
2) Faux : 서점은 여기에서 가까워요.
3) Vrai
4) Faux : 서점은 버스 정류장 근처에 있어요.

Leçon 7 — Au téléphone 전화하기

1
1) 성함 / 이름
2) 댁
3) 드세요
4) 말씀
5) 주무세요

6
1) 파리에 사는 프랑스 사람이 많아요.
2) 선주 씨가 마시는 와인이 맛있어요.
3) 저는 집 옆에 있는 식당에 있어요.
4) 제주도로 가는 비행기가 많아요.
5) 토마 씨는 재미있는 사람이에요.

Corrigés

2
1) 선생님이 학교에 계세요.
2) 연세가 어떻게 되세요?
3) 그분은 피자를 드세요.
4) 회사에서 사장님의 댁까지 멀어요?
5) 답을 말씀해 주세요.

3
1) 그 영화를 보지 않겠습니다.
2) 이 음식을 잘 먹겠습니다.
3) 오늘 오후에 다시 오겠습니다.
4) 지금 내 숙제를 하겠습니다.
5) 앞으로는 열심히 공부하겠습니다.

4
1) 이름을 말해 주세요.
2) 이쪽으로 봐 주세요.
3) 그 일을 잊어 주세요.
4) 이 책을 다 읽어 주세요.
5) 저를 좀 도와 주세요.

5
1) 한국어로 말씀해 드리겠습니다.
2) 이 책을 다 읽어 드리겠습니다.
3) 어머니의 일을 도와 드리겠습니다.
4) 사장님 댁까지 모셔 드리겠습니다.
5) 오늘은 요리를 해 드리겠습니다.

7
1) 저는 맛있는 피자를 먹어요.
2) 저는 강남으로 가는 버스 안에 있어요.
3) 저는 재미있는 책을 읽어요.
4) 저는 도서관이 있는 학교에서 공부해요.
5) 저는 좋은 일을 해요.

8
1) 여보세요?
2) 민지 씨 바꿔 드리겠습니다.
3) 오랜만이에요.
4) 잠깐만 기다려 주세요. / 잠시만 기다려 주세요.
5) 파리로 가는 기차가 많아요.
6) 내가 먹는 음식이 아주 맛있어요.
7) (저는) 부산으로 가는 버스 안에 있어요.
8) 지하철이 없는 도시에서 살아요.

9
1) Vrai
2) Faux : 성호는 학교에 있어요.
3) Vrai
4) Faux : 성호는 저녁 7시에 집에 와요.

Leçon 8 — Dans les transports 이동하기

1
1) 여자 한 명
2) 책 두 권
3) 비행기 한 대
4) 백 원
5) 와인 한 잔
6) 종이 한 장
7) 개 한 마리
8) 수프 한 그릇
9) 삼십오 도
10) 맥주 두 잔

2
1) 600
2) 222
3) 365
4) 1515
5) 2013
6) 75 000
7) 1 500 000
8) 50 000 000
9) 100 011 111
10) 6 000 000 000

3
1) 서점에서 책을 세 권 샀아요.
2) 나이가 어떻게 돼요? 스물여덟 살이에요.
3) 두 시간 후에 학교에 갑니다.
4) 어제 내 친구하고 와인을 한 병 마셨어.
5) 두 시에 학교에 갑니다.

4
1) 오늘은 날씨가 너무 추워요. 5도예요.
2) 남자 세 분이 오셨어요.
3) 물 한 잔 주세요.
4) 집에 피아노가 두 대 있어요.
5) 5분 동안 기다려 주세요.

8
1) 친구가 내 일을 도와 줬어요.
2) 서울에 저녁 8시에 도착했어요.
3) 버스에서 내렸습니다.
4) 물 한 잔 마셨습니다.
5) 명동역에서 지하철을 갈아탔어요.

9
1) 만 원 주면 돼요.
2) 영어로 말하면 돼요.
3) 지금 출발하면 돼요.
4) 시청 앞에서 만나면 돼요.
5) 친구의 일을 도와 주면 돼요.

10
1) 내일 오전 9시까지 오시면 됩니다.
2) 이 길로 10분 동안 걸어가시면 됩니다.
3) 표를 여기에서 사시면 됩니다.
4) 집 앞에서 내려 주시면 됩니다.
5) 광화문역에서 내리시면 됩니다.

11
1) 강남으로 가는 버스를 어디에서 타면 됩니까?
2) 서울에서 부산까지 자동차로 얼마나 걸려요?
3) 기차역 앞에서 내려 주시면 됩니다.
4) 한국 음식은 젓가락으로 드시면 돼요.
5) 어제는 친구하고 테니스를 치고 축구를 했어요.

Corrigés

5
1) 이 꽃은 얼마예요?
2) 이 카메라는 얼마예요?
3) 이것은 얼마예요?
4) 이 컴퓨터는 얼마예요?
5) 이 자전거는 얼마예요?

6
1) 영화가 재미있었어요.
2) 어제는 토요일이었어요.
3) 아침에는 학교까지 걸어갔어요.
4) 이 책을 다 읽었어요.
5) 시장에서 사람이 많았어요.

7
1) 어제는 피아노를 쳤어요.
2) 자동 발매기를 썼어요.
3) 한 시간이 걸렸어요.
4) 어머니의 일을 도왔어요.
5) 자동차를 바꿨어요.

12
1) 다음 정류장에서 내리시면 됩니다.
2) 오래 기다렸어?
3) 죄송하지만 강남역에 지하철로 어떻게 가요?
4) 어제는 양복을 한 벌 샀어요.
5) 도서관 앞에서 내려 주세요.

13
1) 마리 씨는 명동역으로 갔어요.
2) 아니요, 마리 씨는 버스를 타지 않았어요. 택시를 탔어요.
3) 아니요, 마리 씨는 서점 앞에서 내리지 않았어요. 명동역 3번 출구 앞에서 내렸어요.

Leçon 9 — La famille 가족

1

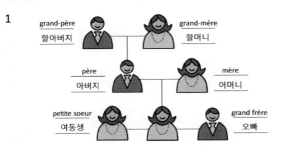

2
다비드: 몇 살이에요?
소희: 열 다섯 살이에요.
다비드: 남매가 있어요?
소희: 네, 우리 모두 넷이에요. 저와 동생 하나, 누나 하나 그리고 형 하나예요.
다비드: 조부모께서 연세가 어떻게 되세요?
소희: 할아버지께서는 여든세 살이시고 할머니께서는 돌아가셨어요.
다비드: 할아버지께서 건강하세요?
소희: 네, 연세가 많으시지만 건강하세요.

3
1) 오빠와 언니는 결혼했어요.
2) 제 취미는 음악과 영화입니다.
3) 내 가방 안에는 컴퓨터와 카메라가 있어요.
4) 회사까지 2호선과 3호선을 타요.
5) 할아버지와 할머니의 연세는 예순 살과 예순 두 살이에요.

5
1) 카메라는 컴퓨터보다 싸요.
2) 토마 씨는 니콜라 씨보다 키가 커요.
3) 도서관은 서점보다 가까워요.
4) 중국어는 한국어보다 어려워요.
5) 식당에서 와인 한 잔은 맥주 한 잔보다 비싸요.

6
1) 자전거는 자동차보다 덜 빨라요.
2) 부산은 서울보다 덜 추워요.
3) 할아버지는 할머니보다 덜 건강하세요.
4) 여기에서 명동은 강남보다 덜 멀어요.
5) 이번 주말은 지난 주말보다 덜 더워요.

7
1) 네 집은 내 집보다 멀어.
2) 수미는 소피보다 키가 작아.
3) 스페인어는 프랑스어보다 쉬워.
4) 오늘은 어제보다 더워.
5) 프랑스 영화는 미국 영화보다 재미없어.

8
1) 남동생 한 명과 여동생 한 명이 있어요.
 / 남동생 하나와 여동생 하나예요.
2) (우리) 어머니께서 마흔다섯 살이세요.
3) (제) 고향은 브뤼셀이에요.
4) (우리) 오빠보다 세 살 어려요.
5) 니콜라의 카메라는 토마의 카메라보다 비싸요.

Corrigés

4
1) 아침에는 다비드와 학교에 왔어요.
2) 지난 주말에는 부모님과 함께 고향으로 내려갔어요.
3) 토요일 밤에 친구와 약속이 있어요.
4) 내 오빠는 그의 여자친구와 결혼했어요.
5) 엄마와 함께 시장으로 갔어요.

9
1) 선생님께서 댁으로 가셨어요.
2) 어제 밤에 할머니께서 돌아가셨어요.
3) 여자 한 분이 오셨어요.
4) 어머니께서는 밤 11시에 주무세요.
5) 아버지께서 수프를 드셨어요.

10
1) Faux : 서윤 씨는 여자예요. (emploi du terme 언니)
2) Vrai
3) Faux : Seo-yoon a un petit frère (남동생)
4) Faux : 서윤 씨는 가족과 함께 살아요.

Leçon 10 — Le quotidien 하루 생활

1
1) Attendre le bus
2) Faire ses devoirs
3) Suivre un cours
4) Se lever
5) Quitter le bureau
6) Lire un livre
7) Prendre le métro
8) Prendre le petit-déjeuner
9) Se brosser les dents
10) Dormir

2
1) 제가 본 영화는 재미있어요.
2) 제가 간 서점은 가까워요.
3) 민지 씨가 탄 버스는 140번이에요.
4) 친구가 준비한 선물은 아주 커요.
5) 제가 받은 꽃은 예뻐요.

3
1) 제가 재미있는 영화를 봤어요.
2) 제가 가까운 서점에 갔어요.
3) 저는 중요한 약속이 있어요.
4) 그는 건강한 남자예요.
5) 어제 파티에서 많은 사람들을 만났어요.

4
1) 내일은 토마의 생일 파티에 갈 거예요.
2) 다음 주 월요일에 수업이 있을 거예요.
3) 영화는 2시간 후에 끝날 거예요.
4) 오늘 밤에는 술을 안 마실 거예요.
5) 불어로 말하지 않을 거예요.

5
1) 나는 예쁜 여자와 결혼할 거야.
2) 비싼 가방을 안 살 거예요.
3) 오래 걸리지 않을 겁니다.
4) 오늘은 일찍 잘 거야.
5) 내일 서울로 돌아갈 겁니다.

6
1) 2시쯤에 날씨가 가장[제일] 더워요.
2) 서울은 한국에서 인구가 가장[제일] 많은 도시예요.
3) 다비드 씨는 키가 가장[제일] 작은 남자예요.
4) 기차역 앞에 있는 서점이 가장[제일] 가까워요.
5) 엄마가 해 주시는 음식은 가장[제일] 맛있어요.

7
1) 토마의 생일 케이크가 제일[가장] 맛있어요.
2) (제가) 어제 읽은 책은 재미있어요.
3) 오후 2시부터 수학 수업이 있어요.
4) 큰 문제가 없을 거예요.
5) 숙제 하고 왔어?

8
1) 오늘은 목요일이에요.
2) 토요일에 테니스를 칠 거예요.
3) 월요일에 영화를 봤어요.
4) 금요일에 축구를 할 거예요.
5) 일요일에 중국어 수업이 있을 거예요.

9 민주는 오전 7시에 일어날 거예요. 아침을 먹고 이를 닦을 거예요. 8시에 버스를 타고 학교에 갈 거예요. 9시부터 12시까지 수학 수업이 있을 거예요. 12시 반에 점심을 먹을 거예요. 2시부터 4시까지 불어 수업을 들을 거예요. 수업이 끝나고 친구들과 함께 축구를 할 거예요. 7시쯤에 저녁 식사를 하고 친구들하고 한 잔 마실 거예요. 9시에 지하철을 타고 집으로 돌아갈 거예요. 세수를 하고 잘 거예요.

Leçon 11 — Les voyages 여행

1
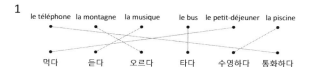

7
1) 날씨가 좋아서 운동을 하러 갔어요.
2) 머리가 아파서 학교에 못 갔어요.
3) 너무 바빠서 일찍 퇴근할 수 없습니다.
4) 제가 아는 사람들이 많아서 편해요.
5) 이 음식은 맛이 없어서 못 먹겠어요.

Corrigés

2

la voiture — 예쁘다
la fleur — 재미있다
la montagne — 높다
le prix — 빠르다
la nourriture — 싸다
le film — 맛있다

3 사라 이번 주말에 뭐 할 거예요?
  장원 할머니께서 편찮으셔서 고향으로 내려갈 거예요. 사라 씨는요?
  사라 어제 눈이 많이 와서 스키를 타러 산에 갈 거예요.
  장원 재미있겠네요. 저는 스키를 탄 지 오래 됐어요.
  사라 저는 스키를 한 번도 탄 적이 없어서 걱정이 돼요.

4 1) 마리는 한국어를 공부하러 도서관에 가고 있어요.
   2) 토마는 옷을 사러 백화점에 갔어요.
   3) 저는 친구를 만나러 명동으로 갈 거예요.
   4) 선생님이 점심을 드시러 식당에 가셨어요.
   5) 제 친구는 저를 도우러 왔어요.

5 1) 월요일부터 시작할 수 있어요?
   2) 우리 모두 자동차를 탈 수 있어요?
   3) 숙제를 혼자서 할 수 있어요?
   4) 내일 오전 9시까지 올 수 있어요?
   5) 더 일찍 출발할 수 있어요?

6 1) 네, 민지의 생일 파티에 갈 수 있어요.
   2) 아니요, 함께 비디오 게임을 할 수 없어요.
   3) 네, 기차를 타고 갈 수 있어요.
   4) 네, 명동도 구경할 수 있어요.
   5) 아니요, 한라산에 오를 수 없어요.

8 1) 오늘은 토요일이라서 학교에 안 가요.
   2) 6시라서 퇴근할 수 있어요.
   3) 그는 제가 아는 사람이 아니라서 함께 안 가겠어요.
   4) 제가 좋아하는 음식이라서 혼자 다 먹었어요.
   5) 여기에서 가까운 곳이라서 걸어가면 됩니다.

9 1) 자동차를 산 지 삼 년이 됐어요.
   2) 결혼한 지 두 달이 됐어요.
   3) 마티유는 프랑스로 돌아간 지 오래 됐어요.
   4) 아빠가 장보러 간 지 한 시간이 됐어요.
   5) 이 회사에서 일을 하신 지 십이 년이 됐습니다.

10 1) 슈퍼마켓까지 걸어갈 수 있어.
   2) 프랑스에 간 적이 있어요?
   3) 영화를 보러 영화관에 갔어요.
   4) 어젯밤에 일찍 자서 피곤하지 않아요.
   5) 서울에서 산 지 이 년이 됐어요.

11 1) 윤미 씨는 일본에 올해 봄에 갔어요.
   2) 윤미 씨는 등산을 하러 후지산에 갔어요.
   3) 아니요, 윤미 씨는 친구와 함께 일본에 갔어요.
   4) 아니요, 레아 씨는 도쿄에 간 적이 없어요.
   5) 네, 레아 씨도 일본에 간 적이 있어요. 교토하고 오사카에 갔어요.

Leçon 12 — Le temps et l'environnement 날씨와 환경

1 1) 여름
   2) 겨울
   3) 봄
   4) 가을

2 1) 날씨 n'est pas une saison
   2) 흐리다 ne se rapporte pas à la température
   3) 장마철 ne désigne pas un moyen de transport
   4) 시작하다 n'est pas un adjectif

3 1) 어제부터 비가 계속 오고 있어요.
   2) 프랑스에서는 가을이 비가 가장 많이 오는 계절이에요.
   3) 저 나무는 매우 크네요.
   4) 토마는 많은 것을 알고 있어서 재미있어요.
   5) 오늘은 날씨가 맑지만 내일부터 비가 올 거예요.

6 1) 철수 씨는 키가 크네요.
   2) 집에 사람이 없네요.
   3) 눈이 오네요.
   4) 파티에 사람들이 많이 왔네요.
   5) 할머니께서 건강하시네요.

7 1) 오늘 아침은 날씨가 쌀쌀해요.
   2) 지난 주말부터 계속 눈이 오고 있어요.
   3) 저 타워는 매우[아주] 크네요.
   4) 이 책은 정말[참] 재미있어요.
   5) 저는 산책하고 있어요.

8 1) 오늘은 날씨가 맑지만 내일부터 눈이 올 거예요.
   2) 산책하기에 좋은 날씨예요.
   3) 수영이는 장보고 있어요.
   4) 영화가 시작하고 있어요.
   5) 우리 동네가 정말[참] 깨끗해요.

Corrigés

4
1) 여행을 가기에 좋은 계절이에요.
2) 이 식당은 점심을 먹기에 좋은 식당이에요.
3) 산책을 가기에 좋은 날이에요.
4) 지금은 장보기에 좋은 시간이에요.

5
1) 저녁 식사를 준비하고 있어요.
2) 우리 동네에서 산책하고 있어요.
3) 슈퍼마켓에서 장보고 있어요.
4) 학교 앞에서 버스를 기다리고 있어요.
5) 도서관 쪽으로 걸어가고 있어요.

9
1) 겨울은 스키를 타기에 좋은 계절이에요.
2) 가을에는 비가 많이 오지 않아요.
3) 오늘은 날씨가 맑지만 내일부터 좀 흐릴 거예요.
4) 이 자동차가 조용해서 타기에 좋네요.

10
1) Faux : 지금 세실은 집에 있어요.
2) Faux : 내일 세실은 영화 보러 갈 거예요.
3) Faux : 지금 남희는 집 동네에서 산책하고 있어요.
4) Vrai

Leçon 13 Au restaurant 식당에서

1
1) 한식
2) 벨기에 음식
3) 프랑스 음식
4) 일식
5) 미국 음식
6) 이탈리아 음식

2
1) 콜라
2) 커피
3) 맥주
4) 물
5) 와인

3
1) 테이블을 안내해 주시겠어요?
2) 제 가방을 봐 주시겠어요?
3) 제 일을 도와 주시겠어요?
4) 저를 좀 더 기다려 주시겠어요?
5) 문을 열어 주시겠어요?

4
1) 5분 후에 시작할게요.
2) 10시까지 집으로 돌아갈게요.
3) 저는 다음 정류장에서 내릴게요.
4) 널 좀 더 기다릴게.
5) 저녁은 이따가 먹을게요.

5
1) 민지가 몇 시에 올까요?
2) 버스 타고 갈까요?
3) 수업이 곧 끝날까요?
4) 기차는 버스보다 빠를까요?
5) 부산에 가면 날씨가 더울까요?

6
1) 날씨가 좋은데 운동하러 갈까요?
2) 머리가 아픈데 학교에 갈 수 있을까요?
3) 중요한 회의인데 너무 바빠서 못 갈 거예요.
4) 카메라를 샀는데 어떻게 쓰는지 모르겠어요.
5) 파티에 갔는데 사람이 너무 많아서 집에 돌아왔어요.

7
1) 학교까지 빠르게 걸어갔어요.
2) 그는 서울에서 바쁘게 살아요.
3) 이 카메라를 싸게 샀어요.
4) 점심을 맛있게 먹었어요.
5) 주말을 즐겁게 보냈어요.

8
1) 한식을 좋아하면 비빔밥을 추천해요.
2) 일이 끝나면 영화 보러 갈 거예요.
3) 수업이 시작하면 핸드폰을 쓰지 못 해요.
4) 수업을 잘 들으면 쉽게 이해할 수 있어요.
5) 이 버튼을 누르면 프로그램이 시작해요.

9
1) (저는) 한국 식당[한식집]에서 점심을 먹었어요.
2) 피자를 주문할까요?
3) 현금으로 할게요.
4) 오늘 저녁에 일찍 안 자면 내일 피곤할 거야.
5) 가장 가까운 식당을 안내해 주시겠어요?

10
1) 이탈리아 음식을 좋아하시면 파스타를 추천합니다.
2) 시간이 있으면 같이 갈까요?
3) 자전거를 싸게 살 수 있는 가게를 알아요?
4) 피자를 먹었는데 별로 맛이 없었어요.
5) 매운 음식을 못 먹는데 실수로 닭갈비를 주문했어요.

11
1) 가방을 싸게 파는 가게를 알아요?
2) 꽃을 사러 꽃집에 갔는데 돈이 없어서 못 샀어요.
3) 수업 시간인데 선생님께서 오시지 않았어요.
4) 장보러 어디에 갈까요?
5) 5분만 더 기다려 주시겠어요?

Corrigés

Leçon 14 — Au cinéma 영화관에서

1
- 수정: 영화 트와일라잇 표 두 장 주세요.
- 매표원: 몇 시 상영으로 하시겠습니까?
- 수정: 다음 상영으로 해 주세요.
- 매표원: 네. 다음 상영은 2시 30분입니다. 어느 좌석으로 해 드릴까요?
- 수정: 가운데 좌석으로 해 주세요.
- 매표원: 가격은 19,000원입니다. 멤버십카드 있으세요?
- 수정: 네, 여기 있습니다.
- 매표원: 표 여기 있습니다. 2시 30분까지 5관으로 들어가세요.
- 수정: 네, 감사합니다.

2
1) 다리가 아파서 앉고 싶어요.
2) 날씨가 무더워서 집에 돌아가고 싶어요.
3) 영화가 재미있어서 다시 보고 싶어요.
4) 중요한 시험이라서 좀 더 공부하고 싶어요.
5) 배가 고파서 밥을 먹고 싶어요.

3
1) 일찍 일어나는 것이 힘들어요.
2) 지하철을 타고 가는 것이 편해요.
3) 매일 운동하는 것이 좋아요.
4) 영화를 같이 보는 것이 어때요?
5) 서울에서 사는 것이 편리해요.

4
1) 집에서 요리를 하는 것을 좋아해요.
2) 여행을 가는 것을 좋아해요.
3) 음악을 듣는 것을 좋아해요.
4) 친구들과 통화하는 것을 좋아해요.
5) 퇴근하고 동료들과 한잔하는 것을 좋아해요.

5
1) 일 년마다 한국에 가요.
2) 한 달마다 축구를 해요.
3) 이틀마다 장을 봐요.
4) 이 주마다 부모님을 만나러 가요.
5) 두 시간마다 수업이 있어요.

6
1) 오빠가 소파에 앉아 있어요.
2) 그는 혼자 부산에 와 있어요.
3) 오늘의 파티가 준비되어[준비돼] 있어요.
4) 이 카메라는 플라스틱으로 되어[돼] 있어요.
5) 이 아이는 컴퓨터 앞에 붙어 있어요.

7
1) 민지의 동생은 나이가 어리지?
2) 시험이 너무 어려웠지?
3) 이 가수가 귀엽지?
4) 오늘은 날씨가 쌀쌀하지?
5) 10시에 퇴근하는 게 너무 늦지?

8
1) 사람(들)이 많지요?
2) 한국을 구경하고 싶어요.
3) 테니스를 치는 것을 좋아해요.
4) (매일) 아침마다 8시에 일어나요.
5) 전쟁 영화를 제외하고[빼고] 다 좋아해요.

9
1) Vrai : 은하 씨는 회사에 있어요.
2) Vrai : 은하 씨는 액션 영화 빼고 다 좋아해요.
3) Faux : 장 씨는 저녁 8시 상영을 보고 싶어요.
4) Faux : 은하 씨가 일찍 퇴근할 수 없으면 장 씨는 민우 씨하고 영화를 보러 갈 거예요.

Leçon 15 — Au musée 박물관에서

1
1) 도구
2) 조각
3) 그림
4) 미술관
5) 보석
6) 전시회
7) 부채
8) 박물관

2
- 다비드: 어떤 전시회가 재미있을까요?
- 민정: 글쎄요, 사진 전시회가 재미있을 것 같은데 그걸 보는 게 어때요?
- 다비드: 좋아요. 입장료는 얼마지요?
- 민정: 가격은 만 원인데 학생증이 있으면 50프로 할인이 돼요.
- 다비드: 아, 그래요? 그러면 싸네요.

6
1) 방이 조용해졌습니다.
2) 숙제가 어려워졌습니다.
3) 상황이 많이 달라졌습니다.
4) 도시가 커졌습니다.
5) 슈퍼마켓에 사람이 많아졌습니다.

7
1) 제가 자고 있었을 때 전화가 울렸어요.
2) 도착했을 때 비가 왔어요.
3) 그를 처음 만났을 때 (그가) 마음에 들었어요.
4) 밥을 먹을 때 텔레비전을 봐요.
5) 집에 있을 때 공부를 못 해요.

Corrigés

3 1) 수영이는 심심한 것 같아요.
   2) 토마 씨는 키가 작은 것 같아요.
   3) 이 음식은 너무 매운 것 같아요.
   4) 수지 씨는 나이보다 젊어 보이는 것 같아요.
   5) 수학 시험이 어려운 것 같아요.

4 1) 회의가 곧 시작할 것 같아요.
   2) 친구가 저를 도와 줄 것 같아요.
   3) 일이 끝나면 퇴근할 수 있을 것 같아요.
   4) 서점까지 20분 걸릴 것 같아요.
   5) 기차가 한 시간 늦게 도착할 것 같아요.

5 1) 비빔밥을 드셔 보세요.
   2) 보라색 티셔츠를 입어 보세요.
   3) 한 번 더 생각해 보세요.
   4) 프랑스 와인인데 한번 마셔 보세요.
   5) 레미한테 한번 전화해 보세요.

8 1) 부산에 가기 위해서 기차를 탔어요.
   2) 부산에 도착했을 때 비가 오고 있었어요.
   3) 이 동네는 시끄러운 것 같아요.
   4) 이 책은 읽을 만해요.
   5) 책을 잘 이해하기 위해서 다시 읽었어요.

9 1) 떡볶이는 먹을 만한 음식이에요.
   2) 케이크를 만들기 위해서 슈퍼마켓에 장보러 갔어요.
   3) 이 가수는 유명한 것 같아요.
   4) 밥을 먹을 때마다 텔레비전을 봐요.
   5) 경복궁을 구경해 봤어요?

Leçon 16 — À un concert 콘서트에서

1 1) 그리고
   2) 그래서
   3) 그래도
   4) 그러면
   5) 그렇지만

2 소희 이번 주말에 할 게 없는데 뭐 재미있는 게 없을까요?
   정숙 토요일에는 서울대학교 운동장에서 무료 콘서트가 있어요. 심심하면 한번 가 봐요.
   소희 서울대학교까지 어떻게 갈 수 있지요?
   정숙 지하철 2호선 서울대입구역에서 내리고 버스를 타면 돼요.
   소희 홍대에서 좀 머네요. 어떤 콘서트인데요?
   정숙 록 그룹인데 재미있을 것 같아요.
   소희 정숙 씨도 갈 거예요?
   정숙 저는 다음 주 시험이 있어서 못 갈 것 같아요.
   소희 알겠어요. 시간이 되면 전화해 줘요.

3 1) 산책하러 갈래?
   2) 몇 시에 출발할래?
   3) 내일 같이 축구 할래?
   4) 커피 한 잔 마실래?
   5) 나도 명동으로 가는데 같이 택시 탈래?

4 1) 이 재킷을 살래요.
   2) 집에 갈래요.
   3) 쇼핑할래요.
   4) 10분 후에 시작할래요.
   5) 와인을 마실래요.

5 1) 박물관에서 사진을 찍으면 안 돼요.
   2) 여기서 버스를 타면 안 돼요.
   3) 친구 데리고 오면 안 돼요.
   4) 어른들에게 반말을 하면 안 돼요.
   5) 그 남자를 다시 만나면 안 돼요.

6 1) 맥주 한 병밖에 안 마셨어요.
   2) 내가 사랑하는 사람은 너밖에 없어.
   3) 돈이 천 원밖에 없어요.
   4) 시험이 하나밖에 안 남았어.
   5) 그 학생은 공부밖에 몰라요.

7 1) 한 시간 반밖에 안 걸려요.
   2) 두 권밖에 안 읽었어요.
   3) 백오십 센티밖에 안 돼요.
   4) 한 마리밖에 없어요.
   5) 크리스마스가 일주일밖에 안 남았어요.

8 1) 이 티셔츠를 입어 보실래요?
   2) 여기 앉으시면 안 됩니다.
   3) 방 안에 두 명밖에 없어요.
   4) 이번 주말에 콘서트 보러 갈래요? / 이번 주말에 콘서트 보러 가는 게 어때요?
   5) 이 식당에는 매운 음식밖에 없어요.

9 콘서트 보러 가고 싶어서 인터넷에서 찾았지만 콘서트는 모두 가격이 너무 비싸서 표를 못 샀어요. 어떤 친구가 학교 앞에서 콘서트를 해요. 그 친구가 밴드에서는 기타를 치고 노래를 해요. 저를 초대했는데 비가 와서 별로 가고 싶지 않지만 좋은 친구라서 꼭 갈 거예요.

Corrigés

Leçon 17 — Au supermarché 슈퍼마켓에서

1
1) 포도
2) 사과
3) 오렌지
4) 참외
5) 바나나
6) 딸기

2
1) 감자
2) 토마토
3) 상추
4) 양파
5) 양배추
6) 당근

3
1) 닭고기
2) 치즈
3) 달걀 / 계란
4) 생선
5) 만두
6) 밥

4
1) 감자 n'est pas un fruit
2) 소금 n'est pas un légume
3) 서점 ne vend pas de produits alimentaires
4) 피자 n'est ni un aliment ni un plat coréen

5
1) 다음 학기부터 갈 대학교는 우리 집에서 멀어요.
2) 제가 읽어야 할 책은 재미없어요.
3) 제가 백화점에서 살 옷은 좀 비싸요.
4) 오후에 들을 한국어 수업은 참 어려워요.
5) 제가 만들 사과 파이를 같이 먹는 게 어때요?

6
1) 12시까지 집에 돌아가야 해요.
2) 중요한 일이라서 빨리 끝내야 해요.
3) 둘 중에 하나를 골라야 해요.
4) 집에서 먹을 게 없어서 장봐야 해요.
5) 집에 가서 숙제를 해야 해요.

7
1) 서울에서 부산까지 자동차로 다섯 시간이나 걸려요.
2) 닭갈비를 혼자 이 인분이나 먹었어요.
3) 토마 생일 파티에 스무 명이나 올 거야.
4) 내가 여행을 안 간 지 4년이나 됐어요.
5) 오늘 할 일이 많아서 12시간이나 일을 했어요.

8
1) 매일 8시에 일어나서 샤워를 해요.
2) 수업이 끝나서 친구를 만날 거예요.
3) 장을 봐서 저녁 식사를 준비할 거예요.
4) 친구를 만나서 같이 영화 보러 갔어요.
5) 더 열심히 공부해서 다시 시험 볼 거야.

9
1) 언니가 피곤해 보여요.
2) 엄마가 해 준 음식이 맛있어 보여요.
3) 수학 시험이 좀 어려워 보여요.
4) 민지의 방이 깨끗해 보여요.
5) 피에르가 다비드보다 키가 커 보여요.

10
1) (저는) 학교에 가야 해요[돼요].
2) (저는) 표를 사서 지하철을 탔어요.
3) 맥주나 콜라를 마실까요? / 맥주나 콜라를 마시는 게 어때요?
4) 이 음식이 매워 보여요.
5) 내가 타야 할 기차예요.

11
1) 레미 씨는 비빔밥을 만들 거예요.
2) 소영 씨는 양배추하고 양파가 필요해요.
3) 소영 씨는 슈퍼마켓에 가서 장볼 거예요.
4) 비빔밥에는 밥과 고추장, 달걀 그리고 야채가 있어요.

Leçon 18 — À la banque et à la poste 은행과 우체국에서

1
1) 좀 ne signifie pas « vraiment »
2) 재미없다 a une connotation négative
3) 재미있다 ne permet pas de décrire le physique
4) 맞은편 ne se rapporte pas au vocabulaire de la poste

2
소피 : 안녕하세요? 이 소포를 벨기에로 부치려고 하는데요.
창구 직원 : 어떻게 보내시겠습니까?
소피 : 이번 주말까지 도착해야 하는데 가장 빠른 방법이 뭐예요?
창구 직원 : 가장 빠른 방법은 이엠에스예요. 이엠에스로 보내시면 이틀 걸립니다.
소피 : 그러면 이엠에스로 보내 주세요.
창구 직원 : 네. 이 서류를 작성해 주십시오.
소피 : 가격이 얼마예요?
창구 직원 : 일 킬로까지는 이만 원입니다.

6
1) 산책하려고 공원으로 가고 있어요.
2) 일찍 퇴근하려고 빨리 일하고 있어요.
3) 엄마가 돈을 찾으려고 은행에 가 있어요.
4) 맛있는 음식을 먹으려고 집에서 직접 요리해요.
5) 케이크를 만들려고 장보고 있어요.

7
1) 내일은 일찍 일어나려고 해요.
2) 친구의 생일 파티에 가려고 해요.
3) 10분 후에 출발하려고 해요.
4) 다음 학기에는 피아노를 배우려고 해요.
5) 서울 시내에 가까운 동네에서 살려고 해요.

3   1) 엄마에게 이야기를 하지 않을 거예요.
     2) 친구에게 전화할 거예요.
     3) 민지에게 돈을 줄 거예요.
     4) 토마에게 소포를 부칠 거예요.
     5) 그녀에게 재미있는 영화를 추천할 거예요.

4   1) 친구에게서 선물을 받았어요.
     2) 수영에게서 돈을 빌렸어요.
     3) 그에게서 책을 받았어요.
     4) 레미에게서 이야기를 들었어요.
     5) 선생님에게서 한국어를 배웠어요.

5   1) 그분은 저한테서 돈을 받을 거예요.
     2) 여자친구는 남자한테서 꽃을 받았어요.
     3) 지현 씨는 다비드 씨한테서 소포를 받았습니다.
     4) 엘로디는 레오한테서 메일을 받았어.
     5) 오빠는 저한테서 우편으로 책을 받을 거예요.

8   1) 이 서류를 작성해 주십시오.
     2) 5분만 기다려 주십시오.
     3) 제 말을 잘 들으십시오.
     4) 제 선물을 받으십시오.
     5) 필요하시면 전화해 주십시오.

9   1) 경복궁을 구경하려고 해요.
     2) 토마한테서 만 원을 받았어요.
     3) 아빠가 나한테 소포를 보낼 거예요.
     4) 이 편지를 부쳐 주십시오[주세요].
     5) 책을 빌리려고 민지한테 전화했어요.

10 1) 신분증을 제시해 주십시오.
     2) 날씨가 좀 더운데요.
     3) 이 편지를 누구한테 보낼 거예요?
     4) 통장에서 돈을 찾으려고 하는데요.

Leçon 19 — Dans une boutique 가게에서

1   1) 재킷
     2) 셔츠
     3) 양말
     4) 청바지
     5) 반바지
     6) 치마
     7) 티셔츠
     8) 넥타이
     9) 운동화
     10) 코트 / 외투

2   1) 양식 n'est ni un vêtement ni un accessoire
     2) 회사 n'est pas une couleur
     3) 좀 n'est pas une exclamation
     4) 상추 n'est pas de couleur rouge

3   1) 노란색
     2) 보라색
     3) 파란색
     4) 흰색
     5) 회색
     6) 녹색 / 초록색
     7) 빨간색
     8) 주황색 / 오렌지색

4   1) 오늘 좀 일찍 퇴근해도 돼요?
     2) 방이 더운데 창문을 열어도 돼요?
     3) 책 두 권이나 빌려도 돼요?
     4) 내가 영화 보러 같이 가도 돼요?
     5) 언니의 옷을 입어도 돼요?

5   1) 아니요, 이 책을 빌리면 안 됩니다.
     2) 네, 여기 앉아도 됩니다.
     3) 아니요, 집에 가면 안 됩니다.
     4) 아니요, 아파트에서 저녁에 피아노를 치면 안 됩니다.
     5) 네, 이번 숙제를 안 해도 됩니다.

6   1) 7시 반까지 도착해야 들어갈 수 있어요.
     2) 서로 마음이 맞아야 함께 살 수 있어요.
     3) 먹어 봐야 맛을 알아요.
     4) 일을 빨리 끝내야 쉴 수 있어요.

7   1) 이 신발은 (가격이) 비싸도 (저는) 살래요.
     2) 박물관에서 사진을 찍어도 돼요?
     3) 오늘은 숙제를 안 해도 돼.
     4) 회색 바지를 입어 봐도 돼요?
     5) 눈이 와도[내려도] 산에 갈 거예요.

8   1) Vrai
     2) Faux : 민정 씨는 검은색 신발보다 **빨간색** 신발을 더 좋아해요. 그래서 **빨간색** 신발을 사려고 해요.
     3) Vrai
     4) Faux : 신발 가격은 십만 원보다 비싸요.

Corrigés

Leçon 20 — Chez le médecin 병원에서

1

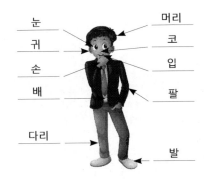

눈, 귀, 손, 배, 다리, 머리, 코, 입, 팔, 발

2
1) 술 n'est pas une partie du corps humain
2) 처방전 n'est ni un lieu ni un service
3) 진짜 ne signifie pas « immédiatement »

3
1) 다시 한 번 확인한 후에 연락 드리겠습니다.
2) 그녀와 결혼한 후에 행복해졌어요.
3) 남자친구와 헤어진 후에 다시 만나지 않았어요.
4) 저녁 식사를 한 후에 커피 한 잔 마셨어요.
5) 체크카드를 만드신 후에 돈을 찾을 수 있으세요.

4
1) 회의가 시작하기 전에 컴퓨터를 준비하세요.
2) 여행을 가기 전에 호텔 예약해야 돼요.
3) 아침을 먹기 전에 운동을 해요.
4) 서른 살 되기 전에 결혼하고 싶어요.
5) 잠을 자기 전에 세수를 해요.

5
1) 이 컴퓨터를 쓰지 마세요.
2) 표를 챙기는 것을 잊지 마세요.
3) 그 이야기를 믿지 마세요.
4) 추우니까 창문을 열지 마세요.
5) 술을 드시고 감기약을 드시지 마세요.

6
1) 확인을 한 후에 다시 전화해 드리겠습니다.
2) 자동차를 사기 전에 상태를 확인해.
3) 약을 드시는 것을 잊지 마세요.
4) 너무 실망하지 마(라).
5) 콘서트는 30분 후에 시작해요.

7
1) 퇴근 후에 밥을 같이 먹는 것이 어때요?
2) 잠을 자기 전에 이를 닦습니다.
3) 저 방에는 들어가지 마세요.
4) 감기약 먹으면 금방 나을 거야.

Index

색인

Index 색인

ㄱ

가격 prix 177
가까이 près de, à proximité de 177
가깝다 être près, proche 97
가다 aller 37
가방 sac 151
가수 chanteur, chanteuse 73
가운데 centre, milieu 187
가을 automne 155
가장 le plus, la plus, les plus 73
가족 famille 135
가죽 cuir 193
가지 espèce, sorte, type 249
가지다 avoir, posséder 231
간장 sauce de soja 226
갈아입다 changer (de vêtements), se changer ... 241
갈아타다 changer (de moyen de transport) ... 119
감기 rhume 247
감기약 médicament contre le rhume 249
감사 remerciement, gratitude 113
감사합니다 merci 113
감자 pomme de terre 219
같다 être identique, semblable 197
같이 ensemble, avec 177
개 classificateur général permettant de compter
    des objets à l'unité 127
개 chien, chienne 127
거기 là, là-bas 155
거리 distance 97
거의 presque, quasiment 117
거짓말 mensonge 213
걱정하다 s'inquiéter, se faire du souci ... 253
건강 santé 203
건강하다 être en bonne santé, se porter bien ... 135
걸리다 prendre, demander (du temps) ... 119
걸리다 attraper (froid, une maladie) 247
걸어가다 aller à pied, marcher 95
검은색 noir, couleur noire 244
것 chose 167
겨울 hiver 45
결혼하다 se marier 133
계란 œuf 226
계산대 caisse (de magasin) 239
계속 continuellement, sans arrêt 165
계속하다 continuer, poursuivre 236
계시다 être (lieu, f. honorifique du verbe 있다) ... 57
계절 saison 167
고기 viande 226
고등어 maquereau 221
고등학교 lycée 57
고등학생 lycéen(ne) 57
고르다 choisir, sélectionner 189
고마워 merci (familier) 249
고맙다 être reconnaissant(e) 85
고맙습니다 merci (formel) 85
고추장 pâte de piment rouge 226
고향 pays natal, ville natale 135
곧 tout de suite, à l'instant, bientôt 101
골프 golf 77
곱다 être beau, belle, raffiné(e) 101
공부하다 étudier 68
공연 représentation, spectacle, concert ... 209
공짜 chose obtenue gratuitement 184
공짜이다 être gratuit 184
공포 peur, terreur, horreur 193
과일 fruit 219
과자 biscuit, gâteau 244
괜찮다 être bon(ne), passable, correct(e),
    ne pas être mal 177
교회 église 193
구 neuf 91
구경하다 visiter, aller voir 157
구하다 chercher, obtenir, trouver 221

Index 색인

국수 nouilles 226
굽다 rôtir, griller (une viande, un poisson) 226
−궁 palais (royal) 119
권 livre (classificateur) 127
귀 oreille 253
귀엽다 être mignon(ne), joli(e) 189
귤 clémentine 226
그 ce, cet(te), ces 171
그것 cela, celui-là, celle-là 171
그냥 comme cela, juste 247
그동안 pendant ce temps-là 157
그래도 quand même, néanmoins 165
그래서 alors, donc 209
그램 gramme 219
그러면 alors, dans ce cas 49
그런데 au fait, à propos, pourtant 189
그럼 alors, dans ce cas (f. contractée de 그러면) 119
그렇게 ainsi, comme ça 145
그렇지만 mais, pourtant 209
그룹 groupe (de musique) 213
그릇 bol (classificateur) 127
그리고 et, ensuite, et puis 135
그림 peinture, tableau 199
그분 il, elle, ce monsieur, cette dame 171
극장 théâtre, cinéma 187
근처 alentours, environs 95
글쎄 euh..., eh bien... 157
금방 dans un instant, en un instant 249
금요일 vendredi 77
금지되다 être interdit(e) 199
기념관 mémorial 199
기다리다 attendre 107
기쁘다 être heureux(se), satisfait(e) 229
기차 train 83
기침하다 tousser 247
기타 guitare 77
길 route, rue 229

길거리 rue 157
김치 kimchi 226
−까지 à, jusque (destination) 97
깨끗하다 être propre, bien rangé(e) 171
−께 à (complément d'objet indirect) 229
−께서 particule de sujet honorifique 135
꼭 absolument, sans faute 207
꽃 fleur 45
꽃집 fleuriste 184
끝나다 finir, se terminer 143
끝내다 finir qqch, terminer qqch 253

ㄴ

나 je 37
나가다 sortir 213
나라 pays 49
나무 arbre, bois 167
나쁘다 être mauvais(e) 165
나이 âge 113
낚시 pêche 77
날씨 temps (climat) 63
남다 rester, demeurer 203
남동생 petit frère 133
남매 frère(s) et sœur(s) 133
남자 homme 45
낫다 être meilleur(e) (que) 203
내 mon (forme contractée de 나의) 45
내다 payer 209
내려가다 descendre 135
내리다 descendre (d'un moyen de transport),
         déposer 119
내일 demain 85
냄새 odeur 244
냉동 congélation 221
냉동 식품 plat surgelé 221
너 tu 37

Index 색인

너무 trop 63
네 oui 35
넥타이 cravate 244
년 année (classificateur) 91
노란색 jaune, couleur jaune 244
노래 chanson 68
노래방 noraebang, karaoké coréen 236
녹색 vert, couleur verte 244
농구 basket-ball 77
높다 être haut(e), élevé(e) 155
누구 qui 73
누나 grande soeur (pour un homme) 133
누르다 appuyer 162
눈 neige 167
눈 œil, yeux 253
느끼다 sentir, ressentir 203
늦다 être tard, être en retard 193

ㄷ

다 tout(e), tou(te)s, complètement 73
다니다 fréquenter, aller (à l'école) 51
다르다 différer (de), être différent(e) (de) 162
다리 jambe 253
다시 encore (une fois), à nouveau, re 105
다음 suivant, prochain 97
다행 chance, bonne fortune 213
다행이다 c'est une chance que, heureusement que 209
닦다 se brosser (les dents), frotter 145
단체 할인 tarif de groupe 203
달 mois (durée) 127
닭고기 (viande de) poulet 221
담배 cigarette 253
답장하다 répondre (à une lettre) 229
당근 carotte 219
대 appareil électrique, mécanique (classificateur) 127
대학교 université 51

대학생 étudiant(e) 57
대한민국 République de Corée, Corée du Sud 57
대화 dialogue, conversation 236
댁 maison (forme honorifique de 집) 107
더 plus, davantage 73
덜 moins, pas assez 140
(날씨가) 덥다 faire chaud 101
데리다 emmener, (r)accompagner 113
도 degré (température, angle) 127
–도 aussi, non plus, ni... ni 37
–도 île 155
도구 outil 199
도서관 bibliothèque 95
도시 ville 68
도착하다 arriver 85
독서 lecture 77
돈 argent 45
돌아가다 retourner, rentrer 145
돌아가시다 décéder (forme honorifique du verbe 죽다) 113
돌아오다 revenir 151
돕다 aider, sauver 101
동네 quartier, village 171
동료 collègue 107
동물 animal 197
동생 petit frère ou petite soeur 140
동안 pendant, durant 95
돼지고기 (viande de) porc 226
되다 devenir, être 45
되다 faire, se passer, atteindre (durée) 157
두껍다 être épais(se) 247
뒤 / 뒤에 l'arrière, le derrière / derrière 101
드라마 drame (spectacle) 193
드리다 donner, offrir, faire qqch pour qqn (forme modeste du verbe 주다) 107
드시다 prendre (à manger, à boire) (forme honorifique des verbes 먹다 et 마시다) 113

듣다 écouter, entendre, suivre (un cours) 145
들어가다 entrer, pénétrer (dans) 236
등 dos 253
등기 우편 lettre recommandée 236
등산 randonnée en montagne 71
따뜻하다 être doux (temps) 165
딸 fille 133
딸기 fraise 221
또 à nouveau, encore 119
똑같다 être identique, la même chose 203

ㄹ

라면 nouilles instantanées 226
럭비 rugby 77
록 rock 209

ㅁ

–마다 tou(te)s les, chaque 187
마리 animal (classificateur) 127
마시다 boire 68
마음에 들다 plaire, aimer 157
만 dix mille 127
–만 seulement, ne... que (particule de restriction) 63
만나다 rencontrer, (se) voir 95
만두 mandu (ravioli coréen) 226
만들다 faire, fabriquer 203
많다 être nombreux, avoir beaucoup de 63
말 parole 113
말 fin (d'une période) 199
말씀 propos (forme honorifique et modeste de 말).. 113
말씀하다 parler, dire (forme honorifique et modeste du verbe 말하다) 113
말하다 parler 101
맑다 être clair(e), dégagé(e), ensoleillé(e) 167
맛있다 avoir bon goût, être délicieux(se) 113

맞다 être juste, correct(e) 165
맞은편 côté opposé, en face 229
매우 très 63
매주 chaque semaine 71
매진되다 être épuisé(e), écoulé(e), complet (spectacle) 209
맥주 bière 179
맵다 être épicé(e), piquant(e) 179
머리 tête, crâne 162
먹다 manger 77
멀다 être loin, éloigné 97
멜론 melon 226
멤버십카드 carte de membre 187
며칠 quel jour, quelle date 85
명 personne (classificateur) 127
몇 combien de, quel nombre 91
모두 tout(e), tou(te)s, tout le monde 135
모시다 accompagner, conduire (forme honorifique du verbe 데리다) 113
모자 chapeau, bonnet, casquette 213
모험 aventure 193
목 coup, gorge 249
목도리 écharpe 244
목요일 jeudi 57
목적지 destination 253
몸 corps 253
몸이 좋다 être en forme, se sentir bien 253
몸조심하다 prendre soin de soi, de sa santé 253
무덥다 être chaud et humide (temps) 171
무료 gratuité 236
무료이다 être gratuit(e) 236
무섭다 être effrayant(e), terrifiant(e), avoir peur 187
무슨 quel, quelle 85
문 porte 119
문제 problème 91
문학 littérature 145
물 eau 68

Index 색인

물론 bien sûr, bien entendu, évidemment 179
뭐, 무엇 que, quel, quoi 35
미국 États-Unis 57
미술관 musée d'art 197
미안하다 être désolé(e) 133
미터 mètre 101
밀리(미터) millimètre 101

ㅂ

바꾸다 changer, remplacer, échanger, passer qn (au téléphone) 105
바나나 banane 226
바쁘다 être occupé(e) 162
바지 pantalon 203
박물관 musée 203
–밖에 + nég. seulement, ne ... que 209
반 moitié, demi(e) 85
반가워(요) enchanté(e) 35
반갑다 être enchanté(e) 45
반바지 bermuda 244
받다 recevoir 229
발 pied 253
발명되다 être inventé(e) 199
밤 nuit 91
밥 riz (cuit), repas 177
방 chambre, pièce 171
방금 à l'instant, il y a un instant 117
방학 vacances scolaires 203
배 ventre 179
배고프다 avoir faim 179
배드민턴 badminton 77
배부르다 ne plus avoir faim 244
배우 acteur, actrice 189
배우다 apprendre 236
백 cent 91
백화점 grand magasin 226

버스 bus 97
번 numéro, fois (classificateur) 117
벌 vêtement (classificateur) 127
벌다 gagner (de l'argent) 203
범죄 crime 193
벤치 banc 193
벨기에 Belgique 48
벨트 ceinture 244
별로 + nég pas très, pas tellement 73
병 bouteille (classificateur) 127
병원 hôpital, clinique 247
보관하다 garder, conserver 199
보내다 passer (son temps) 162
보내다 envoyer 229
보다 voir, regarder 68
–보다 particule de comparaison 133
보라색 violet, couleur violette 244
보석 bijou 199
보이다 montrer, faire voir, présenter 171
보통 d'habitude, généralement ; ordinaire ... 219 / 231
보호하다 protéger 199
봄 printemps 167
–봉 sachet (classificateur) 226
뵙다 voir, rencontrer (f. modeste du verbe 보다) ... 113
부모 parents 140
부모님 parents (forme honorifique de 부모) 157
부채 éventail 199
부치다 expédier, envoyer (une lettre) 231
–부터 de, depuis, dès 143
북한 Corée du Nord 57
분 minute 83
분 personne (honorifique) 127
분식집 petit restaurant où l'on sert des plats rapides (nouilles, mandu, etc.) 184
분홍색 rose, couleur rose 244
불어 le français 61
붉다 être rouge 167

붙다 coller, être accolé(e) ... 187
블록 pâté de maisons, bloc d'immeubles ... 229
비 pluie ... 127
비디오 게임 jeux vidéo ... 77
비싸다 être cher, chère ... 68
비행기 avion ... 85
빌리다 emprunter ... 236
빠르다 être rapide ... 159
빨간색 rouge, couleur rouge ... 239
빨리 vite, rapidement ... 113
빵집 boulangerie ... 184

ㅅ

사 quatre ... 91
사거리 carrefour, intersection ... 97
사계절 les quatre saisons ... 167
사과 pomme ... 226
사냥하다 chasser ... 199
사다 acheter ... 119
사람 personne ... 45
사랑하다 aimer (quelqu'un) ... 236
사실 vérité, fait, réalité ... 213
사용되다 être utilisé(e), employé(e) ... 199
사이즈 taille (de vêtement), pointure ... 239
사인하다 signer ... 231
사장님 patron, directeur ... 57
사진 photographie ... 77
–산 mont ... 155
산책하다 se promener ... 165
살 an (âge) (classificateur) ... 91
살다 vivre, habiter ... 45
삼 trois ... 91
상영 séance (de cinéma), projection (d'un film) ... 187
상영하다 projeter (un film) ... 187
상추 laitue ... 219
상태 état, situation ... 249

새 nouveau(x), nouvelle(s) ... 187
새벽 matin, aube ... 91
생각하다 penser, réfléchir, songer ... 203
생선 poisson ... 221
생신 anniversaire (forme honorifique de 생일) ... 135
생일 anniversaire ... 133
생일 파티 fête d'anniversaire ... 155
샤워 douche ... 145
서류 document, papier, formulaire ... 231
서명하다 signer ... 177
서울 Séoul ... 45
서점 librairie ... 97
–석 place ... 209
선물 cadeau ... 133
선생님 professeur(e) ... 51
성격 caractère, tempérament ... 45
성공하다 réussir, avoir du succès ... 244
성함 nom (forme honorifique de 이름) ... 37
세계 monde, terre ... 151
세수 toilette (des mains et du visage) ... 145
센티(미터) centimètre ... 101
셔츠 chemise ... 101
소금 sel ... 226
소매 manche (de vêtement) ... 241
소스 sauce ... 219
소포 colis ... 236
손 main ... 253
송이 fleur, grappe (de raisin) (classificateur) ... 127
쇠고기 (viande de) bœuf ... 219
쇼핑하다 faire du shopping ... 241
수납장 armoire, rangement ... 199
수업 cours, classe ... 57
수영 natation ... 68
수영하다 nager ... 68
수요일 mercredi ... 57
수프 soupe ... 127
수학 mathématiques ... 145

Index 색인 **353**

Index 색인

숙제 devoir (d'école) ... 145
술 alcool ... 247
술집 bar, bistrot ... 184
쉬다 se reposer ... 247
슈퍼마켓 supermarché ... 162
스웨터 pull ... 244
스위스 Suisse ... 57
스카프 écharpe ... 244
스키 ski ... 77
스페인 Espagne ... 57
스페인어 l'espagnol ... 68
시 heure ... 77
시간 heure, temps ... 57
시끄럽다 être bruyant(e) ... 165
시내 centre-ville ... 95
시대 époque, période ... 193
시대극(영화) film historique ... 193
시작하다 commencer, débuter ... 167
시장 marché ... 97
시청 mairie, hôtel de ville ... 101
시험 examen ... 193
식당 restaurant ... 97
식사 repas ... 143
식품 aliment, produits alimentaire ... 221
신발 chaussures ... 244
신분증 carte d'identité ... 231
신선하다 être frais, fraîche ... 221
신용카드 carte de crédit ... 184
실례지만 excusez-moi, mais... ... 97
실망하다 être déçu(e) ... 209
심심하다 s'ennuyer, ne pas savoir quoi faire ... 197
십 dix ... 91
싸다 être bon marché, ne pas être cher (chère) ... 157
쌀 riz (cru) ... 226
쌀쌀하다 être frais, frisquet ... 167
쓰다 utiliser, se servir de ... 119
쓰다 écrire, rédiger ... 229

쓰다 mettre, porter (un chapeau, des lunettes) ... 241
씨 monsieur, madame, mademoiselle ... 63

ㅇ

아니다 ne pas être ... 57
아니요 non ... 49
아들 fils ... 133
아래 / 아래에 le dessous / sous, en dessous (de) ... 101
아름답다 être beau, belle, joli(e) ... 155
아버지 père ... 135
아빠 papa ... 140
아이 enfant ... 140
아주 très, vraiment ... 97
아직 encore, toujours ... 193
아침 matin, matinée ... 91
아침 식사 petit-déjeuner (forme abrégée : 아침) ... 151
아파트 appartement, cité résidentielle ... 117
아프다 avoir mal ... 113
안내하다 indiquer, conduire, guider ... 177
안녕 salut ... 37
안녕하세요 bonjour ... 35
앉다 s'asseoir ... 193
알다 savoir, connaître, comprendre ... 107
앞 / 앞에 l'avant, le devant / devant, en face (de) ... 101
앞으로 dorénavant, à l'avenir ... 113
애호박 courgette ... 226
액션 영화 film d'action ... 73
야간 du soir, de nuit, nocturne ... 145
야구 baseball ... 77
야채 légume ... 219
약 médicament ... 247
약국 pharmacie ... 249
약속 rendez-vous, engagement ... 83
얇다 être mince, peu épais(se), être léger(ère) (vêtement) ... 249
양말 chaussettes ... 244

Index 색인

양배추 chou	226
양복 costume	127
양식 nourriture occidentale	177
양파 oignon	226
어느 quel, lequel	49
어디 où	61
어때요? comment est-ce ?	63
어떤 quel, quel genre de	73
어떻게 comment	37
어렵다 être difficile, dur(e)	193
어머 oh là là, mon dieu	241
어머니 mère	135
어울리다 aller bien (avec, ensemble), s'entendre bien (avec, ensemble)	241
어젯밤 la nuit dernière, hier soir	155
어지럽다 avoir le vertige, la tête qui tourne	249
어휴 pfiou, oh	241
억 cent millions	127
언니 grande sœur (pour une femme)	133
언제 quand	85
얼굴 visage	199
얼른 vite, rapidement, sur-le-champ	247
얼마 combien	117
얼마나 combien (de temps)	119
엄마 maman	113
없다 il n'y a pas, ne pas avoir	83
–에 à, dans, vers (particule de lieu)	51
–에 à, dans, en, pendant (particule de temps)	71
–에게 à (complément d'objet indirect)	236
–에게서 de, à, de la part de	229
–에서 à, dans, de, depuis (particule de lieu)	95
에이티엠 distributeur de billets (« ATM »)	236
여기 ici	97
여동생 petite sœur	140
여름 été	167
여보세요? allô ?	105
여자 femme	45
여자친구 petite amie	213
여행 voyage	77
여행하다 voyager	157
역 station (de métro), gare (ferroviaire)	97
역사 histoire, l'Histoire	199
연기하다 jouer, interpréter	189
연세 âge (forme honorifique de 나이)	113
열 température, fièvre	249
열다 ouvrir	236
열심히 avec ardeur, assidûment, dur	203
영국 Royaume-Uni	57
영수증 reçu	177
영어 l'anglais	68
영화 cinéma, film	71
영화관 cinéma	95
옆 / 옆에 le côté / à côté (de)	101
예 oui (= 네)	49
예쁘다 être beau, belle, joli(e)	45
예약하다 réserver, faire une réservation	207
옛날 autrefois, jadis, à l'époque	199
오 cinq	91
오늘 aujourd'hui	45
오다 venir, arriver	101
오래 longtemps	117
오랜만이에요 ça fait longtemps (qu'on ne s'est pas vus)	107
오렌지 orange	226
오렌지색 orange, couleur orange	244
오르다 monter, grimper	155
오른쪽 (côté) droit	101
오빠 grand frère (pour une femme)	133
오이 concombre	226
오전 matin, matinée	91
오후 après-midi	83
올해 cette année	151
옷 vêtement, habit	241
–와/과 et, avec (particule de liaison)	133

Index 색인

와인 vin 127
외투 manteau 244
왼쪽 (côté) gauche 97
요리 cuisine 45
요일 jour (de la semaine) 85
요즘 ces jours-ci, en ce moment 151
용도 emploi, usage 199
용돈 argent de poche 236
우산 parapluie 45
우유 lait 226
우체국 (bureau de) poste 229
우편 courrier, poste 231
운동 sport 45
운동장 stade 209
운동화 chaussures de sport 244
울리다 sonner 193
웃다 rire, sourire 189
원 won (unité monétaire) 117
원피스 robe 244
월 mois 85
월요일 lundi 77
위 / 위에 le dessus / sur, au-dessus (de) ... 101
유명하다 être célèbre 189
유행 mode 244
유행이다 être à la mode 244
육 six 91
–(으)로 en, avec, par (particule de moyen) ... 95
–은/는 particule de thème 35
은행 banque 68
은행나무 gingko 167
음 heu 241
음료 boisson 179
음식 nourriture, plat 77
음악 musique 71
응 oui (familier) 37
–의 de (particule d'appartenance) 105
이 ce, cet(te), ces 91

이 deux 91
이 dent 145
–이/가 particule de sujet 35
–(이)나 ou 219
이것 ceci, celui-ci, celle-ci 171
–이다 être 35
이따가 plus tard, tout à l'heure 107
이렇게 si, tellement, aussi 193
이루다 réaliser, accomplir 203
이름 nom, prénom 35
이미 déjà, d'avance 203
이번 cet(te), cette fois-ci 117
이분 il, elle, ce monsieur, cette dame ... 171
이상적 impressionnant(e) 203
이상적이다 être impressionnant(e) 203
이상하다 être bizarre, étrange, curieux(se) ... 197
이야기 histoire, récit 203
이엠에스 courrier rapide vers l'international
　　　　　(« EMS ») 236
이전 avant 203
이제 maintenant, à présent 113
이쪽 ce côté-ci, ici 101
이탈리아 Italie 57
이탈리아어 l'italien 68
이틀 deux jours 193
이해하다 comprendre 184
인구 population 151
인기 popularité, succès 213
인기(가) 있다 être populaire 209
인출하다 retirer (de l'argent) 231
인터넷 internet 193
일 jour 85
일 un 91
일반 가격 tarif normal 197
일본 Japon 57
일본어 le japonais 68
일식 nourriture japonaise 177

Index 색인

일식집 restaurant japonais ... 184
일어나다 se lever ... 143
일요일 dimanche ... 77
일주일 une semaine ... 231
일찍 tôt, de bonne heure ... 151
읽다 lire ... 151
입 bouche ... 249
입다 mettre, porter (un vêtement) ... 101
입장료 droit d'entrée, prix d'entrée ... 157
있다 il y a, avoir, être (lieu) ... 45
잊다 oublier ... 253

ㅈ

자다 dormir ... 113
자동 발매기 distributeur automatique ... 119
자동차 voiture ... 121
자몽 pamplemousse ... 226
자연 nature ... 167
자전거 vélo ... 77
자주 souvent ... 71
작다 être petit(e) ... 199
작성하다 rédiger, établir ... 231
작품 oeuvre ... 199
잔 verre, tasse (classificateur) ... 127
잘 bien ... 37
잠깐 un instant, une seconde ... 105
잠깐만요 une minute !, juste un instant ! ... 113
잡다 saisir, prendre ... 101
장 feuille (classificateur) ... 117
장갑 gants ... 244
장마 pluie continuelle, saison des pluies ... 167
장마철 saison des pluies ... 167
장미 rose ... 127
장보다 faire les courses ... 162
장애인 할인 tarif handicapé ... 203
재다 mesurer, prendre (la température) ... 249

재미없다 être ennuyeux(se), sans intérêt ... 203
재미있다 être intéressant(e), amusant(e) ... 113
재킷 veste ... 244
저 je (forme modeste de 나) ... 35
저 ce, cet(te), ces ... 171
저것 cela, celui-là, celle-là (là-bas) ... 171
저기 là-bas ... 162
저기요! s'il vous plaît !, excusez-moi ! ... 241
저녁 soir ... 77
저녁 식사 dîner (forme abrégée : 저녁) ... 151
저분 il, elle, ce monsieur, cette dame ... 171
저쪽 ce côté-là, là-bas ... 101
적다 écrire, noter ... 231
전시회 exposition ... 197
전쟁 guerre ... 199
전화하다 appeler (au téléphone), téléphoner ... 105
젊다 être jeune ... 203
점심 déjeuner ... 145
젓가락 (une paire de) baguettes ... 101
정도 environ, à peu près ... 207
정류장 arrêt (de bus), station (de taxis) ... 97
정말 vraiment, très ... 157
정원 jardin ... 91
정장 costume, tenue de soirée ... 244
정확하다 être exact(e), précis(e) ... 199
제 mon (forme contractée de 저의) ... 35
제시하다 présenter, montrer ... 207
제외하다 excepter, exclure ... 189
제일 le plus, la plus, premier(ère) ... 143
조각 sculpture ... 197
조금 un peu ... 158
조리하다 cuisiner, préparer (des aliments) ... 221
조미료 assaisonnement, condiment ... 219
조부모 grands-parents ... 135
조심하다 faire attention, prendre garde ... 249
조연 second rôle ... 189
조용하다 être tranquille, silencieux(se) ... 165

Index 색인 **357**

Index 색인

좀 un peu (forme contractée de 조금), s'il vous plaît, s'il te plaît ... 105
종이 papier ... 127
좋다 être bon(ne), bien, plaire ... 45
좋아하다 aimer (bien), affectionner ... 45
좌석 place, siège ... 187
죄송하다 être désolé(e), s'excuser ... 83
죄송하지만 excusez-moi, mais ... 91
주다 donner, offrir, faire qqch pour qqn ... 68
주말 week-end ... 127
주무시다 dormir (f. honorifique du verbe 자다) ... 113
주문하다 commander, passer une commande ... 179
주연하다 tenir le rôle principal ... 189
주위 alentours, environs, autour ... 207
주저하다 hésiter ... 249
주황색 orange, couleur orange ... 239
죽다 mourir ... 113
준비되다 être prêt(e) ... 193
준비하다 préparer ... 133
줄 rang, rangée ... 207
중 parmi, pendant, au cours de ... 143
중국 Chine ... 57
중국어 le chinois ... 60
중식 cuisine chinoise ... 184
중식집 restaurant chinois ... 184
중요하다 être important ... 143
중학교 collège ... 57
중학생 collégien(ne) ... 57
즐겁다 être joyeux(se), heureux(se), agréable ... 157
지금 maintenant ... 83
지내다 passer, aller (bien) ... 37
지하철 métro ... 97
직진 tout droit ... 101
진짜 vraiment ... 229
질문 question ... 236
집 maison ... 57
-집 magasin, boutique, restaurant ... 179

짧다 être court(e) ... 241
쪽 page (classificateur) ... 151
찍다 prendre (une photo), tourner (un film) ... 199

大

참 vraiment, réellement ... 165
참외 melon jaune ... 226
창문 fenêtre ... 177
찾다 chercher, trouver, aller chercher ... 213
찾다 récupérer, retirer (de l'argent) ... 231
책 livre ... 101
책상 bureau, pupitre ... 113
챙기다 prendre (avec soi), emporter ... 207
처방전 ordonnance ... 249
처방하다 prescrire (une ordonnance) ... 249
처음 commencement, début ... 189
처음 뵙겠습니다 enchanté(e) de faire votre connaissance ... 51
천 mille ... 117
첫 premier(ère) ... 213
청바지 jean ... 244
청소년 할인 tarif jeune ... 203
체크카드 carte de débit ... 231
초 seconde ... 127
초등학교 école élémentaire ... 57
초등학생 écolier(ère) ... 57
초록색 vert, couleur verte ... 244
촬영 photographie, tournage ... 199
추천하다 recommander, proposer ... 179
축구 football ... 71
출구 sortie ... 117
출근하다 se rendre au travail ... 213
출발하다 partir, se mettre en route ... 83
출연하다 jouer (dans un film, sur scène, etc.) ... 189
(날씨가) 춥다 faire froid ... 63
취미 loisir, hobby ... 71

Index 색인

치다 frapper, jouer (d'un instrument de musique)	68
치마 jupe	213
친구 ami	45
칠 sept	91

ㅋ

카드 carte (de paiement, à jouer, etc.)	177
카메라 appareil photo, caméra	113
캐나다 Canada	57
캡 casquette	244
캡슐 capsule, gélule	249
커피 café	184
컴퓨터 ordinateur	127
케이크 gâteau	133
케첩 ketchup	219
코 nez	253
코너 rayon (de magasin)	219
코미디 comédie (spectacle)	193
코트 manteau	244
콘서트 concert	207
콜라 cola	179
콩나물 pousses de soja	226
크다 être grand, gros	151
크리스마스 Noël	203
키 taille, grandeur	127
킬로(미터) kilomètre	101
킬로그램 kilogramme	221

ㅌ

타다 prendre, monter à bord (d'un moyen de transport)	119
타다 faire (du ski, du vélo)	155
타워 tour	157
탁구 tennis de table	77
탈의실 cabine d'essayage	239
태권도 taekwondo	77
테니스 tennis	71
테이블 table	177
텔레비전 télévision	253
토마토 tomate	219
토요일 samedi	71
통장 livret de compte	231
통화하다 discuter par téléphone, être au téléphone	135
퇴근하다 quitter le bureau	145
튤립 tulipe	167
특별히 particulièrement, en particulier	189
특히 particulièrement	71
티셔츠 T-shirt	213

ㅍ

파란색 bleu, couleur bleue	239
파리 Paris	45
파스타 pâtes	226
파이 tarte	221
파티 fête	151
팔 huit	91
팔 bras	253
팝송 musique pop	73
편의점 supérette	226
편지 lettre	229
편찮으시다 être souffrant(e)	113
편하다 être confortable, pratique	57
포도 raisin	226
포크 fourchette	113
표 ticket (de métro), billet (de train)	117
표정 expression (faciale)	199
품 tour de poitrine	241
풍경 paysage, vue	155
프랑스 France	45
프랑스어 le français	61

Index 색인

프로 pour cent 221
피곤하다 être fatigué(e) 162
피아노 piano 68
피우다 fumer (une cigarette) 253
피자 pizza 179
피자집 pizzeria 184
필요하다 être nécessaire, avoir besoin de 219
핑크색 rose, couleur rose 244

ㅎ

–하고 et, avec (particule de liaison) 71
하다 faire, effectuer, parler (une langue) 61
하루 un jour, une journée 143
하루 종일 toute la journée 57
하지만 mais 63
학교 école 57
학기 semestre 226
학생 étudiant(e), élève 45
학생 할인 tarif étudiant 197
학생증 carte d'étudiant 197
학원 académie, institut privé 145
한국 Corée 45
한국어 le coréen 61
한번 une fois, pour voir 203
한식 nourriture coréenne 177
한식집 restaurant coréen 184
한잔하다 prendre un verre, boire un coup 145
–한테 à (complément d'objet indirect) 229
–한테서 de, à, de la part de 229
할머니 grand-mère 135
할아버지 grand-père 135
할인 réduction, rabais 197
할인하다 faire une réduction 221
할인점 grande surface, hypermarché 226
함께 ensemble, avec 140
핸드볼 handball 77

헤어지다 se séparer de (qqn), quitter (qqn) 145
현금 espèces 184
현금 인출기 distributeur de billets 236
현금 지급기 distributeur de billets 236
현대 contemporain(e) 197
형 grand frère (pour un homme) ... 135
호선 ligne (de métro) 119
호텔 hôtel 213
혼자 seul(e) 135
화요일 mardi 77
확인하다 vérifier, confirmer 221
회사 entreprise, compagnie 57
회색 gris 244
회식 repas entre collègues 145
회의 réunion 91
후 dans (durée), après (nom temporel) 91
후추 poivre 226
훌륭하다 être remarquable, splendide 199
흐리다 être nuageux, couvert (temps) 171
흰색 blanc, couleur blanche 244

Printed in Poland
by Amazon Fulfillment
Poland Sp. z o.o., Wrocław